浙江省江山中学

江中故事

江山市政协学习文史委员会
浙江省江山中学　编

西泠印社出版社

总 顾 问：童炜鑫　舒　畅　何正芳
总 策 划：王水亮
策　　划：郑朝基　姜　英　毛水芳
　　　　　周君望　祝继友　毛慧卿
　　　　　盛秋明　陈昂辉　叶方成
编　　审：姜　英
主　　编：胡汉民　夏飞华
副 主 编：毛一军　徐　敏
文字编辑：潘海峰　徐　峻

中国人民政治协商会议第十届江山市委员会
学习文史委员会成员名单

主　　任：胡汉民
副 主 任：毛一军　徐　彬（兼）
委　　员：王小芳　毛一军　占苗淼　刘雁来
　　　　　陈　敏　周丹丹　周建新　胡汉民
　　　　　姜志鹏　徐　忠　徐　彬　郭元敏

特聘委员：王　驰　王厚让　王淑贞　刘鸿才
　　　　　李端贞　周晋光　周慧清　姜荣珍
　　　　　祝龙光　徐江都　潘海峰　戴明桂

序

王水亮

在喜迎江山中学八十华诞之际，由市政协学习文史委和江山中学联合编辑的《江中故事》一书正式结集出版，这是我市文化文史工作的一项新成果，也是献给江山中学建校 80 周年的一份厚礼，可喜可贺！

江山是崇学重教之邑，唐代邑人祝东山就在江郎山开设书院，自宋朝始开立县学，绵延至光绪年间。清光绪三十二年（1906），崇尚教育的江山知县李钟岳委请邑内名士毛云鹏创建江山县立中学堂，停办创建于清乾隆二年（1737）的官办文溪书院，开启新式教学，延请余绍宋（后任民国司法部代理总长）、马叙伦（后任新中国首任教育部长）等名师前来执教，这是江山中学的前身。创建于民国二十七年（1938）的江山中学，是衢州地区所属各县最早的一所县立完全中学，初名"江山县中学生补习学校"，后几易校名，于1955 年由浙江省教育厅发文改名"浙江省江山中学"。1997 年 7 月，江山中学被浙江省教委评定为浙江省一级重点中学，2014 年 12 月，被确认为浙江省一级普通高中特色示范学校。80 年来，学校一直秉承崇尚科学、重视人文之校魂，贤达汇聚，名师辈出，教育声望名噪省内外，为国家输送了大批优秀毕业生，其中不少成为业界翘楚和国家栋梁。例如：中国科学院院士毛江森；中国工程院院士徐元森；英国皇家内科学院院士，美国心脏学院、胸腔学院院士姜必宁；上海师范大学教授、第一届鲁迅文学奖得主邵伯周；人民日报社原副社长、原副总编辑，中华全国新闻工作者协会党组原书记郑梦熊；

浙江省人民政府原副省长，浙江省人大常委会党组原副书记、原副主任毛光烈；浙江省政协原副主席陈艳华；浙江省军区原副政委范匡夫少将；河南省军区原副司令员曹建新少将；人民政协报社原副总编辑汪东林等等。江山中学无愧于江山"第一学府"、三衢人才摇篮、省内示范名校之美誉。

《江中故事》一书收录了80篇发生在江中的难忘故事，均为江山中学历届学生、教师撰述，时间跨越半个多世纪，具有较强的故事性、可读性和时代感。内容以回眸青春岁月、展示时代印记、讲述难忘故事为主线，展现了江中的发展历程，记录了江中师生风采，抒发了江中学子情系家乡、热爱母校、感念师恩、怀念同窗的深情厚谊和祝贺建校80周年的真情实感。从某种意义上说，《江中故事》一书就是一部青春回忆录、时代见证史、学校发展史。我们坚信，《江中故事》一书的出版必将成为凝聚江中学子精神血脉的新纽带，必将成为助推江中跨越发展的新动力，必将成为广大江中学子回馈母校、回报江山的新桥梁。

不忘初心，方得始终。当前，江山正处于大花园建设的关键期，更加迫切需要坚强的人才支撑。全市上下要更加重视、关心和支持江中发展，让更多的江中学子成才、成功，打响"学在江山"品牌。希望广大在外的江中学子发挥自身优势，反哺江山，建设家乡，为江山实现跨越发展提供强有力的支撑，为高水平全面建成小康社会，加快打造活力城市，推动幸福江山建设向更高层次迈进贡献力量！希望政协学习文史委继续发挥文史资料"存史、资政、团结、育人"的重要作用，再接再厉，继续选编具有江山地方特色的文史资料图书，为满足人民群众日益增长的美好生活需要提供更多的精神食粮！

（作者系江山市政协主席）

目 录

青春似火光照后人

——缅怀恩师林维雁

王正加

江中一载梦翩跹，仰止亭铭英烈添；

府山陵园丰碑立，三衢忠魂勖后贤。

1947 年 9 月初，位于当店巷汪氏大宅的江山县中（江山中学的前身）分部来了林维雁、江文焕、程正迦三位年轻教员。从上海、北平等地"反美倒蒋"运动前沿走来的他们，朝气蓬勃，给江山县中带来了新的气息。

新学年伊始，学校安排林维雁老师教我们初秋三班的国文课，还兼了我们班的级任导师。林老师身材不高，修短发，戴眼镜，清秀的脸上常挂着坦然自信的微笑，闪着聪慧坚毅的目光。她对学生像大姐对待小弟妹一样的呵护、关心，所以在课余时间，同学们都愿意到东园的小楼和她交心。

林老师重视思想引导，提倡学习鲁迅的"横眉冷对千夫指，俯首甘为孺子牛"的硬骨头精神和爱憎分明的人生态度。她知识面广，文学功底扎实，在课堂教学中，融思想性、知识性、艺术性、趣味性于一体，上下五千年，纵横千万里，旁征博引，妙语连珠，把国文课上得生动、充实而富有激情。听林老师的课，成为全班同学最大的享受。

林老师也把作文课给上活了。她联系教材、社会和同学们的思想实际，出一些富有启发性的题目，让同学们言之有物，抒之有情。记得开学初的一堂作文课，林老师板书了"梦游新中国"五个大字。啊，太新颖了！全班 59 位同学一片惊叹，继而是一片沉思，一个个进入了缥缈的梦境。我好像也做了一个美梦：在一个朦胧的月夜，我觉得自己背上长出了一对翅膀，飞到了一片光明、到处是鲜花盛开的地方，那里土地平旷，交通发达，物

1

产丰富，儿童人人有书读，大人个个有工作，丰衣足食，俨然一个世外桃源。班里老成持重的郑梦熊同学，用梦境写出了他心中对美好生活的向往，并用对比的手法，写出了坏人的可耻下场。林老师看后很高兴，给了"颇有风趣"的评语，又作为优秀作文拿到课堂上朗读，供大家欣赏学习。

一石激起千层浪。江山县中南徐埂高中部的同学，也纷纷以"梦游"为题写文章、出墙报、开座谈会，激发起同学们对新中国美好前途的憧憬。

林老师还是个文娱活动的积极分子。在课余时间，她教同学唱《团结就是力量》等革命歌曲和嘲讽国民党反动派的《古怪歌》《你这个坏东西》《王大娘补缸》等流行小调。记得林老师教我们唱《茶馆小调》，借歌词喊出了人民大众要"把那些压迫我们、剥削我们、不让我们自由讲话的混蛋，从根铲掉"的呼声。

1947 年 11 月，林老师和江文焕、程正迦老师一起，经林老师暨南大学的同学、中共闽浙赣省委城工部党员高展介绍，入了党，完了多年的心愿。随后成立了江中第一个中共党支部，江老师任支部书记，林老师任副书记。党支部通过举办读书会、出墙报、传阅进步书刊等活动传播革命思想，在江中师生中培养了一批积极分子，吸收了陈惟照（我们班的数学老师）、方维等多名师生入党，扩大了党支部队伍。

1948 年初，时局动荡，物价飞涨，县中教师两三个月拿不到薪水，叫苦不迭。当时江山县长叫孟铸，有四大家族 CC 系的政治背景，还爱搓麻将，民众口碑极差。党支部抓住时机，发动全校师生开展索薪斗争。一支由四五百名师生组成的队伍，抬着讽刺孟铸的漫画，高举"反对不发薪的猪头县长"的标语，从高中部的南徐埂操场出发，敲锣打鼓上街游行，接着又罢课两天。当局迫于社会压力，在春节前补发了全部拖欠的薪水，索薪斗争赢得了胜利。

林老师在江山县中的激进言行，深受全校师生的拥戴，也引起了校方的怀疑和恐惧。1948 年 7 月，林老师被校长郑中奎解聘了。林老师回到了衢县，在她父亲林科棠任教的衢县县中，以英文教员的合法身份，继续开展地下斗争。当年我去报考衢州师范学校，也得到林老师的赞许。

1948 年 10 月，中共闽浙赣省委城工部衢州中心支部成立，林老师被选为副书记并兼任武委会主任，筹划武装斗争。1949 年 1 月，林老师不幸被捕，在狱中受尽酷刑，坚贞不屈。4月中旬，她与江文焕等6位战友在衢州东门外英勇就义。当年林老师年仅24岁，壮烈地把满腔热血洒向黎明，为新中国的诞生献出了年轻的生命。

1991年建党七十周年时，中共衢州市委在府山公园内兴建了"衢州革命烈士纪念碑"，并铭刻了林维雁等6位烈士的生平事迹，供后人瞻仰、凭吊。市委又以六烈士为原型拍摄了电视剧《血洒黎明》。上海电视制片厂著名影视演员李媛媛塑造的女地下党员凌飞燕，就是林维雁烈士的化身。烈士们智斗顽敌、临危不惧、坚贞不屈的革命精神，感人至深，催人泪下。

在庆祝母校江山中学建校八十周年的大喜日子里，我们可以告慰恩师的是：六十多年来，您的学生们追寻着您的梦想在奋力拼搏。您看，我们班里的"小秀才"郑梦熊同学，为圆心中梦，乘上北京"飘来的一朵白云"，登上了人民日报社原副社长、副总编辑的平台，谱写着新中国一篇又一篇的辉煌；那坐在当店巷校区南大厅教室前排的数理化尖子毛江森同学，怀着悬壶济世、救死扶伤的梦想，刻苦钻研，终于成了国际著名医学病毒学专家——甲肝"克星"，庄严地步入中国科学院这一神圣的殿堂；徐昌喜、何英群也都梦想成真，分别成了生物医学工程教授和中国邮电通讯专家，获得国务院政府特殊津贴；还有更多的同学怀着一个个多彩的梦想，在新中国的各行各业，做出无愧于恩师教导的贡献！

在祖国走向伟大复兴的新时代，江中初中第十三届的一群学子，仍深深地怀念因信仰而坚定、因大爱而献身的林维雁老师。

恩师不死，精神永生！

注：本文由发表于《今日江山》2011年8月3日第3版的文章《缅怀恩师林维雁烈士》（王正加口述，李玥、艺轩整理）改编。本文得到王正加之子王亚敏和江山中学2001届高中校友陈璇的大力支持。

【作者简介】王正加，1948年7月江山中学初中毕业。曾任江山市教委副主任，江山中学正校级调研员兼校党支部副书记，江山县人大第一、七、八届代表。1959年被评为浙江省文教战线社会主义建设先进工作者。

忆江中峥嵘岁月稠

伍树肃

逝者如斯，盈虚者如彼。转眼间，我已 85 岁，而我的母校江山中学，也迎来 80 周年校庆。耄耋，对于一个人来说是福寿；对于母校来说，80 年风雨带来的是枝繁叶茂，80 年时光磨砺的是精神与品格。

1945 年，我就读的坛边中心小学将江山县立初级中学的红纸长联喜报送到我家，我非常幸运地成为学校的一名初一新生。因家境贫寒交不起学费，只读了半年书，我就辍学了。一晃 70 多年过去，回首当年，往事依然历历在目。

择优录取的招生流程

当年江山城里只有 2 所初中，一所是江山县立初级中学，每年招生 150 名公费生；另一所是江山县私立志澄中学，校本部在茅坂，城内校址在现江山二中，每年招收初中 3 个班级，因收费较高，常常导致招生不足。当时的小学毕业考试实行全县统考，县政府先派督学带密封考卷到达各中心小学的指定考场，再由督学监督考试。考完后，督学把试卷带回县政府。接着，县政府抽调教师统一评卷，将评分结果下发给各中心小学，最后让各中心小学把成绩单送达学生家中。江山县立初级中学是按照全县小学统考成绩，由高到低录取初一新生的。被录取的初一新生会收到江山县立初级中学的红纸长联喜报，相当于现在的学校录取通知书。

筚路蓝缕的办学条件

1945 年时的江山县立初级中学，校本部在经堂，初二和初三两个年级在南徐埂的祠堂，高中的两个班在当店巷，初一的两个班在当时的江西会馆。我就读的这个班，先后搬迁了五次。到校报到的当天是在经堂。记得中午就餐时，因场地狭窄，出现混乱现象。当时我才 13 虚岁，体弱瘦小，勉强挤上去盛了一碗饭，退到稍微宽松的地方时，碗里只剩几口饭了，幸好遇到同村的二年级学生邵玑孝，他从自己碗里分给了我一些，否则我就要饿肚子了。第二天，同学们把桌凳移到不远处一个大户人家的中堂上课，三餐饭菜由校本部分桶送达。因大户人家里有很多住户，人来人往，很不方便，于是又搬到离校较远的县政府医疗室上课。没几天，因房子实在太小，再加上没有讲台和黑板，根本不像教室的样子，只好又挪到城隍庙右边一条长长的廊房内。虽然这里很清静，但离校本部太远，膳宿不便，上了几天课后，我们最终还是来到江西会馆，与同年级的另两个班同住一地，既有教室，又有睡觉的地方，这才总算安顿下来，可见当年办学之艰难。

奋发向上的学习氛围

当时印象最深刻的是老师们个个学识渊博，非常敬业，教学十分严格。当年的老师中，我能记得姓名的只有 3 个。一个是校长周仁贵，体态端庄，文人学士的样子，与我小学时的教师相比，特别儒雅，但只在南徐埂的开学典礼上和校本部见过几次面，他没有在我们班兼课。据说周校长是地质学者，后来被调走了。记得最牢的是始终任教的蔡济川、蔡济淮兄弟俩。其余有印象的还有一个英语老师，是通过关系，从衢州驻军的教官中请来的；一个语文老师，据说是在外地当过县长的，姓名也都记不起来了。在老师们的影响下，同学们勤奋好学，分秒必争。尽管当时的校舍将陋就简，教学用具也寥寥无几，同学们也谈不上有什么像样的生活用品，晚自修时教室里往往只有一盏汽油灯，时明时暗，但同学们还是专心致志地认真学习。课余时间，大家都尽可能地借用阳光、月光等自然光，在窗下、天井、门口等处埋头苦读。虽然只有一个学期在校，但大家这种一丝不苟、孜孜不倦的学习精神却让我受益终身。

心存天下的莘莘学子

在那个动荡的年代，同学们是把国家的前途与个人的命运紧密联系在一起的。1945年9月2日，日本签署无条件投降书的消息传来，同学们无不奔走相告。许多同学纷纷参与到准备参加江山县庆祝抗战胜利大会的工作中。师生们先用竹片扎好架子，再在里面插上蜡烛，外面糊上白纸并写上学校的名字。1945年9月4日这一天，大家喊着口号，举着灯笼，从南徐埠出发，集聚到县政府附近的县河顶体育场，与其他学校师生及社会各界人士一起，共同参加了在这里举行的庆祝抗战胜利大会。至今我还记得当时会场上悬挂的一副对联是：抗战获全功，四亿半中国人民扬眉吐气；侵略遭惨败，七千万日本鬼子屈膝投降。

1949年5月，江山解放了，由于党和政府对教育事业的重视，江山中学的面貌焕然一新，培养了数以万计对社会有贡献的人才。在我的亲朋好友中，弟弟、三妹均从江山中学毕业后从事教育工作；五个孙子和外孙全为江中学子，并个个勤奋好学，学业有成。外甥郑志强、郑浩强兄弟俩在江中毕业后，分别考入哈工大和清华大学，还在美国获得博士学位。

在母校80周年校庆即将来临之际，回眸往事，我感慨万千。80年的栉风沐雨，80年的上下求索，80年的不懈奋斗，江山中学从简陋破落走向焕然一新，从平凡沧桑走向卓越辉煌。难掩激动的心情，我拿起多年未书之笔，写下对母校衷心的祝愿。愿大家不要忘却为江中奉献过的老师们，不要忘记党和政府对学校的支持和关心，更祝福新江中承袭历史的光荣与梦想，描绘明天更壮丽的蓝图！

【作者简介】伍树肃，1945年9月到1946年1月，在江山中学初中部学习。1952年，在中国人民解放军28军82师246团服役期间，曾荣立二等功一次。转业后，曾在江山市供销社、江山市工商局任职。曾被评为衢州市工商系统先进工作者。

在江山县中的初中三年

周方新

我是江山县立中学（江山中学的前身）1948年的初中毕业生。尽管当时抗战已经胜利了，但是我们读书的条件还是非常艰苦的，在我的记忆中，初中三年是在三个不同的地方度过的。

石门胡祠的初一时光

1945年，我考上了江山县立中学。当时生活贫困，交通闭塞，在农村能上学的孩子为数不多，读到初中的就更少了。虽然考上县中是件令人高兴的事情，可我却一点也兴奋不起来。当时学校在石门，离我家所在地五都30公里都不止，因为没有车可坐，只能步行上学。虽然已经16虚岁了，我平时却很少外出，与社会接触不多，只要出远门心里就有点害怕。开学当天，我一早就从家里出发，走到学校，已是太阳开始西斜之时。后来每周六下午回家，周日下午返校，都全靠双腿，到周一还两腿酸疼。途中还经常提心吊胆，从家到城里10公里多的路走在铁路边上，我十分担心火车来往时的安全；在江城到石门这段路上，往往已是饥渴疲劳。记得经过"观音堂"时，有一开茶店的大娘，为人和善，每次都免费给我一大碗凉茶解渴，叫我坐下慢慢喝，休息一下再走。当年的花园岗树林茂密，传说常有拿大柴刀的强盗出现，过岗时，我心中更怕。因此，回家的次数很少。周末不回家又寂寞孤单，就约不回家的同学到长台赶墟凑热闹，或游玩"三爿石"。那时江郎山尚未开发，茅草丛生，走在路上，整个人就淹没在草丛中，连走在前面的人的头都看不见，加上路又很难走，去玩的次数也不多。

宿舍在祠堂的二楼，没有床，只是在二楼的地板上放上草席，冬天时再在席子上铺一层稻草让我们相拥而睡。因为大家年纪都很小，睡觉不老实，冬夜的被窝里都会带进很多碎稻草，能把人扎醒。睡通铺的好处是虽然冬天很冷，但人挨着人睡倒也很暖和。祠堂里有大天井，有冷风侵入，靠挤还不能完全解决冷的问题。大家又想出了新办法：拼被合睡。有的两个人合并睡，有的三个人甚至四个人合睡，被子横的直的错层盖在身上，大家挤得密不透风，感觉暖和得很。愿意一个人独睡的也冷不着，大家把棉衣支援给他。所以尽管被窝外很冷，可被窝内却温暖如春。睡大通铺也有不好的地方，就是遇到情况会引起连锁反应，如一人起来方便，就会惊动身边的人。有人方便完，刚进入被窝，如果又遇上有人起床，会闹得整夜都睡不安稳。尽管如此，大通铺的温暖却令我回味无穷，现在回想起来，还忍俊不禁。

江西会馆的初二时刻

1946 年暑假，学校从石门迁回城里，初中部分设在经堂（一年级）、江西会馆（二年级）、汪氏当店（三年级），高中部在南徐宗祠。我们初二年级在大东门的江西会馆。江西会馆是座老房子，国民党驻军曾在这里关过壮丁，卫生条件很差。二楼地板上的大通铺不仅有虱子、跳蚤，地板缝内还会爬出臭虫，夜间还有老鼠出来"造反"。有个别同学身上还长起了疥疮。

初二时，我被选为住宿生膳食委员，和另一位委员陆江根（和睦人）负责管理粮食，米柜钥匙是由我俩掌管。我们每天从米柜内称出大米交给炊事员，记出入库的账目。校总务处来检查时，账物相符，一切合格，表扬了我们。

汪氏当店的初三岁月

因我在二年级时膳食委员做得好，受过表扬，1947 年下半年在全校选举"学生自治会"（简称"学生会"）时，我被大家推选为学生会秘书长，改变了每个学期学生会都是清一色高中生独占的局面。学生会主席是高二年级的何侠绍同学。但我虽被选上，高中部的同学还是很不服气，将我"冷"在一边，有时学生会活动不让我知道，学生会开会也不让我参加，我却不予计较，顺其自然，乐得清闲，这种有名无实的学生"官"，不当也罢。

值得一提的是来了一位新教师——语文老师林维雁。林老师为人和气，对学生如同弟妹，讲话幽默风趣，大胆泼辣，有股"天不怕，地不怕，敢把皇帝拉下马"的气概。有一次，学校放学降国旗时，高中部的军训教官要求同学们剃光头，强剪同学们的长发，并要求校长郑中奎示范带头剪发，在同学们中引起了轰动。第二天林老师在我们班上语文课时，她很激动，愤怒地说"这是十足的野蛮法西斯做法，校长不仅无动于衷，居然还要带头"，并在黑板上用粉笔写上"该打的校长"几个大字。除教语文课外，林老师还教我们唱歌，教我们唱《黄河大合唱》《义勇军进行曲》《松花江上》《长城谣》《山那边啊好地方》等歌曲，与当时社会流行的《毛毛雨》《夜上海》《燕双飞》等靡靡之音截然不同。有一次，林老师批改作文时，我的一篇作文，写的是周末回家途经双塔底时，见到铁路养路工在大雪天用冻得发红的双手舞动铁镐、铁锹修路的情景，文中有"朱门酒肉臭，路有冻死骨"的句子，林老师用红笔在句旁打上连续的红圈，并在课堂上朗读，表扬我写得好，写得实在。后来，她和江文焕一起被衢州绥靖公署逮捕后，我才知道她是地下党员。这样的好老师惨遭杀害，令人痛心，使人愤慨，让人缅怀，铭刻脑海。

1948年春天，我们班组织了一次旅行。由级任老师（现称班主任）带领，从江山火车站乘坐棚车到江西上饶。在上饶下车后，步行到达上饶信江中学。该校腾出两个教室给我们住宿，用课桌拼拢当床。从上饶车站到信江中学，路程不近，女同学背不动行李，男同学就帮助背，大同学帮小同学提，互相帮助，体现了同学的情谊。信江中学与市区隔江相对，依山傍水，风景秀丽。上饶市区范围比江山大，同学们初次远游，感到大开眼界，很新奇有趣。翌日傍晚，我们乘火车返回。这次旅行虽然劳累，但同学们都很高兴，很多同学都是第一次出省界。

1948年上半年毕业典礼后，全班同学都很高兴，狂欢乱跳，在教室里闹翻了天。当天晚上，月色很好，我们几位平时特别要好的同学，有柴巨民（衢县人）、王兴根（新塘边人）、毛秋枫（江山城里人）等，一路夜游老虎山。

当年城内夜晚很少有人走动，我们一行如同脱缰的野马，沐浴在银色月光中，一路唱着歌，出大南门，沿公路过封门桥，直到虎山（猪头圩骨）。这里有抗日战争烈士木质纪念牌坊，牌坊上有国民党105师师长刘汉玉将军书写的题词，说明是为纪念仙霞关战役牺牲的将士们而建的。玩到东方晨光曦微,我们才满载欢乐,怀着依依惜别的心情,返回学校,然后各自回家。

我们同学一别数十年,而今都成皓首痴翁。历阅世间两重天,老朽颐年逢盛世,难忘青春年月,今杂乱记文。

【作者简介】周方新,1948年江山中学初中毕业。江山市劳动人事局退休干部。曾在《经济日报》《浙江日报》《钱江晚报》发表过文章。

我在江山县中经历的五个第一

郑梦熊

我是 1951 年从江山县中（当时江山中学的校名）高中毕业的。回忆当年在江山县中度过的美好岁月，最难忘的是在 1949 年前后经历的五个第一。

第一位班主任林维雁老师

1947 年，我从江山志澄中学转学到江山县中初中部读书，记得上学地点是在县城内的当店巷汪氏大宅。

我的第一个班主任兼语文老师叫林维雁。她个子不高，圆圆的脸，戴一副黑色镜框的近视眼镜，经常穿一件褪色的旗袍，非常朴实。她上课很认真，对同学要求很严格。但是，她在课外同学生打成一片，平易近人，没有一点架子。当时，我们只知道她是衢县人，其他情况一概不知。

有一次，她上语文课，给我们出了一道题目——梦游新中国，要大家以此为题写一篇作文。当年，我们都生活在旧社会，谁也没有见过新中国是什么样子。这篇作文怎么写呀？！我也许受到陶渊明的《桃花源记》作品的影响，也许受到苦难童年引发的思考，很快写出了一篇很有意思的作文，给我留下了深刻的印象。至今还记得这篇作文的大意和主要段落，大约有三段内容：第一段是说梦游新中国开始见到的美好环境，"一天，我朦朦胧胧地出游到一个陌生的地方。那里，城门上写着'新中国'三个大红字，环境优美，风和日丽，青山绿水，鸟语花香，令人心旷神怡"；第二段是说那里的人们过着美满幸福的生活，"大街上人来人往，热闹非凡；商店里货物齐全，琳琅满目；大人们穿着崭新的衣服，在商店里买东西，脸上喜气洋洋；小朋友拿着玩具，唱歌跳舞，个个天真活泼。这里没有看见一个乞丐，也没见到面黄肌瘦的穷人"；第三段是说在那里一切坏人都受到了惩罚，"最后游到一个地方，那里不见阳光，阴风惨惨，原来是一座牢房，只见里面关着希特勒、墨索里尼、东条英机，还有贪官污吏、特务等等坏蛋。他们戴着手铐脚镣，一副狼狈相"。写到这里，我似乎出了一口气，用两句古文作为文章的结尾："固一世之雄也，而今安在哉！"林老师批阅了我的作文，在上面用红笔批了四个字："颇有风趣！"看来，她似乎赞赏我对新中国美好生活的向往和对坏人的仇恨。可惜，这样的好老师，我初中毕业后就没有再见过她了。

后来，传来不幸消息：林老师原来是中共地下党员，历任中共江山县中支部副书记、衢州中心支部副书记。不幸被国民党特务发现，将她秘密逮捕，威胁利诱不成，就施用各种酷刑。但她坚贞不屈，顽强斗争。敌人无可奈何，最后把她拉到衢州郊外活埋了。同她一起牺牲的还有同为江山县中老师的江文焕老师。听到这个不幸的消息，回忆起当年的师生情谊，我心里非常难过，我永远尊敬、怀念这位为革命献出宝贵生命的共产党员，并一直把她作为学习的榜样！

第一个团支部的诞生

1949 年 5 月，江山县解放。新成立的县人民政府任命何炯为江山县中的新校长。

1949 年 10 月，江山团县工委决定首批在江山县中开展建团工作。一天，团县工委书记高传楷同志来学校作报告，全校师生都去听了。高书记年纪不大，穿一身灰色干部服，戴着解放帽，肩上挎着一支木壳枪，很是威武。记得他主要谈建立中国新民主主义青年团（简称"青年团"，后改为共青团）的意义和要求。他谈了青年团的性质和任务、入团的条件、团员的权利和义务、怎样办理入团手续等等。给我留下深刻印象的是两句话：青年团是先进青年的群众性组织，是党的助手和后备军。我心里想：我一定要争做先进青年，一定要争做党的助手和后备军。

报告会结束后，我找到高书记，明确提出要求加入青年团。他向我了解了家庭和学习的情况，鼓励我以实际行动争取入团。过了几天，他又来学校找我和一些要求入团的同学个别谈话。不久,他拿了一份印制的《入团志愿书》给我填写。在"入团介绍人"一栏,我问他怎么填,他让我填上了"高传楷"(团县工委书记)和"白致祥"(团县工委干部)。过了几天,他又找我谈话,说:"团县工委审核了你的《入团志愿书》,经过认真讨论,批准了你的入团申请。"我听了这个喜讯,心里十分高兴,入团的愿望终于实现了。我向他表示,一定要努力学习,做好工作,处处发挥团员的模范带头作用。

过了一段时间,江山县中又发展了几个团员。一天,高书记又把团员召集在一起开会,建立江山县中第一个团支部,批准我担任江山县中第一任团支部书记。

江山县中建团工作顺利开展以后,城关镇其他学校和文化馆等单位也相继开展了建团工作,纷纷建立团支部。后来,团县工委决定建立城关镇文教界团总支,并由我担任团总支书记。不久后,我还参加了金华、衢州、丽水团干部学习班学习,交流经验。

第一届学生会的建立

1950年,为充分发挥学生会的作用,进一步办好学校,学校决定民主选举产生第一届学生会。学校发动全校各个班级选举学生会代表,并要求各个年级确定学生会主席候选人名单。于是,高中二年级和三年级各自提出了学生会主席候选人。经过全校同学投票选举,我作为高二年级的候选人当选为江山县中第一届学生会主席。后来,衢州地区学生联合会成立,我又当选为衢州地区学生联合会副主任。

江山县中学生会成立后,配合学校做了许多工作,其中给我留下深刻印象的有两件事:

一是开展勤工俭学活动。解放初期,群众生活困难,不少同学家庭经济条件差,甚至交不起学费。于是,学生会开会讨论,决定开展勤工俭学活动。在学校的批准和支持下,学生会派人到江山火车站联系,组织同学课外去打工增加收入。铁路轨道需要大量铺路小石子,火车站就在西山脚下建立打石工场,招收劳工把大石头用大铁锤打成小石头,再用小铁锤把小石头打成铺路小石子,最后把小石子堆成方块,用尺子丈量多少立方,按立方数付工钱。打工不能影响学习,一般都安排在下午课外活动时间和星期天放假时间。打石子是件重活苦活累活，我们都是没有干过重活的"白面书生"，在紧张的学习之外，还要拎起铁锤干重活，这是从来没有干过的。记得开始打工的时候，力气大的同学抢大铁锤打大石头，力气小的同学和女同学拿小铁锤打小石子。尽管许多同学戴了手套，但手上都磨出了血泡，包扎好纱布后，大家继续干。有时太阳猛，天气热，劳动久了，浑身被汗水湿透了，同学们都咬紧牙关干，没有人打退堂鼓……这种勤工俭学、艰苦奋斗的精神是十分可贵的，我相信当年参加过打石子的校友们都不会忘记这堂深刻生动的"劳动课"！

二是开展社会宣传教育活动。当年，学生会非常关注党和国家的大事，积极开展社会宣传教育活动。记得有一次党和国家号召开展大生产运动，学生会在学校的支持下，排练了歌剧《王秀鸾》，主要反映这位女劳动英雄带领群众发展农业生产的故事，并向社会公演这部歌剧。那时，遇到重大节日，学生会还组织同学上街唱歌、呼口号，开展宣传教育活动。

第一批参加江山土改宣传队

1950 年 11 月，团县工委通知我们，江山县农村要开展土地改革运动。为配合土改工作，团县工委决定由文教界组织一支土改宣传队下农村宣传土改，并演出歌剧《白毛女》，对农民进行宣传教育。

《白毛女》演员均由城关镇文教界物色、选定。最后，喜儿由县文化馆的一位女同志扮演；喜儿的未婚夫王大春由江山县中的何清淮同学扮演；大春的好兄弟王大锁由我扮演；地主黄世仁由一位中学老师扮演；地主狗腿子穆仁智由一位小学老师扮演……

土改宣传队团支部书记由团县工委干部白致祥担任，我担任团支部副书记。

歌剧《白毛女》排练好以后，土改宣传队于 12 月出发，到江山农村巡回演出，开展土改宣传，一直到 1951 年 1 月才结束回校。

宣传队每到一个乡镇，白天参加当地的斗争地主恶霸的控诉会、游街等活动，听农民控诉地主恶霸的滔天罪行和自己遭受欺凌的斑斑血泪史，使我们这些年轻学生受到一次生动深刻的阶级教育。我们一般在晚上公演歌剧《白毛女》，那时农村没有电灯，就在舞台上方挂一盏汽油灯作照明。当年，农村文娱活动很少，村民们一听说土改宣传队来公演歌剧《白毛女》，纷纷奔走相告，携老带幼，全家出动，自带板凳早早来到演出场地等候看戏，有些青年小伙子还爬到树上、屋顶看戏，可说是"盛况空前"，我们都很受感动。有一次，演出时发生了一件意外的事情：演到地主黄世仁抢走喜儿并强奸喜儿时，台下观众满腔怒火，有几个农民突然向地主黄世仁演员丢掷果皮瓜壳，还有人高呼："打倒地主恶霸！"这完全是农民的自发行动，也许他们遭受过同样的遭遇，激起了强烈的阶级仇恨。

演出换幕时，我和一些演员就走到幕前宣传土地改革的重大意义和党的方针政策，有时还唱点快板，以吸引观众的关注。宣传土改使我们深刻认识到毛泽东关于农村阶级分析理论的无比正确、共产党发动农民推翻地主阶级剥削和压迫农民的封建制度的无比正确，激发我们更加坚定地跟共产党走。

第一个"参干"

解放初期，人们把参加解放军叫"参军"，把参加工作当干部叫"参干"。

1951年5月，离高中毕业还有两个多月，我正忙于准备毕业考试，并打算报考大学。

一天，团县工委高书记突然来校找我个别谈话，动员我"参干"。他谈话的内容主要是：现在形势发展很快，需要大批有文化的青年"参军""参干"。衢州团地工委要我们物色吸收一位宣传干事，团县工委认为你符合条件，保送你去"参干"，并要马上去报到，今天征求你的意见……这个消息来得太突然，我原本想去考大学，没有"参干"的思想准备，一时不知怎么回答。但是，想到自己是团支部书记，应该服从组织分配。再说，团县工委推荐我"参干"，是对我的信任，当个青年团干部也是件大好事。我表示同意"参干"，但要回家征求父母意见。

我回家向父母谈了高书记要我"参干"的谈话，父母表示支持我"参干"，说早点工作也好，还可减轻家庭经济负担。

就这样，父母把我睡的旧棉被打成一个背包，把我穿的旧衣服和日用品放进一个旧的帆布箱子里，送我坐上班车到衢州团地工委报到。团地工委书记朱森林、宣传部长龙其夫同志热情接待了我，安排我住在机关宿舍。当年实行供给制，发给两套干部服，在机关食堂免费吃"大灶"伙食，每月发给 9 元人民币作零用钱。

提前离开江山县中，由团县工委保送"参干"，这是我人生的转折点，我从此走上了为人民服务的道路。不久，地委抽调我参加地委农村工作组下乡驻村蹲点，我又干了七年农村基层工作。1957 年，我加入中国共产党。1958 年，我走上了新闻工作岗位，在浙江青年报社、浙江日报社、人民日报社、中华全国新闻工作者协会等单位拼搏了半个世纪，为新中国新闻事业做了一点贡献……

这一切，都源于母校哺育了我，从各方面给我打下了良好的基础。我永远不会忘记当年母校领导的关怀、老师的教诲、同学的支持！没有他们，就没有我的今天！

注：感谢江山中学 1992 届高中校友王灵文、江山中学 1998 届高中校友周群丽对本文的大力支持。

【作者简介】郑梦熊，1951 年江山中学高中毕业。高级编辑，兼职教授。曾任浙江青年报社编委，浙江日报社总编辑，人民日报社副社长、副总编辑，中华全国新闻工作者协会党组书记、常务副主席。1997 年当选中共十五大代表，1998 年担任第九届全国政协委员。曾出版专著《报海求真——郑梦熊新闻论文集》。

恩师姜星居先生

郑裕太

姜星居先生，原名姜瑞拱，江山新塘边人。他毕业于浙江省立第一师范学校，曾担任过旧时某县教育局局长和江山《江声报》编辑等职务。在江山县立中学（后更名为江山中学）执教多年，直至退休。1949 年后，曾当选为江山县人民代表。

我于 1947 年春就读于江山县立中学初春一（甲）班。其时，姜星居先生教我们国文（语文）课。他中等身材，50 多岁，已早生华发，但气色很好。他常身着洗得发白的长衫，脚穿布鞋。晨昏或课余，他常背着双手在小路或走廊上踱方步，常年坚持饭后百步走，因此身体健朗。

姜星居先生担任某县教育局的局长时，曾掩护过一位中共地下党员，可见他早年有进步的政治倾向。

1948 年秋，姜先生除了教国文，还教我们中国地理。其时，东北地区国共双方正在激战。姜先生在讲东北地区的地理时，绝口不提东北的战事，只是向我们纯粹讲授地理知识。有同学不理解，提出质疑。姜先生缄口不语，神情凝重地在黑板上写下 4 个字：莫谈国事。在那所谓"戡乱时期"，恩师对我们年轻学子进行"莫谈国事"的善意劝诫，让我们避免了多少政治是非！

江山解放之前，我在江山县立中学念了两年半（1947 年初春至 1949 年初夏）初中，姜星居先生教我们作文课都是命题作文。作文题目从来不涉及敏感的政治时事题材，可谓"无声的政治导向"。尽管那时的中国处于国共内战时期，公民课（相当于政治课）教员对我们进行反共宣传，但是我们却不听他那一套，思想上很少受其影响。

江山解放之后，我们的思想认识很快就跟上时代前进的步伐，热爱共产党，讴歌新社会。这得益于姜星居先生的"无声教育"。他的崇高师德，像"润物细无声"的春雨，一直滋润着我们稚嫩的心田。

1951年秋，我在休学两年后回到母校复学，就读于初春三毕业班（只有这一个毕业班）。当年，新江中到处呈现一派欣欣向荣的新气象。先生已改称老师，级任改称班主任，事务处改称总务处，训导处改称教导处，旧时的称谓已消失在历史的尘埃之中。学校还新设了生活指导员，是朝气蓬勃、笑容满面的陈福炎老师。

课程的名称和内容也改变了。国文改称语文。过去国统区开设的公民课也化为乌有，我们学习的是政治课，课本是《社会发展简史》，令人耳目一新，大开眼界。

教室黑板的上方，张贴着用红纸书写的班级爱国公约。其时处于抗美援朝时期，是全国人民爱国激情燃烧的岁月。

学校有中国新民主主义青年团的组织。入团的条件要求比较高，团员不多。加入青年团是很光荣的。

学校有中苏友好协会，同学们都是会员。发来的徽章，造型是一面小红旗，上有斯大林和毛泽东的头像，小巧而美观。同学们经常自豪地将它佩戴在胸前。

学校初中都曾开设俄语课。我们听到哈尔滨籍的俄语老师教的俄语发音，觉得新奇而有趣。

其时，姜星居老师教我们语文课，并担任班主任。在社会制度急剧变革时期，姜老师的思想认识能与时俱进，常说共产党领导得好，毛主席英明伟大。他说：解放前，浙赣铁路的路基坎坷不平，火车开得很慢；解放后，铺上很厚的坚硬的石碴，现在火车开得又快又平稳。这说明新旧社会两重天啊！

我至今尚能清晰地回忆起60多年前姜老师教老舍的《济南的冬天》的情景。他一开始就是范读，抑扬顿挫，声情并茂。读到"水藻真绿，把终年贮蓄的绿色全拿出来了"这一句时，将"全拿出来了"这个词组作为重音，读得很重很响，并且双手作拿出状。这种形象化的教学，使我们好像真的看到水藻一片逗人喜爱、触目皆是的绿色。老师范读之后就是让学生自读、反复读，从朗读中领悟、体味课文内容，不懂就问。如果是文言文，老师先串讲，摇头晃脑地一边诵读，一边释词、译句，有时还讲点典故。我们听得津津有味。接下来，就是要求学生背诵、默写。这种老式的语文教学法，我们认为能提高学生的语文水平。

至于作文，姜老师上的指导课很有特色。他写出作文题目之后，根据要表达的题旨，要言不烦地说几句。这几句话，相当于现在话题作文中的"话题"。听了这几句引而不发的启发式、向导式的话语之后，我们写作就十分顺利，全班同学绝无一人会出现枯坐咬笔杆、不能动笔的现象。

我们全班同学在姜星居先生循循善诱、教而有方的教导下，思想进步，语文学得比较扎实。虽然不能人人都做到写出美文佳作，但是能做到文章文从字顺，错别字极少，并且书写工整。

1952 年 1 月，我们作为江山县立中学初中第 20 届的毕业生，在离别母校之前拍了毕业照。照片上有校方奖给我们的一面"江中旗帜"锦旗。这荣誉首先应归功于恩师姜星居先生。

【作者简介】郑裕太，1952年1月江山中学初中毕业。中学语文高级教师。1979年被评为江山县级先进工作者。曾撰写发表《不要模糊对语文学科特点的认识》等十多篇论文。已向母校捐献《江山县立中学同学录（1948年编）》等珍贵校史资料。

一生一世江中情

汪东林

1952年9月至1955年8月，我就读于江山中学高中部。这是我在家乡求学时代最重要的三年。正因为有了这三年，我才能在1955年9月考入复旦大学中文系，为以后走上新闻工作道路奠定坚实的基础。

天天向上

记得当时我们一个年级全部学生只有60余人，分甲乙两班，我在乙班。

在当时非常困难的情况下，学校的领导和老师们想方设法为同学们的成长创造条件。在思想教育上，学校不但加强和改进政治课的教学内容和方法，而且以共青团组织发展为核心，引导每个同学学先进，赶先进，争取早日加入共青团。在这方面，刘信善校长的每次讲话，深入浅出，谆谆教导，大家都爱听，给我留下了非常深刻的印象。当时老师们的水平都很高，许多老师不但拥有名牌大学的本科学历，而且还具备了丰富的教学经验，英语老师毛仲缪和历史老师何英豹等就是其中最具有代表性的。当时，学校要求每个同学都要参加"劳卫制"（即"准备劳动与保卫祖国体育制度"）锻炼，通过"劳卫制"等级测验。每天，我们都要参加早锻炼和下午的体育活动课，体育课也能按时到位，这一切造就了我们强健的体魄。当时实行包伙制，全体同学每月向食堂交8元钱，食堂保证大家吃饱，每周还有一次带肉的菜，要做到这一点，也着实不容易。总之，一切活动都有动力，有目标，有结果，正所谓勤奋出业绩，有序就有成。现在回想当年，仍然激情满满，人人争当奋斗者，那是一种什么样的场景和风气！

在这样的氛围下，几乎所有同学从高一开始，就都有了具体的奋斗目标，即我要上什么样的大学，读什么样的专业，把自己造就成什么样的人才，为国家和民族做出怎样的贡献。正因为这样，我们的学习和锻炼都是自觉自愿的，而不是要人管，被人催。在这样的环境熏陶下，少不更事的我也慢慢胸有成略，经过三年的勤学苦练，终于在高三毕业后实现了自己的奋斗目标。

反哺之情

大学毕业到北京工作后，有很长一段时间，我与江中没有联系，但母校一直在我心中！20 世纪 80 年代，母校赶上了大发展的机遇，成为浙江省重点中学。有一天，比我低一级的老同学王朝林突然来访，开门见山地提出，要我请赵朴初先生题写江山中学的校名。原来，当时负责家乡修建江郎山的周航，已从我处获得赵朴初先生的墨宝"江郎山开明禅寺"，这次他是专程来求字的。我立即照办，面告赵朴初先生，请他赐墨。朴老当场就挥笔：浙江省江山中学。这七个大字沿用至今，为母校增色不少，我也为自己能为母校尽到绵薄之力而感到无比欣慰。

从这件事开始，我与母校的联系渐渐密切起来。老同学王朝林语文教得特别好，被评为特级教师，名扬江山乃至浙江各地。在他的推荐下，20 世纪 60 年代，我发表于浙江《东海》杂志的处女作散文《哭嫁》，被列为浙江省中学语文参考教材乡土文学的作品之一。后来，他为母校校歌作词，寄给我"审看"，我只改了几个字，也成了校歌的歌词作者之一。现在细细回想，我虽与朝林二十多年没有见过面，但本是老同学，加上为母校校名题字和校歌作词的情结，已牢牢地把我们连在一起，成为江山中学的历史故事了。

20 世纪 90 年代，在王兴盛担任江中校长期间，学校又上了一个台阶，被评为浙江省一级重点中学。对于王校长，我早有耳闻，后来回母校时，曾和王校长见过面，还在赵朴初先生题的校名前合影留念。记得母校 60 周年校庆时，王校长邀我参加校庆庆典，我实在走不开，他让我写幅字祝贺母校的生日，殊不知虽然我写过很多文章，出过不少书，但我的字实在拿不出手。我只得让我的书法家朋友沈鹏代劳，求他的墨宝祝福母校，他即书写"江山代有才人出，各领风骚数百年"。这幅字至今还陈列在母校的校史馆里。

又过了一段日子，母校要兴办外国语学校，时任江中校长王水登门求写校名，我请我们的大同乡邵华泽同志赐墨，他当即一挥而就，"浙江省江山外国语学校"就成为学校的校名沿用至今。

尽管我离开母校已经 60 多年了，但无论身在何处，江中永驻我的心间！

【作者简介】汪东林，1955年江山中学高中毕业。1960年上海复旦大学中文系毕业。高级记者。1982年至1994年参与《人民政协报》筹办，并担任副总编辑。1995年后担任全国政协民族宗教委员会办公室副主任、巡视员，分管宗教工作。1993年起，担任第八届北京市政协委员，第八届、第九届全国政协委员。中国作家协会会员，已出版的著作有《梁漱溟问答录》《李宗仁归来》等十余部。

我和江中的故事

王朝林

可以说，我大半辈子都在江山中学度过。1950 年至 1956 年，6 年时间读完了初中和高中；1961 年至 1997 年，36 年（其间在江一中 4 年）在江中任教，前后总共 42 年。可讲的事情很多，不可能一一叙述，现在就把解放初期我刚上初中的时候，记忆所及的几件事写在下面。

之一：我是新中国首届江中学生

梦想成真

我从小就羡慕县中的学生（江山中学当时的名字是"江山县立中学"，简称"县中"）。20 世纪 40 年代，我的老家就在东边城郊的农村里（现在叫作杨墩村）。我十来岁的时候，经常随祖父进城卖些农产品，买些生活用品。在大街上常看到一些青年人腋下夹着一叠书，三三两两，边走边谈边笑。祖父告诉我，那是江山县中的学生放学回家了。有的女学生短发齐耳，长长的黑裙子在风中飘舞；男学生大多是西发，穿着制服，迈着大步，很气派。我看了之后，很是羡慕，心里想，我要是和他们一样，该多好呀。那时江山只有三所中学，城里蓝田坊有一所志澄中学，大陈有一所萃文中学，这两所是私立中学；只有江山县中是县立中学。有一次我的堂哥从城里回到家，用赞赏的口气对我说："今天县中的学生和伤兵打架了，那些学生胆子真大，不怕死。"

当时第 17 后方医院驻江山，有很多伤兵。我们乡下人最怕国民党的伤兵，因为我们挑了柴火或蔬菜进城去卖，被伤兵看见了，他们就拿走，不给钱，或者给很少的钱。老百姓不敢和他们评理，那时也没有评理的地方。他们常说："老子命都差点丢掉，烧你一点柴、吃你一点菜还不行吗？"碰到胆子大一些要和他们论理的人，他们就大喊："老子是死过一回的人，还怕你？"说着就要拳打脚踢。可怜的农民拿不到钱不说，还要听一顿臭骂，挨一顿毒揍。所以我也愤愤不平，对国民党伤兵怀恨在心。今天这些伤兵老爷被江山县中的学生惩罚了，我也感到高兴，心里想，我要能成为县中的学生该多好呀。

梦想果然有成真的时候。1949 年 5 月 6 日，西山上一阵枪响，我爬上屋后山顶一望，哇！牛头岭马路上的军车一辆接一辆瘫在那里，动弹不得；国民党败兵一队一队抱头鼠窜，顺着迤逦的阡陌往福建方向猛跑，把毯子、帐篷等扔到两边的水田里。第二天就有喜报：江山解放了！过了几个月，我进城，看到满大街的秧歌队和高跷队，热热闹闹，说是庆祝新中国成立了。又过了几个月，江山县中大门口贴出了广告，要招收新生了。于是我在父亲的带领下，去报名投考。考试很简单，就考数学和语文。我记得我写的作文标题是《走，跟着毛泽东走！》，似乎是诗歌的形式。考试之后，惴惴不安，担心考不上。到放榜的日子进城一看，居然名列其上，我是何等的高兴呀，我真要成为县中的学生了，而且是新中国第一批的县中学生。

过了春节，到了开学的日子，我挑着铺盖，父亲挑着大米，进城到江山县中报到了。我记得报到时是从中山路的公园里进去，往左拐，进入一扇小门，见一座小楼，上有匾额，写着"涵香楼"三个字，旁边走道里进去就是总务处，其对面就是教务处。我们在教务处窗口报到，再到总务处窗口交菜费，在窗口边称大米，然后领开膳证，安排寝室。当我在双层木板床的下一层铺好席子、棉被之后，父亲就挑着空箩筐回去了。我就这样融入一个新的集体，真正成了江山县中的学生。从此，我在她的怀抱里度过六个春秋，从一个不懂事的少年，成长为有知识有理想的青年，进入大学之门。

啊，县中，我理想放飞的地方，我人生之旅的一个崭新驿站！

苦中有乐

1950 年，江山县中就在现在县河西路与中山路交叉的东北面一小块地方，说它小，因为其实它只有一座大房子，由好多进厅堂和好几个天井组成。1737 年，这里就是文溪书院；1906 年改为江山县立中学堂；1938 年，成为江山县中学生暑期补习学校，到了 8 月，改称江山县初中学生补习学校；1943 年，省教育厅令准改为江山县立初级中学；1945 年，增设高中部；1947 年 1 月 15 日，省教育厅下文更校名为"江山县立中学"。学校所占的面积只有两三千平方米，小得可怜。

我清楚地记得，上学的时候，靠中山路这边，自东而西是公园、城隍庙（后作为大礼堂）、一间小染坊，这些建筑的后面才是学校。西边就是县河，流了 200 来米长就向东转弯，县河的西边是马路，东边由南向北依次是县中的校门、女生宿舍、厕所、教室、教师宿舍。县河里有两座亭，靠南的叫作四角亭，有石板桥西连马路，东连县中。我进校之后，这里开辟为校门，我们进出学校，便走这四角亭。北边的叫八角亭，没有石板桥与马路相连接，却有石板桥与县中相连接；石板桥有石栏杆，高高的。县中的北边是县河，对面是救济院（又称为"育婴堂"），过不去。大概在 1952 年，它才并入江中，1953 年以后又向北拓展，拆了城墙，开辟了大操场。县中的东边是县委县政府，它们占了很大的面积。

当年的课堂也和现在的不一样，没有什么电教设备，只有黑板、课桌和凳子。教务处只管安排课程，不管教材、练习簿之类。课本和练习簿要学生自己购买，或向老生借用。所以一开学，正元书店和乐群书社是我经常跑去的地方。那时的课业也不重，自由支配的时间很多。我经常到八角亭玩，爬到楼上看街上人来人往，这里距离北门只有百米之遥。下午没有课，我们几个调皮鬼就到脚踏车店里，租一辆破旧的脚踏车（每小时 20000 元，相当于今天的 2 元），拉到南徐埂学骑车，一个人骑，两个人扶着，不几天就学会了，终生受用。

解放初期，学校没有电灯，晚自习的时候，点汽油灯照明。有个工友专门管理汽油灯，在一个房间的木头架子上一排排挂着汽油灯。每到傍晚，他的任务是给每盏灯灌油、打气、点亮。每个班的值日生领取一盏提到教室，挂在中间，发出嘶嘶的响声，全班同学就在它的照耀下阅读、写作业。有时灯没有气了，或者没有油了，就得拎到工友那里去加油打气。最容易坏的是灯头，它是一种丝线制作的小网兜，经火一烧，会变成一个白纱包，大拇指那么大，犹如今天的小灯泡。这东西绝对不能碰，一碰到就粉碎，得换新的。

我们常常因为灯坏了而无法晚自习，在黑暗中谈笑唱歌，浪费了不少时间。

寝室里用的灯就是普通的煤油灯，是个四方盒子，铁条框子，玻璃面。每个寝室一盏，挂在中间，光线暗淡，昏昏沉沉的，倒很有利于我们入睡。这样的生活过了近一年，才有电灯。

那时也没有自来水，要用水，得拿木桶到水井里吊水。整个学校只有两口井，一口在厨房旁边，大一些，全校师生用水都靠它。另外一口在大礼堂北边的桂花树下，很小，少有人用。大井的旁边有些石头槽子，是用来洗衣服的。男女学生就在这里吊水洗脸刷牙洗衣服，早晨或下午活动课以后，井边就会有许多人，说说笑笑，等着吊水。

那些高中生特别活跃，比如一个女同学吊水，满满的一桶提不上来，旁边的男生中就会有人叫道："某某某，你还看着，怎么不去帮一下？"意思是他们是要好的一对。这时也确有一位某某某会在人们的笑声中过去出一臂之力。有一次，一个女同学在提水，提着，笑着，涨红着脸，叫道："某某，快来帮一把，我提不上来了。"那位男同学马上去帮她提上来了。我一看，也不过只有半桶水，可能她力气小，真的提不动，也可能他们的确是一对，那女同学不过是小鸟依人，撒娇罢了。当时，在高中生眼里，我还是个懵懂的小孩子，他们对我不屑一顾，但我都看在眼里，记在心里。

女生宿舍就在县河边，对着县河开了一扇门，门外有个小埠头，边上有一棵杨柳树，树下有几级石级，人们常常可以看到女同学在杨柳树下洗衣服。没有自来水当然就没有淋浴，但有浴室。所谓浴室，就是一间长方形的屋子，里边有两个用水泥浇成的水池子，水池子一大一小。大池子是让人们下去洗澡的，小水池是加热的，它中间安装一只大铁锅，锅子下面是烧火的灶膛。要开放一次浴室，得派一个班的学生吊半天的水，灌满两个池子，还得派一名工友烧火。当时烧火的燃料是砻糠，一畚斗、一畚斗不停地向灶膛里倒进去，要烧半天，水才能用。

那时，我们的餐厅很简陋，就是空旷的房子里摆十几张四方桌子（江山人称之为"八仙桌"），没有别的设施。我们站着吃饭，到水池里洗碗洗筷子，洗好了放回餐桌。在我的脑海里，比较辛苦的是"值厨"。所谓值厨，就是在厨房里值日。那时的老师是不管学生的生活琐事的，学生自己有个组织叫作"膳食会"，民主选出会长、副会长和各委员，由他们来管理柴米油盐。

值厨的工作由住校生分担，每日两人，负责称米、下锅、买菜、洗菜、抬饭桶等事务。最初叫作"监厨"，以后叫作"值厨"或者"帮厨"，这制度也不过实行了一年多，以后就由总务处的老师来管理了。我做过几次值厨的工作，就叙述一下一天的工作吧。

天还没有亮，才四点多一点，我们还在甜蜜的梦乡，厨房的工友擎着一盏煤油灯，沿着学生的寝室叫喊："值日生！值日生！快起来，米要下锅啦！"于是按膳食会排好的名单，头一天晚上得到通知的人，便在睡梦中醒来，起床，拿出前一天值日生移交的钥匙，跟工友一起去仓库，打开门，称出所需要的米，抬到厨房，帮工友一起倒下锅；又去拿出早餐吃的菜，交给菜灶的工友，下锅。稀饭烧好了，一大桶、一大桶地抬到饭厅里去，放在饭桌之间的缝隙里，布局要合理，便于每个同学盛饭。这样，早晨的工作告一段落。吃了早饭，工友买菜买柴，值日生验收，然后是洗菜。中饭烧好了，一大桶、一大桶地抬到餐厅。下午照样，洗菜，抬饭。晚上，记账，向膳食会报账，一天的值日工作结束。

讲到睡觉，当年的床铺现在已经没有了。我们睡的都是双层通铺，几根木头柱子加些横梁，打成架子，铺上木板，就是我们的床铺。一长溜地靠着墙壁，分两层。睡下铺的人只能坐直，就寝时只能从自己的铺位上爬进去，早上起床先坐着穿好上衣，然后爬出来穿裤子。睡在上铺的人头顶当然空旷，高至屋顶，可以站直跳跃。每个人的铺位只有两尺来宽，两个人头对头并排睡，一个左侧卧，一个右侧卧，可以互相感觉到对方的气息。

因为刚解放，师生的警惕性很高，还组织了护校队。现在想来，这个组织除了护校之外，还有个作用，就是增加同学交流的机会，加强同学间的友谊。各班排好名单，轮流值日，轮到的人手臂上套个红袖套，坐到校门口，不许陌生人进校，也不许同学没有请假条就出去；晚上熄灯以后，提着马灯到每个寝室查铺，看有没有陌生人住宿，还有谁没有来就寝，不分男女寝室，一律要查。坐在校门口值班的人至少有两个，往往从不同的班级来的，这个班来个男同学，那个班来个女同学。有时进出校门的人，碰到熟人值班，便坐下来谈笑一会。值班的人和进出校门的人，一回生，二回熟，碰见多次了，也就成了好朋友。

因为值过几次班，我就碰到过许多半生不熟的人，经历过意想不到的事情。说得简单一点吧，有一天，我匆匆地走在长长的走廊上，突然前面出现一个女同学，她不吱一声，伸手就塞给我一双袜带——用宽幅的松紧带缝制成的把袜子紧绑在小腿上的带子，这东西在当时是新鲜事物，许多人只用布条子扎袜子呢，松紧带可算是奢侈品了。

当时我很惊愕，她是谁？哪个班的？为什么给我？她走过去之后，我才想起，似乎是在护校值班的时候见过面，谈过话。她并不漂亮，剪着齐耳短发，穿着士林布的旗袍，见面总是笑眯眯的，给了我极好的印象。以后她又给过我鸡蛋、花生等食品。我心里非常感激，觉得她真好。于是我们来往就多起来了，有事没事在一起谈谈话，还拍过照片。以后怎么失去联系的，我真的一点都不记得了，可以肯定的是绝对没有说过分手之类的话。这难道就是初恋吗？不是吧，因为后来给我东西、来往密切的女同学还有好几位呢。

之二：令人难忘的几件事

进校之后，虽然是初中生，一个毛头小孩，但是我也参加了校内外的许多活动，在各个活动中得到历练。我参加过的活动真不少，拣几件难以忘怀的事叙述如下。

学生会竞选

进校后，第一件大事就是选举学生会的干部。各班推出一个候选人，组织啦啦队开展竞选活动，气氛很是热烈。出刊物，张贴图画，介绍候选人的性格特点、学业成绩、办事能力、个人趣事等等，还要到各班宣讲、拉票。在竞选活动中，我们低年级也显得很重要，因为我们手里有选票。

记得高中部有个候选人叫毛立昌，他的妹妹毛立英在我们班里。他们就派了宣讲员到我们班里宣讲、拉票。我现在记得的几句话很有意思，他说，毛立昌个子高大，身体强壮，热爱劳动，家乡人有顺口溜唱"驮只哥，约打货"（这是江山话，翻译成普通话就是"大个子哥，拾猪粪"）。说得我们哈哈大笑，给了我们极其深刻的印象。选举的时候，我们都投了他的票，他也果然当选了。说实话，那时的学生会，教师不参与任何活动，全是学生自己在谋划运作，锻炼出不少人才，以后好多人都胸前挂上大红花参军参干去了，有的考上名牌大学，像姜式平、郑梦熊、周庆云、何清淮、许和若、冯发高、毛佩玺……都是我们低年级学生心目中的偶像。

土改宣传队

我们学校的师生政治热情一向高涨，土地改革一开始，许多同学就报名参加土改工作队。他们胸戴大红花，肩背小铺盖，排队拍照，由我们欢送下乡去。但这是高中生的荣耀，我们低年级的人没有资格参加。

记忆犹新的是在《白毛女》的演出队中，有我们县中的许多师生。图画老师郑仁山画布景，政治老师叶元寿演黄世仁，胖胖的校医演黄世仁的母亲，高中学生何清淮演喜儿的对象大春，附小的吴石刚演黄世仁的狗腿子穆仁智（当时的县中有简易师范班，因此有附小，后发展为城关区中心小学）。他们都演得活灵活现。当黄母把铁针刺进喜儿的面颊时，我难过得牙根发酸，恨透了她。解放后，喜儿由鬼变成人，大春割了一朵花插到喜儿的头上时，我们都乐得哈哈大笑。

抗美援朝宣传队

接着来的就是抗美援朝运动，我们几乎每天要排队唱歌，欢迎应征青年和欢送新兵。有一首歌我们一天不知道要唱几次，大家都很熟悉：

雄赳赳，气昂昂，

跨过鸭绿江，

保和平，卫祖国，就是保家乡。

中华好儿女，齐心团结紧，

抗美援朝，打败美帝野心狼！

不光唱歌欢送，我们自己也开大会，报名参军，在大红纸上庄严地签上自己的名字，决心为祖国的独立解放战斗到流尽最后一滴血。我们还组织演出队，到街头演出活报剧。我参加了郑仁山老师领导的漫画组，画漫画贴到街上去，宣传抗美援朝的重要性和中朝必胜、美帝必败的真理。那真是轰轰烈烈，意气风发！

全校师生经常参加县里举办的示威游行，向以美帝为首的帝国主义示威，最有看头的是我们县中的化装游行。说是化装游行，其实化装的只有几个人，个子高鼻子长的人扮成美国总统杜鲁门，个子矮小的人扮成日本首相吉田……用绳子捆绑起来，扮作志愿军的人持枪押解着，他们都走在全校队伍的前面，浩浩荡荡沿街前进，宣示中国人民抗美援朝的决心，表现中国人民战无不胜的伟大力量。这种办法，在民众中起了很好的教育鼓舞作用。

清华大学地质系师生在江中

清华大学地质系的学生来江山实习，就住在我们学校。他们早上背着背包，拿着小铁锤出去，傍晚背着一些石头疲惫地回来。当时我不知道什么地质考察，据知情的人说，他们是研究地球形成的，发现了许多化石，西山后面花坟头一带就很多。有的说，他们善于爬山，连江郎山顶都要上去。

有一天他们零零散散地在大礼堂后面天井的桂花树下聊天，我发现一个女同学坐在桂花树根的石头围栏上，瘦小，齐耳短发，用一条红带子从头顶到脑后把头发箍起来。这种打扮我第一次看到，觉得新鲜而漂亮，然而我对她的体能有些怀疑，心想，这样的女学生也能爬山吗？

他们和我们县中师生开联欢晚会，有个教授上去讲话，这是我生平第一次看到大学教授，高个、微胖、西发，走路迈着大步，学者模样。他说，江山是个好地方，地质资源很丰富，西山那边就有珊瑚的化石……以后我翻过西山，去花坟头，果然找到许多珊瑚化石，不过都很短小，呈黄褐色。

他们集体上台唱歌，在我的眼里，他们都是大人，人数虽然不多，站在台上却很起眼。他们唱的也是抗美援朝的歌，至今我还记得其中的几句歌词：

从东北到西南，

从高原到海边，

愤怒的声音响成一片。

热血的青年纷纷参军。

全国各民族的人民，

快起来，起来，起来！

抗击美帝，支援朝鲜，

为保卫祖国的独立而战。

他们感情激烈，声音厚重，很感动人。特别是那个打拍子的，使出全身的力气，两只手迅速敏捷地挥动，头颅激烈摇摆，头发像是一跳一跳的黑色火焰，令我感叹佩服，大学生就是大学生，有气派！

工读——校办农场和校办机米厂

解放初期，轰轰烈烈，整个社会呈现出一片新气象。江山县中的师生非常活跃，除了前面提到的膳食会、学生会之外，还成立了工读会。这是学校领导、教师牵头，以学生为主体的组织，开展了多种形式的工读活动，我也投身其中。

首先是农业生产。那时学校有两个农场，一个是大南门外的山川坛，有十多亩地，种番薯、马铃薯等；另一个是老虎山西南麓的操场岗，面积比山川坛大，种植茶叶、番薯等，也有水稻。学校西面的县河里养鱼，这是顺带的，不算养鱼场。课程表里有劳动课，每周一个下午，由体育老师兼任劳动课教师。劳动那天，不按上课时间，一吃了午饭我们就开始工作，通常是到厕所里舀大粪，一桶一桶地舀满，两人一桶，抬到农场去。

一个班五十来人，浩浩荡荡，自北而南穿过整条解放路，引起社会上强烈的反响。特别是那些高中的女同学，平常身穿旗袍，脚蹬皮鞋，娇娇滴滴，细皮嫩肉的，劳动时都身着粗布衣服，脚蹬草鞋，肩抬大粪去种地，分明向社会宣告：劳动最光荣，劳动人民最伟大！当时的《浙江日报》整版刊载江山县中学生勤工俭学的通讯报道。我们同学绝大多数都是很高兴而愉快的，甚至很自豪。但是总有个别人一时接受不了，有两件小事，我记忆犹新。

有个体育老师大名叫周仁良，他的教学风格就是两个字：严格。有一次，有个高中的女同学不愿意抬粪桶，他当着大家的面就批评说："抬大粪有什么？俗话说'带一个小孩吃二两粪'，在旧社会，像你这样的年纪，四两粪便都吃掉了。"他的话难听，但不错，意思是粪便不肮脏，你也不小了，该学会劳动。那个女同学也很好，听了他的话就抬起粪桶走了。

还有一次，事情发生在本班。我们是初中生，劳动内容以拔草、锄地、播种为主。那天的任务是去操场岗茶叶地锄草，我们都开始锄地了，还有个姓戴的同学没有到。这位戴同学是城里人，学习很好，有才气，西发长袍，"五四"式的范儿。我们锄了一垄地了，他才款款而来，还拖着长袍，又被周老师狠狠地批了一顿，我们没有一个敢吱声的。原来这位同学是通学生，忘记下午是劳动课了，走到教室见没人，马上赶来的，我倒以为应该表扬他。

工业劳动主要是机米，就是把稻谷加工成大米。先是零零散散的，四五个要好的同学组成一组，组长到街上找个碾坊，然后向学校领取几百斤干谷，抬到碾坊里，加工成白米，赚取一些加工费。

第一道工序是砻谷，把谷子的糠皮和米分离。第二道工序是扇谷，用谷扇把糠皮吹掉，留下糙米。第三道工序是筛米，把米舀进筛子，双手捧着筛子水平晃动，让白米溜出去，有糠皮的谷粒留下，收集起来再砻过。第三步最难，晃得不得法，米和谷粒全溜出去了，白米里含有太多的谷粒，产品不合格，得重新加工。所以，一组人中会筛米的人是最重要的技师。第四道工序是把筛出来的米倒入碾槽，套上牛，拉动两个石头轮子，经过摩擦，把米皮去掉。这道工序最省力，又好玩，大家都乐意干。第五道工序是筛米（江山话叫"陪米"），用的筛子和前次不同了，筛孔很细，只让米皮出去，米粒留下。这样筛出来的米就是成品，可以上交了。我们只要交白米，谷糠和米皮归我们所有，出卖谷糠和米皮所得，能增加我们的收入。

后来学校里办起了机米厂，就在四角亭进去的一座房子里。厂里有两种机械，砻和碾一台机器，筛又是一台机器。我们主要是干一些抬、扛、扫地等服务性的工作，比如说把机好的米抬来，倒进筛的漏斗，从筛的出口抬来，装进麻袋等等。电是用自备的电机发动的，刚发动时，电力不足，机器转动不起来，需要人帮助拉传送带。有一次，有一个同学在帮助拉的时候，机器转动了，他的手没有及时抽出来，被卷进去了，一个大拇指被压得血肉模糊，成了残疾。这位同学姓朱，名字似乎叫元璋，高中部的。管理这个厂的人是一个姓孔的师傅，他会开动电机，修理机器，听说他是衢州人，这成套的机器就是他卖给学校的。他的妻子也跟来了，白天穿着工作服，戴个口罩，戴顶工作帽，满身的糠灰、尘埃，连眉毛都灰蒙蒙的。

有一天晚上，我值班护校，在四角亭校门口，远远地看见他们俩手拉手从大街上走来，还边谈边笑。我很惊奇，心想：这么大的年纪，在大街上，怎么能这样呢？当他们跨进校门的时候，电灯突然灭了，那男的就拖来一条凳子，站了上去，拿起电灯泡用手指头轻轻地敲几下，电灯亮了。我很惊讶，也很佩服他，问他为什么，他说："钨丝断了，接上就好了。"从此，我知道电灯坏了，是可以修理的，多了一项知识。

之三：回忆江山县中几位难忘的老师

江中有许多好老师，教给我知识，指导我生活，关心我成长，他们的学识和为人影响了我的一生，使得我终生铭记。解放初期，我印象深刻的有几位，拣主要的叙述于下。

邱茂森老师

邱茂森老师是我们的语文老师兼班主任。他其貌不扬，矮矮小小的个子，经常穿着长衫。他是龙游人，说话带着浓重的龙游口音。我们班里有个同学叫"周怀宽"，有一天上课走神了（似乎是照镜子），老师正讲得起劲，突然停下喊道："周外公——别照啰，够漂亮啰——"尾音拖得很长，使得全班人都注视周怀宽。从此我们全班同学都学他的口气,叫"周怀宽"为"周外公——"。

更引起我们注意的是他寒假不回家，我们过了年来上学，到他房间里，看到有菜刀、砧板之类,也看到他切肉炒菜等。同学间就窃窃私语,有的人说，他家是大地主,他本人是龙游县的参议员,回去要挨斗的。当时我不知道"参议员"是什么，心想，这样矮小的人能当大官吗？全县举行示威游行，叫他化装成日本首相吉田，两臂绑上绳子，由扮作志愿军的高中同学用枪押着，或许就是因为身材矮小的缘故吧，他也乐意接受，可见他还是要求进步的，胸怀是豁达的。给我印象深刻而且影响我一生的是他对文字的解释。他分析文字的结构来解释字的含义，比如"陷"和"稻"两个字，我们经常把右偏旁写错，他就画个石臼，上面画个人掉入石臼，说："人陷下去了。"再画个石臼，上面画一只手的侧面，说："用手把石臼里的东西掏出来。"他这样分析，强烈地吸引了我，使我知道原来我们的文字是这样巧妙而科学的，从而对文字学产生了浓厚的兴趣，影响了我一辈子。他成了我崇敬的老师之一。上了大学，我才知道《说文解字》这部书，于是购买来，好好学习。

20 世纪 60 年代，他被开除回家。80 年代改革开放以后，为平反的事，他找到我。这时，有些同学已经当了官，我把他的要求平反的材料转交上去。最后他得到平反，回到教师队伍，工作了几年以后退休，有了一个平安的晚年。

濮阳春老师

濮阳春老师是音乐老师，我第一次看到他是在县中礼堂的一场晚会上。那时学校之间也搞联欢活动，一连串的讲话之后，余下的时间叫"余兴"，就是文艺演出。他是代表大陈初师上台演出的。一阵掌声之后，出来一个矮矮的老师，手里提着长柄南瓜一样的乐器，鞠个躬之后，他把那个乐器放到肩膀上，头歪过去用下巴夹住，优美的乐曲就飘扬到整个礼堂。演奏结束，他把乐器拿下来，用手指一拨，"咚——"的一下，又鞠个躬，于是台下响起一片热烈的掌声。这时有人告诉我，他手里的乐器叫小提琴。这是我生平第一次看到小提琴，第一次听到用小提琴演奏的乐曲。

后来，他调到江中来了，成了我们的音乐老师。我觉得他是个很好的老师，每逢文艺汇演，各班准备节目，请他导演，他都满口答应，而且认真负责。他的演技确实也很好，比如"笑"，他会区别表演微笑、偷笑、傻笑、狞笑、大笑、狂笑等等，每次表演都引得全场观众跟着笑个不停，十分开心。还有哑剧《吃麻酥糖》，从买、揭开纸包、吃到吃完，每个动作都演得惟妙惟肖，使得观众赞叹不绝。

冯飏老师

冯飏老师是我们的俄语老师，哈尔滨人。解放初期，中国和苏联友好，提出"苏联的今天，就是我们的明天"的口号，为了向苏联学习，要培养俄语人才。江山县中也紧跟形势，开设俄语课，我们是第一届学俄语的学生。我不知道是谁把冯老师请来的。第一堂课他进来的时候，我的第一感觉就是：他不是中国人，是俄国人。他不但个子高，肚子大，连鼻子都是又高又长，好像要掉下来的蜡烛油；讲话的声音细声细气的，不像我们江山人的粗声大气。

我带着对他本人以及对俄语的好奇心和新鲜感听他讲课，跟他朗读、发音。应该说，他对教学是认真负责的，对学生也很友好。我们很调皮，课堂纪律不是很好，他从来没有发过火，没有呵斥过我们。俄语里的语音又很特别，有个"p"音，读的时候，舌头要抖动，好长时间我们都学不会，他想了好多办法教我们，先读"d"音，马上转读"p"音，我们全班人就"得吕吕吕……"读起来了，以后把"d"音节一丢，果然舌头会抖动了，发音准确了。

他很怕冷，冬天，下雪了，我有一次到他家里——那时学校里房子很少，他就租住在市心街的一所民房里，我进去的时候，屋里烟雾腾腾，烧着一大盆木炭取暖，木炭根部没有烧透，冒出缕缕浓烟，停了一下，才看到师母也在，两人都说"江山好冷"。我奇怪了，说："你们哈尔滨不是零下几十度，更冷吗？"他们告诉我，哈尔滨人冬天不出门，家里有暖气，不冷。这是我第一次听到"暖气"一词。除了俄语，他还会英语，有人说他的英语比俄语还要好，当时他也的确在教高中的英语。我不知道他以后到哪里去了，可能回哈尔滨去了吧。

郑仁山老师

郑仁山老师教我们图画。他是江山本地人，从外表上看是个纯粹的知识分子，除了鼻梁上的眼镜之外，最引人注目的就是头上花白的头发，一律向后梳，一丝不乱，露出高高的额头。他常穿中山装，一份报纸或一张画稿夹在腋下，走路很慢，且匀速。他教我们图画，把一个人的各个部位分开来教我们画，先是画眼睛，再是画嘴巴，再是画拳头……对这些，我没有多大的兴趣，学得随便而又轻松。我对漫画却有兴趣，强调某一点，多夸张手法，觉得很刺激，也容易画。画地主，就突出他的胖脸和大肚子；画美帝国主义者就画大鼻子，甚至画成鹰钩鼻。所以在抗美援朝运动中，我参加了他指导的漫画组。其实我根本不懂画，只是觉得形象有趣罢了。后来，直到长大了，我才知道郑老师的专长是山水画、篆刻，尤其擅长指画，所以他右手的指甲缝里经常留有黑黑的墨迹。

郑老师的一生，可以作为旧时代知识分子的典型：地主家庭出身，但在每个关键时刻都站在进步的立场上。抗日战争时期，他和儿子都参加抗日宣传队，画了不少画揭示敌人的残酷虚伪，唤醒民众；土改运动轰轰烈烈展开的时候，他投入《白毛女》演出队工作；抗美援朝的时候，他组织了漫画组，出了一期又一期的漫画专刊。

20世纪60年代，我回到江山任教以后，他教我太极拳，并鼓励我要坚持不懈，我也果然坚持下来了。我想，我现在还活着，而且能够写作，和他的指引是分不开的。他也教过我篆刻，我不很重视，只学了点皮毛。他很重视体育锻炼，"文化大革命"中，红卫兵把他打成"反动学术权威"，关进牛棚，叫他写检查，一到锻炼的时间他就要打一套太极拳，不管有没有人看守。后来，他开了几次个人画展，发表了毛主席诗词的篆刻，90多岁加入中国共产党，最后把自己的画作和篆刻全部捐献给国家。我想，一个人一生从事一门艺术，最后有些成果留给后人，能如此也不错了。他也是我崇敬的老师之一。

傅廷彦老师

傅廷彦老师是衢州人，是图画老师。他没有教过我，但给了我深刻的印象。他的衣着很特别，全是便装，连棉衣棉裤也都是，穿得像乡下的农民。他初次在学校里出现，就有人告诉我，他的画技很了不得，曾经被蒋介石请上庐山，给马歇尔画过像。这话有多少真实性，我不知道。不过他的画技确实是很好的。何以证明？当时高中部有个女同学，名字似乎叫金菊，全校人都认为她漂亮。傅老师就以她为模特儿，画了一幅宣传画，贴在走廊上，人人走过，都可以看到。画面上是一个漂亮的女青年，披着头巾，目光炯炯有神，注视着来往的每一个人，高扬起右手，张开嘴巴，作振臂高呼状，似乎是号召大家到斗争的前线去，很激励人。而整个面孔，真的很像那位全校知名的美女同学。因此，我很佩服他。

何炯校长

何炯校长是解放初期的江中校长。我刚进校的时候，不知道校长是谁。有人告诉我，我们的校长是个老革命，留学日本，当过县长，他的办公室就在涵香楼上……于是我在脑子里勾勒出一个形象：戴着礼帽、穿着呢子大衣、皮鞋锃亮、气宇轩昂……我之所以这样想，是因为我有位同学王辉刚，他高我一届，他的父亲是浙江省立八中（现在衢州一中）校长，认识的人不少。有一天，我和他走在走廊上，碰到一位老师，他叫了一声"周伯伯"，停下脚步谈了几句话，我一看这位老师外貌不凡，礼帽、眼镜、西装、领带，走路腰杆笔直，皮鞋踩在地上橐橐响，很有风度。过后，辉刚告诉我："他叫周家范，教英语的，当过县长。"这时我对县中的老师形成个看法，外表有气派，肚里有学问，能当大官。那么，校长就应该更神气一些了。

事实上却不是，在我记忆里，我第一次看到何校长是在和清华大学地质系师生的联欢会上，他作为东道主致欢迎辞的时候。他穿着普通的黑色洋布衣服，头发是西发，横斜地贴在头皮上，没有气宇轩昂的外貌。开口讲话，似乎还有一颗金牙，声音不洪亮，把"我们"说成"我门"，微笑着，一脸的真诚。其他，就没有印象了。我以为，解放初期，江山县中朝气蓬勃，政治热情高涨，在土地改革、抗美援朝等运动中，起积极的推动作用；校内开展勤工俭学，创办农场工厂，成绩斐然，和他的领导有方是分不开的。

以后听到有人说，他调到衢州农校去了。到了 20 世纪 60 年代，我回江山任教时，他却被错划成"右派"，在家里寂寞度日了。我带学生去陈家安农场劳动，在河边曾经碰到过他，我们相视一笑。我知道他是我中学时代的第一任校长，而他却不知道我是他解放后的第一批学生。我有一次去他家里拜访，不巧他不在家，师母接待了我。我看到他书桌上摆着笔墨纸砚，和一沓毛笔字，这时知道他没有颓废，他在练习书法，在做格律诗。真正稍微了解他是在改革开放之后，读了他的诗作，走进他的内心世界，才知道他是一位值得尊敬和学习的革命前辈。

【作者简介】王朝林，1956年江山中学高中毕业。曾是衢州市中学语文教学研究会副会长、江山市政协委员、衢州市拔尖人才。1986年被浙江省人民政府授予特级教师称号。1997年开始享受国务院政府特殊津贴。主要著作有《中学语文教学法》等。

八角亭记

毛水清

我这一生，登览过许许多多的亭子，也拜读过许许多多描写亭子的文章，但心海里最难忘的却仍然是母校的八角亭。

初识

记得解放后的第二年秋天，爸爸带我去 20 多里外的县城上中学，那年我 13 岁。

从老虎山脚下的沙石路上走过，我们进了县城的大南门，沿着直街向北，到了县前街。东面就是县署，西面有一个不大的中山公园。公园是旧时文庙遗址，门前有牌坊，门口有小池塘，就是泮池。园内有七八棵银杏树，枝叶离披，遮天盖地。西南角绿荫里有一个照相馆，里面那个小小的房间，除了小凳外，事实上只有一架蒙着布站立的照相机而已。爸爸让我照了平生第一张相片，这是上学报到要用的。这张相片如今还保留在我身边：平头，小眼睛，一脸拘谨严肃的表情，黑色的中山装，一点都不活泼。记得上衣还是临时从照相师傅那里借的，可见原来的穿着太寒碜了。走向公园深处，上了一个坡，西侧就是中学校门了。

当时，县城有两所中学，一所为文溪中学，只有初中，是私立的；另一所通称"县中"，规模较大，解放时高中有 6 个班，初中有 7 个班，有 600 多人呢。我所读的是县中，那一届才招 1 个班，大约 50 人。开学几天互通姓名以后，大家就像炒韭菜一样很快"熟"了，一位城里的同学自告奋勇带我去看八角亭，说那里有好景致。我不知道八角亭是什么样子，好奇得像儿时跟爸爸上佛堂一样，高高兴兴跟了去。

县中原为清朝乾隆年间创建的书院旧址，沿县河而建，一溜长排，一进一进，后来虽有所扩大，但结构却仍如同庙堂。我们出了教室，穿堂过廊，同学又用手偷偷拨开了西北角的横门闩，很快就见到了屹立在县河中间的唯一建筑物——八角亭了。眼前的八角亭四面临水，八角迎空，翼然欲飞，虽然没有雕梁画栋，金碧辉煌，却也敦厚结实，素朴可爱，我第一眼的印象还是觉得蛮不错的呢，真巴不得上前用手去摸一摸啊。抬头看亭顶鳞次栉比的黑瓦以及瓦楞上在秋风中晃动的狗尾巴草，觉得它好似在向我们默默打招呼，那感觉又增加了几分亲切。不过我当时想：如果能带我爸来看看就好了，他多次路过县河那边，在绰绰柳影里远远地看，一定看不真切。

我们手扶栏杆，走过青石小桥，来到亭子里。亭子四面有青麻石长柱顶着，上有雕花的木质横梁，里面砖砌的东南西北四门是八角形的。亭外沿边种着些花草，金灿灿的丛菊已经次第而开，而万年青始终墨绿墨绿，给人的感觉未免有点严肃。我们站在亭边，看县河的盈盈碧水，粼粼细波，还有浮条鱼游来游去，当然泥鳅和胡子鲶是看不见的，它们是"沉底货"啊。"参差荇菜，左右流之"，也是有的，但多为枝枝杈杈的细叶儿水草，篦片藻（一种水草）却没有。我问同学县河有多深，他说八角亭周围没有下去过，不知有多深，而县河东则很浅，他曾经摸过鱼，也不过一米左右水，大人赤膊下去连乳眼都没不到。我又问他县河水是从哪里流来的。他眉飞色舞地告诉我，城西有两座名山，西山脚下有雪泉，鸡公山（骑石山）麓有梅泉，它们各自汩汩流入城里，汇成了县河，因此，县河水充盈而清冽。随着他指引的方向，我向城西望去，透过白屋黑瓦的民居，但见远处青山横黛，岚烟隐隐，心里更感到新奇得紧，恨不得就去掬一把雪泉、梅泉的水饮一饮。

说得累了，我们两人坐在北向的亭门砖上，继续闲聊。我看见亭顶一角飞檐上有些残破，就突然想起问同学说："你看八角亭有多大年纪？该有100岁了吧？"同学一下愣住了，老实说："真不知道八角亭建了多久，爷爷没有说，爸爸也没有告诉我，这可是一个难题。不过100岁恐怕是不会少的。"然后，他又搬出爷爷告诉他的一些话，如说县城在宋代就有学校，孔夫子的传人、大儒朱熹曾来过县城，宰相王安石在县境内的一个佛堂读过书，陆游写过大溪（须江的俗称）的诗，清末最后一次考试，秀才的考场就设在县中等等。我那时听了满头雾水，不仅不知道这些名人行踪的真假，甚至连名字也都是长大以后，读了不少书后才逐渐弄明白的，但却觉得又神奇又自豪，确信八角亭在此时此地一定是非常古老的了。

从此，我认识而且爱上了八角亭，在故乡与她相邻相伴相依了6个年头。

相知

我喜欢她的清静，把她看成读书的好地方。初中时，我的俄语课是哈尔滨来的冯飏先生上的，他高鼻梁、蓝眼睛、白头发，戴金边眼镜，简直是地地道道的俄国人。我的俄文名字就是他亲自为我拼写的。但我很害羞，且读不准语音，特别不会发卷舌的"р"音，怕读了被同班同学耻笑。于是，我就常在晨昏躲在八角亭里念，只有八角亭一遍一遍耐心地听我读，她从不笑话我。

我从小就喜爱文学，渴望将来成为诗人，戴上桂冠，让父母高兴，因此课余读了大量的中外诗作。八角亭就是我独自朗诵的地方。我知道，我自己只会说土话，"天不怕，地不怕，只怕本地人打官话"，说普通话连自己都要笑掉牙的，何况别的同学呢。

初中毕业时，我与同学陈树仁有一张合照，我手上拿的就是波兰诗人密茨凯维支的诗集，他热情澎湃的《青春颂》是我所倾慕的。记得一个星期天的早晨，我曾在八角亭前对着县河高声朗诵：

青春，把你的翼翅给我吧，

我要翱翔于这死灭的世界之上，

向幻想的天堂飞行。

那里，神圣的热情产生了奇迹，

洒下了新奇的花朵，

用希望覆盖着它金色的光明。

树仁富有艺术气质，当时热衷于绘画，是画家郑仁山先生的得意弟子，后来去美术学院读书，成了一位著名的雕塑家。当故乡由县改设市时，他送来了杰作《须江神女》。雕塑立在大溪边，那扬蹄的鹿正驮着神女向九天飞去。这是故乡的象征吧。

我们都是八角亭的欣赏者，八角亭看着我们一年年并肩长大。

我喜欢她的素朴。美是要打扮的，所谓"三分相，七分扮"。可是她不打扮，一年四季，一样的服装，素面朝天。甚至这里一个洞，那里一个疤，破衫烂褂，她也照样穿，无怨无悔。我觉得这比浓妆艳抹更可爱。我家里穷，读中学时，最初连棉被都没有，下雪天还赤着脚，穿着单裤。但我自我感觉挺好。每次请假回家时，学校要对请假回家的学生停伙三天，而我星期六下午回家，星期天下午就回校，才够一天，只得带一点红薯干充饥。剩下两天到哪里去吃？到八角亭里去！一边看书，一边往嘴里塞，肚里咽，好惬意哟。吃完了红薯干，有时就是挨饿，也在八角亭里忍着。等到同学们吃完饭，我就若无其事地回去。同学们问起，我会笑着说："我吃得快，你们没有注意，其实早饱了。"或者说："今天菜不好，我不想吃，自动放弃了。"许多同学也就信以为真。

八角亭理解我，不泄露我的秘密。我们同样朴素，我们以朴素为美。我们是互相默契的同道。

解放初期，县署、县中、公园三者界限并不严格，后来有了围墙。县中在县河的西边开了个正门，有一段县河铺设了路面，成了暗河。

我们在校门口出出入入，站一回，坐一回，常常遥望着数百米外的八角亭。八角亭有些迷蒙，尤其风晨雨夕，路灯的影子掉进县河里，变得长长短短，曲曲弯弯，像西方现代派、象征派的画。风梳理着她，雨洗濯着她，我觉得八角亭真有一种说不清的朦胧美。

1953 年学校扩大，县河北边的旧育婴堂也入了版图。县河北的育婴堂间铺设了路面，县河有涵洞相通，不碍水流。县中在县河北的岸边路口又开了个新门，南北两部分，早晚出入方便多了。校园北界推到了城墙边。平时可以爬上黄泥墙东张西望，西山的炸石声，火车的隆隆声，一一传入耳鼓。后来索性破墙外扩，大片的农田和菜地成了大操场，校园今非昔比。当我在县河北边漫步的时候，可以目睹八角亭展翅欲飞的雄姿和她躺在县河里的情影。她美丽，她豁达大度，她似仙似佛。我有时闪过一个稍纵即逝的念头，八角亭是不是也会老去呢？但后来又想到也许这是一种不吉利的预感，一种要不得的亵渎。于是，思维暂时顿住了。

惜别

六年中，其实有一年我离八角亭稍远一些。那是 1953 年秋至 1954 年夏。那时，县中与文溪初中合并，我们高中两个班的新生就迁到了慈庵文溪原址办学。记得校门口有青铜的麒麟，门口进去是一个空旷的大殿。我们的教室在殿后侧。两班中有一个班是从龙游县招来的，他们那里没有高中。班主任都是刚从师范学院毕业的年轻老师，一个姓沈，一个姓薛；一个教数学，一个教语文。教室外是球场，西侧是城墙，城墙上种满了南瓜和玉米等作物。有几处缺口可以自由出入。墙外不远处是长长的公路，烟尘滚滚。

那一年里，我去校本部总是匆匆，看八角亭时总有点欲去又依依之感。真想看八角亭时，就自个儿打开角门的横闩，到那里坐个够就是了，但暂时没了高声朗诵的心情。一年后，文溪又独立建校，而且成为公办的了，我们搬回县河北面的校舍，才恢复旧情。接着住上新楼，我们被命名为"海鸥级"，等待毕业后飞向广阔的人生之海。我的俄语和普通话仍然不理想，只能又向八角亭倾诉衷曲。

1956 年 9 月，年轻的"海鸥们"终于先后飞走了，离开了八角亭，离开了母校，离开了这三面环山一面临江的浙西县城。

注：本文原载于毛水清著《晚风集》，入选《江中故事》后进行了修改。

【作者简介】毛水清，1956年江山中学高中毕业。广西师范学院中文系教授、硕士研究生导师。中国作家协会会员。1992年10月开始享受国务院政府特殊津贴。1998年任广西政协常委兼教文体委员会副主任。1999年荣获曾宪梓全国师范院校优秀教师奖。著作主要有《隋唐五代文学史》等。《隋唐五代文学史》获广西第九届社会科学成果一等奖。

难忘的中学时代

姜炳文

自从孙女上了初中，她爸爸就给她配备了一辆轻便漂亮的学生自行车，供她上学代步用，要是遇到下雨天，还用车子接送她。看着孙女这优越幸福的学生时代生活，我不时就会想起自己中学时代那艰难困苦的情景。除了感慨时代的不同，更多的是羡慕、回味和难忘。

1951 年下学期，我考入江山县中（即现在的江山中学）就读。当时学校规模比较小，只有一所很陈旧的老校舍，从初一到高三总共 10 个班，教职工才二三十人。早上不集中出操，因为操场太狭小了。晚自修时，每个教室只挂了一盏汽灯，全班同学都围着这盏汽灯做功课。晚自修下课后，同学们摸黑进寝室睡觉。床铺分上下两层，往往四五十人挤在一起。寝室只有门，没有窗。熄灯铃响过后，生活组长陈福炎老师带领几个值日的同学，拿一盏煤油灯，到各个寝室检查铺位，看看有无缺席者，纪律如何。

学校里多数同学都来自农村，经济比较困难，学杂费和生活费要靠政府的助学金和减免费帮助解决。一个学期结束后，有很多同学因为筹借不到学杂费和生活费而不得不辍学。第二学期开学后，学校会组织教师和同学分组到各个乡镇动员大家继续入学。记得来我家动员的是陈福炎老师和姜树松同学。

当时学校有碾米厂，每个星期天，我和其他几个学生要去碾米厂抬米，从学校抬到下市底粮站，两个人抬足 100 斤可以挣 1 角钱运费，每人可以分到 5 分。这种赚钱的机会很少，我们都很珍惜，也很卖力。当时抬米的人很多，所以一天抬下来，我也只能挣到一两毛钱。

那时上学都是步行的，自行车是稀罕物，公交车、小汽车、摩托车我们连看都没看过。新塘边一带的同学，如果家里条件稍好些的，可以到毛家仓乘火车到江山上学。我是学生，可以买半票上车，只需1角5分钱。可是会有几个同学舍得花这些钱呢？我家在新塘边上洋，到江山有30多公里，要走一整天才能到达学校。为了省这1角5分钱，一般我都是礼拜天早上就从家里出发，中午到达贺村。到贺村时，差不多中午12点。因为又累又饿，我会忍不住在贺村火车站路口的小吃店买两个小饼加一根油条。当时的小饼和油条都是2分钱的，两样共需要6分钱。和蔼的店老板看我这么小，又是去江山读书的，每次都优惠我1分钱，只收5分。花了一天走了30多公里，其实我只节省下1角钱。

记得最难熬的是冬季的雨雪天，那时没有雨鞋，从家出发走路去学校，怕弄湿了唯一的一双布鞋，不得不光脚去学校，一直要走到淤头，冻麻木的双脚才渐渐不会感觉到冷。到学校后，才可以把脚洗干净，重新穿上布鞋。直到读初三时，家里才给我买了一双雨鞋。

1952年我读初二时，学校办学条件得到了改善，每个教室安装了4盏电灯，每个寝室也有了1盏电灯，这给我们的学习生活带来了很大方便，我们都高兴得不得了。

1953年的下半年，坛石、清湖、新塘边、长台、大桥等地的部分初三班级也并入江中，使初三学生由原来的2个班扩大到5个班。学校规模扩大了，附近的救济院也成了学校的一部分，有4个初三班（包括2个秋三班和2个春三班）就在救济院里上课。那时的教室没有吊顶，下雪天时，外面下大雪，教室里面下小雪。风一吹，从瓦缝掉落的雪粒不停地往同学们的脖子里灌，大家都穿着单薄的衣服，实在难以抵御严寒。

当时，学校加强了对同学们进行思想政治教育，经常组织大家参加各项社会活动，如参加"五一"和国庆大游行，到人民大会堂听报告，参观应家弄农业社和贺村幸福社等。罗马尼亚专家来江山帮助建设江山水泥厂时，我们还在街上排队欢迎。学校还特别注重对初三同学们的劳动教育，请在农村做出出色成绩的初中毕业生回校作报告，鼓励大家向他们学习，毕业后回农村参加劳动。

1954年7月，我初中毕业了。当时江山总共10个初三毕业班（包括江中5个班、文溪中学5个班），但江中的高中只招一个班，我很幸运地被录取了。

1955年，学校办学条件有了进一步的改善，建造了一幢苏式两层教学楼，共12个教室，全校同学都搬进了新教室。学校还开辟了一个大操场，解决了缺乏活动场地的困难。

随着时间的飞逝，一转眼我已在江中读了6年书。在这6年中，江中给我最深刻的印象是，江中的老师个个都具有真才实学，深受同学们的爱戴。刘信善副校长是我们高二时的数学老师，虽然有点口吃，但讲课却明白清楚，语句简洁；高中历史老师皇甫潜，口才流利，讲课就是讲故事，把每个故事都讲得有声有色；语文老师邱茂森，文学功底深厚，把篇篇古文大意讲得清楚明白，学生一听就懂；高三数学老师沈琳敏，数学知识很渊博，碰到问题时，用实物加实例，再辅以画龙点睛的解题手法，使同学们面对数学难题能迎刃而解。

1957年7月，我高中毕业了。由于当年全国高校的招生数量被压缩，只招10万名大学生。我们全班47名同学参加高考，可惜得很，只有5名同学被录取。

现在想想过去的求学生涯，学校简陋的教学设施、学生艰苦的学习环境，与现在江中一流的校园环境、教学设施及学生优越的学习条件相比，实在是令人感慨万千！

【作者简介】姜炳文，1957年江山中学高中毕业。从教近40年，多次被评为江山市、衢州市先进教育工作者，1986年被评为"江山市十佳班主任"，1991年荣获浙江省第四届"春蚕奖"。

幸运的人和幸运的事

姜桂兴

　　我的父母是地道的农民，他们受的教育不多，但深知农村的孩子只有读书才能改变命运。在父母的支持下，尽管 20 世纪 50 年代到 60 年代条件是那样艰苦，我还是非常幸运地在江山中学读了 6 年书，迈出了人生最关键的一步。回想过去，当年的那些事还历历在目……

师恩忆如歌

　　1953 年底，我从新塘边小学毕业。1954 年秋，我考取了江山中学初中部。

　　离家进城读初中后，虽然早晚不用去放牛了，也不需要做农活和家务了，但在学校玩的东西也多了，城里的男同学多数会打乒乓球，有时也会让我玩一下，有的会吹笛子、拉胡琴，我也想学。星期天到河里洗衣服，我一玩就是大半天。这样一来，我就不知不觉地放松了学习。在班里，多数乡下来的同学年龄都比我大、懂事多，他们学习都比较自觉。一个学期下来，老师宣布成绩前 5 名的名单就没有我的份儿了。这引起班主任毛文杰老师的注意。除了主观原因外，家里的经济条件也或多或少地影响了我的学习。进校不久，由于不小心，我把教室中的一个电灯泡打破了，就自己花钱买来一个作为赔偿。因为这笔意外的开支，我怕到学期结束时钱不够用，就托同学回家时向我母亲要了五角钱。谁知为了这五角钱，母亲竟跑了三家都没借到，幸好从表舅严大江手里借来了五角钱，才解决了燃眉之急。

　　毛老师了解这些情况后，就不时在我的周记和作文中写一些鼓励和表扬的话，使我坚定了认真学习的决心。

初中阶段对我来说，不仅是长身体、长知识的年代，更是独立生活的开始，是我人生道路上的一个新起点，这时有人给予指点，对今后的人生起着关键的作用，毛老师可以说是我的一位恩师。

1985 年 9 月 10 日，在我国第一个教师节来临的那天，我特意约了几个同学一起去看望了毛老师，以表达我们对老师谆谆教诲的深深敬意。

1956 年秋，弟弟姜桂枝考入了江中，当时他才 13 虚岁，1.29 米的个子。他一到校就和我睡在一张床上，一直到我高中毕业。弟弟毕竟年龄小，天气冷时，起床铃响后，我们都起床准备去早操，他却躲在被窝里不出来，我把他拉出来，他就光着脚踩在冰冷的地上，不肯穿鞋袜衣服，急得我束手无策。不得已，我只好请来了他的班主任胡绍基老师。他是从部队转业到学校的，对学生很有爱心，也很有耐心。胡老师拿了脸盆打来热水，给弟弟洗脸洗脚，穿袜子穿鞋，把他哄得很高兴，让他按时参加了早操。一直在旁边的我感到很惭愧，十分过意不去，但不知说什么好。从此，我把胡老师深深地印在了脑海中。

20 世纪 80 年代，弟弟回家探亲，恰巧在江山中医院遇到正在住院的胡老师。师生相见恨晚，胡老师执意邀请他睡在病房过夜，整整一个晚上，师生间有道不尽的千言万语。次日，弟弟又陪胡老师来我家欢聚一堂。胡老师离校回家安度晚年时，还特地来和我道别，真是师生之间情深意切啊！

高中那三年

1957 年初中毕业时，尽管江山中学的高一只招两个班，我还是顺利地考入江中高中部。当时，学校恢复了英语课，所以高一有一个英语班，一个俄语班。我分在英语班，班主任是毛仲缪老师，他学的就是西洋文学，一直在校教英语，没有英语课的那些年，曾改行教地理，现在总算可以发挥专长了。毛文杰老师也成了高中部的老师，后来还担任了弟弟的班主任和语文老师。

1958 年，全国掀起了社会主义建设高潮，我们在大操场上建高炉，炼钢铁，先到山上挖坟头砖，挑石灰石、铁矿石、木炭等，每天大操场上烈火熊熊，昼夜不断。每个班级一个高炉，同学们分成几组，轮流上岗。学校还根据上级的安排，组织全校师生去深山老林"采六野"，就是到大山里把可以吃的、用的，可以用于加工的植物种子、果实、枝干、树叶采来，卖给供销社收购站。师生们自带铺盖，浩浩荡荡，步行而去。在沿途的一个学校打地铺过夜，第二天才到达目的地。就在我们即将迎来毕业考试的前一天，县里通知"抗台"，说是台风马上影响江山，要组织师生下乡抢收已成熟的麦子。事后没见台风来，但是我们的毕业考试推迟了。

那时候江山属金华地区，当时金华二中教育质量最好，学校就提出了"赶超金二中，力争地区第一"的口号。在沈琳敏等老师努力下，江中的数学成绩不错，曾在一次统考中，以平均80多分的成绩夺冠。刘信善副校长亲自执教物理，这对我们是很大的鼓舞。

当时我们对待高考的态度是"一颗红心，两种准备"，但在"战前动员"时，班主任冯发高老师"高考是穿皮鞋还是草鞋的战斗"的话语也深入到每一个同学的心中，大家都想考得好一点。

高考时，只在衢州二中设了考点，江山、常山、开化、龙游各地的考生都集中在这里参加高考。当数学考试结束、了解到考试题目后，沈琳敏老师异常兴奋，在江中"学生堆"中不断重复一句话："这种题目，保证有许多满分的！"大家心里明白，这些考题，他都"猜"到了，而且复习过了。高考结束，中学阶段的学习生活也随之画上了句号。

江中这六年，是我的人生中一段最宝贵的经历！

【作者简介】姜桂兴，1960年江山中学高中毕业。气象工程师。1984年到1993年担任江山气象局副局长，多次被评为省市优秀预报员。

《一只菜盘》的故事

李端贞

2017 年春节，我收到了来自海南的一张贺卡，上面写着："李老师，过年好！给您及全家拜年了，祝新春快乐，阖家幸福，万事如意！"贺卡的落款是冯丽霞。冯丽霞是江山中学 1973 届初中和 1975 届高中毕业的同学，也是江山中学文艺宣传队的一员。这批文宣队员，使一出小独幕剧《一只菜盘》在 44 年前登上了全省会演的大舞台。

扣人心弦的选拔

《一只菜盘》写于 1972 年，执笔人是我，以江山中学文宣队的名义署名，后经江山婺剧团编导修改、排练,在 1974 年由我们江中文宣队带了这个节目，代表金华地区的文艺团体参加省会演并公演。一个县中学的学生文艺演出队，拿自己创作的节目参加省会演并公演，在当时不说"绝后"，至少也称得上是"空前"的。

当然，能参加省会演，离不开地区的会演。参加 1973 年 4 月金华地区文艺会演的大大小小剧目共有 99 个，经过在金华剧院几天几夜的演出，最后由金华地委委员集体观看审议，正式确定将东阳婺剧团的《春雷》、兰溪婺剧团的《老师傅》、衢县越剧团的《两双鞋》与我们江中文宣队的《一只菜盘》共四个剧目，组成一台戏，修改排练后，代表金华地区赴杭州参加全省文艺会演。

剧目选定了，但《一只菜盘》最后到底由谁赴省演出，是否由江中的学生去演，还没有敲定。当时地区指示，由浙江婺剧团、江山婺剧团与我们江中文宣队三支队伍，各自抽调人员，组织力量，分别排练经修改后的同一个版本的《一只菜盘》，等排练好了，再集中到金华同台演出，接受地委领导审查。

开始获知这一决定时，内心是又喜又忧。自己的这只"菜盘"这么受到关注——浙江婺剧团和江山婺剧团两个专业剧团也同时排练、同台演出这个节目，尤其与省一级的浙江婺剧团同台"比拼"，确实出乎意料，有点受宠若惊。但我写的这只"菜盘"，是为自己的学生量身打造的，写的就是他们中的人与事，也是为了能给他们提供更多的演出机会，更多地展现他们的能力与才华。现在这个机会还能有幸地降临在我的学生身上吗？太过渺茫了！

1973 年 8 月，地委领导看了三支队伍的同台演出后，《一只菜盘》赴省演出的任务最后还是交给我们江中文宣队，说是学生演学生，亲切自然些。

领导们要求我们认真学习专业剧团的演出长处，再加工加工。对剧本，也提出了最好学生的形象能"塑造得更完美一些"、戏中做好事的学生能体现出"德智体全面发展"的建议。

当时，我既是原剧的作者，又是江中文宣队的负责教师，在学生眼中甚至是江中文宣队的"掌门人"，在会上总得有个态度。于是，我表示回去一定认真领会领导的讲话精神，抓紧改好。但我知道，一个 30 分钟的小节目，要求面面俱到，确有难处。还有一个"原则问题"是表演形式。当时我们江山属金华地区，《一只菜盘》原是用小歌剧形式，改用婺剧形式来表演，我能够接受。但我坚持《一只菜盘》要用普通话"说"，用普通话"唱"。理由很简单，一是金华话难懂，杭州观众更听不懂，听不懂还谈什么演出效果？二是戏中这四个学生演员，平时就是一口流利的普通话，说金华话不顺口，也势必影响演出效果。我说，婺剧姓什么我不懂，但我要对演出效果负责。最后地区同意用普通话演出这只"菜盘"。

应运而生的剧本

记得 20 世纪 60 年代末，学校叫我带一个"宣传排"，实际上这就是一个教学班。这个"宣传排"，就是学校的一个业余文艺演出队，几乎三天两头都要排节目。那时江山婺剧团忙于参加活动，县里开三级干部大会、双抢动员大会等，有演出需要，就把任务交给我们。这个"排"的学生也确实优秀，可圈可点的地方很多。当年金华地区乃至全省各地"慕名"来听我语文课的老师不少，他们对这个班学生的领悟能力和表达能力，无不交口称赞。更可贵的是学生课余随时为同学补鞋、理发，学校为此还特地给他们提供了一间小房，很受同学们的欢迎。

送走了这批学生后，学校继续叫我负责"文艺宣传队"。文宣队以初中学生为主，从全校范围内选拔、推荐。文宣队的同学们个个出类拔萃，非常优秀，人走到哪里，好事做到哪里。到农村到工厂演出，每每演完卸了妆，总要把礼堂、晒场打扫干净，争抢扫把、扁担、水桶是常有的事，《一只菜盘》也就是这样"瓜熟蒂落"的。

那是 1972 年 9 月的一天早晨，吃过早餐后，我在学校食堂洗碗处洗碗，碰到冯丽霞同学。她说："李老师，昨天我们在党校开会，午间帮食堂洗碗，同学们都抢着洗，一只白大碗，不知怎么的，有两人一拿一夺，裂开了。两个人争着要赔钱呢！"我一听，脑海中随之闪出两个学生"洗碗——抢碗——碗破——赔碗……"的一幅幅舞台画面。与此同时，我又觉得总有点什么东西把我的思路卡住。是什么呢？最后眼睛一亮，觉得问题在白大碗。"一只'白大碗'，也就是一只粗瓷碗，能要几个钱？"——"观众"中是不是会有人闪出这样的念头？想到这里，我拔腿就往大街上跑，找到一家碗店一问，果然，一只白大碗才七八分钱。我又看了看店里的碗具陈列柜，问到一只菜盘，回答说要"三角多"。就是它——一只菜盘！当时别提多高兴了。因为当年"剧本荒"，很难找到适合学生演出的小剧本。有了这个"它"——一只菜盘，我们的学生可以有所作为，英雄有了用武之地了！我不知道为什么自己会觉得那样有把握。营业员看我那副怪怪的又眉飞色舞的样子，有点摸不着头脑。我因高兴，什么也顾不上了。

回校的路上，我决定题目就用"一只菜盘"，赔钱难度提高一点，价格定为四毛三，两个学生每人争着赔一半，一人两毛二，合起来是四毛四，"还多一分钱呢"。两毛二，这对学生来说不是一个小数目了，前几年，我们江中住宿生一天的菜金也就是八分钱呢！回到学校办公室，刚好第一节下课不久，我立即动手写。

四个人物，两个初中生，一男一女；一个老会计，男；一个食堂主任，女。从"适才间，帮助食堂洗碗筷"开始，到"没想到，一只菜盘两半开"，再到"这只盘破得令人费疑猜,为什么刚刚拿起便裂开"……学生往日学雷锋做好事、可爱可歌的形象,一一跃然纸上:两个学生争着赔钱,在财务室门外等老会计上班以便向他缴钱时,又发现门厅里的双人椅摇摇晃晃,就把椅子上松动的钉子加固,正准备"翻过来,仔细寻,看看还有啥毛病"时,被戴有"有色眼镜"的老会计看到了,说他们两人是"昨天打破盘子,今天又打翻椅子","实在太不像话了"!于是,一场"老眼光"遇到"新问题"的矛盾冲突随之展开。当时,真是思如涌泉,到第二节下课铃响,一个 30 分钟演出时间的小剧目的框架已搭好就绪了。

天工清新的演员

有了剧本,演员的选拔也就提到了议事日程。尽管当时"宣传排"的同学们已经毕业离开了学校,但在他们以前的带动下,再加上文宣队老师和同学们的共同努力,不少文宣队的同学已经开始崭露头角,像冯丽霞同学就曾在原"宣传排"邱照华等同学参演的短剧《100 分不算满分》中挑起了大梁,出演女一号妹妹这个角色,并获得好评。这就使我们的采光剖璞工作异常顺利。

先是剧中的一号人物——"学生甲"的扮演者,冯丽霞同学无疑是首选。她是总参测绘学院海测系(总字 703 部队)的子弟,本身基础好,理解力强,爱好文艺,曾经参加过 703 部队毛泽东思想宣传队,出演过不少歌舞节目,对集体又关心,能做同学的思想工作,进入江中后还曾获学校初中组普通话比赛第一名。显然她是剧中女学生的最佳扮演者。生活在东海舰队训练团(4341 部队)的张川山同学资质好,脑子灵活、聪明,能自编自演节目,获得过江中初中组普通话比赛第二名,是剧中男学生的合适人选。剧中的老会计需要一个成熟老练的男学生来出演,可是文宣队基本上是初中生,我们就从孔光老师的校排球队征调了声音洪亮、为人老练、工作责任心强、品学兼优的杨庆华同学加入文宣队。女食堂主任则属于当时校革委会唯一的学生代表、从小在南字 213 部队长大的李云同学,她也是有才华,有形象,而且嗓子特别好,往往人未出场声音已到,全场顿时从欢声笑语中安静下来。

令人遗憾的是参加完 1973 年 4 月金华地区文艺会演后,张川山同学身体不适,不能参加接下来与浙江婺剧团、江山婺剧团的同台演出,由活泼可爱、办事认真的部队子弟王晋江同学出演男学生。尽管临阵换将，我们还是获得了参加省会演的入场券。

还有个不得不说的小插曲，赴金华参加与浙江婺剧团、江山婺剧团的同台演出前夕，同为高二学生的王晋江和杨庆华已通过飞行员的初检，家长生怕出意外，影响他们参加飞行员的复检，不同意他们再去金华演出，在我们做了大量的工作后，才得以成行。在演出过程中，我们也是处处关注，生怕发生什么意外。

非同凡响的会演

1974年1月，我们赴杭州参加省会演，住在离浙江胜利剧院不远的省军区招待所。抵达杭州后，我们白天就在浙江胜利剧院进行紧张的排练，晚上则接连在浙江胜利剧院、东坡剧院进行了五六个晚上的会演并公演。

《一只菜盘》会演，剧中四个角色由我们江山中学四位学生出演，而乐队、灯光、音响、道具、舞美，全部由江山婺剧团承担。每晚，在蕴含着《我爱北京天安门》旋律的欢快前奏曲中，大幕徐徐拉开，观众席上先是一片寂静。渐渐地，随着剧情的展开，观众席上不时爆发出阵阵欢笑声，有时那欢笑声确确实实是"震耳欲聋"的。不怕大家笑话，第二场公演，我自认为剧本是自己写的，对剧情也熟悉，就自告奋勇地承担起放字幕幻灯的任务。放字幕幻灯，必须心无旁骛、注意力高度集中，快半拍慢半拍都要误事。可我呢，在放字幕幻灯时，几次被四位小演员的演技和观众的欢声笑语所吸引，走神了，打出的字幕跟不上节奏，乱套了，影响了演出效果，第二天我就被"撤"了。

《一只菜盘》参加省文艺会演，结果如我所料，观众好评如潮，但未能再向前跨出一步。省里认为"演出是成功的"，但"题材有局限性"。我自己内心很平静——有观众的认可，我知足了。这里需要提出的是，《一只菜盘》，我只是提供了一个原坯，以后的一次一次再创作、再提高，则归功于江山婺剧团的导演邓文辛老师、编剧严志三老师、谱曲徐竞飞老师和许多为此剧做出贡献的乐队、演员们，归功于江中文宣队的同学们和濮阳春老师。

还有那东阳、兰溪婺剧团，在杭州同台演出时，也给予我们许许多多的帮助。兰溪婺剧团的两位男女演员每天给我们同学化妆，亲如一家人。在王晋江和杨庆华毕业离校后，李维加和尹宏伟分别接替他们饰演男学生和老会计，尹宏伟也迅速成为文宣队的台柱子之一。《一只菜盘》最后也成了我们文宣队的保留节目。更令人欣慰的是，1974年暑假，应江山县安全用电办公室邀请，在《一只菜盘》中先后参加演出的几位同学，和文宣队的许多伙伴们一起，积极投身到当年县安全用电巡回宣传演出。整整一个暑假，一天接一天，一个又一个乡镇地奔波、演出，四十多天下来，江山的大多数乡镇都留下了他们的踪迹。他们为我县安全用电宣传做出了一份实实在在的贡献，也向社会展现了我们江中人送群众之所需、急群众之所急的群体形象。作为老师，我由衷地为他们感到自豪和骄傲！

《一只菜盘》从一个侧面反映了当年江山中学的校园文化和学生积极向上的风貌，那真是激情燃烧的岁月。冯丽霞同学在2016年春节后不久的一次聚会上说得好："在文化生活非常匮乏的时候，我们有了我们的宣传队。我们把自己的美好和青春都写进去了！"张川山同学也回忆道："少年时代最美好的最快乐的时光，是在江中文宣队度过的，记忆最深刻的是在当年的江山人民大会堂、江郎山下、新安江水电站的演出，还有江中教师和学生宿舍楼隔壁的老礼堂尽头的排练室……"

时光飞逝，岁月如歌，转眼45年光阴过去了，然而，那剧，那人，那事，至今仍历历在目，难以忘却……

注：本文在写作过程中得到江山中学1973年高中寒假班王晋江、杨庆华，江山中学1975届高中校友冯丽霞、尹宏伟、李云、张川山等人的大力帮助。

【作者简介】李端贞，1961年3月至1979年年底在江山中学任语文教师。历任江山县委宣传部副部长、江山市教委主任、江山市科委主任。

江中怀想四则

许惠民

萤火赋

20世纪60年代江山中学的教师们，没有干过轰轰烈烈的大事，没有立过值得向江山人民夸耀的功勋。但是，他们为学生流汗，为学生熬夜，为学生呕心沥血而不思回报的境界，不用描绘，不用修饰，只要敞开他们的胸怀，就是一篇篇精美的散文。不论来自何地，他们都有一个共同的心愿：尽一切努力，把江山子弟送出去深造。有些老师，家访到过廿八都、周村、定村，到过太阳山下，几乎徒步走遍了有江中高中生的村村落落。我想念这些健在的老师，更怀念那些带着遗憾过早地离我们而去的老师。

数学老师金孝庆，到江中不久，肝癌便夺去了他年轻的生命。他原是淤头中学的教师。那年暑假，我正在设于淤头中学的江山全县中学教师培训班上课，他对自己能调到江中颇感自豪和光荣，这样我心里也就把他看成了江中老师。他爱打篮球，说有胃病，要加紧锻炼，以备适应江中的教学。在生命的最后几天里，他却为自己一到江中就病倒了而内疚，说病好后一定要加倍努力补上。

"姚博士"，这是好事者背后对姚良能的昵称。20世纪60年代初向科学进军时，他曾表示要拿博士学位，所以就有人叫他"姚博士"了。他的政治课有理论深度，又能联系实际，形象生动，学生易理解，易记忆。他是猝死的：下午改知青考卷，晚饭时吃了酒酿鸡蛋后，步出家门不远，一跤摔下去，就再也没有爬起来。他是带着在当时无法实现的愿望，遗憾地走的。

"他编《人民日报》，我天天读《人民日报》，这就是我与邓拓的亲密关系！"刘信善这样回答审查他的红卫兵。刘信善是校长，也是高三物理老师。他口吃，越急越说不出话来，但一到讲台，却语言流利，讲解得有条不紊。由于他学识渊博，讲课很受学生欢迎。他不谙官场争斗，却喜欢学校工作。他没有架子，待人宽厚。他是地下党员出身的老知识分子，徒有一腔报国热情和满腹经纶，却无用武之地。1978年2月我到了浙师大，不久他也到了浙师大，仍是我的领导。1986年我离开了浙师大，不久，他病了，是胃癌。我第一次去看他时，他正在肿瘤医院治疗，但已是最后的时日，只有他自己被善良的谎言蒙蔽，还以为手术很成功。话题还是不离教师生活，他还在为没能为江中教师争得较好生活待遇而愧疚。一颗宽厚的心，不久停止了跳动。

同仁冯发高、姚良能、刘信善和我，曾一起挨批挨斗，一起劳动改造。我们曾推算离开人世的先后，排来排去，第一总是我，因我体弱多病，都说我能活到1990年，阎王就额外开恩了。现在，他们都走了，唯我还活着，幸哉幸哉。

体育组周老师，名叫碧玉，其实她只有大家闺秀风范，而无小家碧玉脾性。她上课，要求动作规范，举手投足，不允许半点马虎；高难度动作，都一一示范。一堂课下来，常累得她拖不动腿。我们是邻居，相隔一个单间。她的房间夏天终日阳光灿烂。早上东晒，中午南晒，下午西晒，她还是埋头备课，设计动作，勾画草图，一一演练。所以课堂上的示范，动作如行云流水，充满韵律美。她爱学生，学生爱她，师生亲如姐妹。我离开江中不久，她病了，也得了胃癌。她在最后时刻，还在期盼回到学校！

这么多可爱可敬的老师，不甘心地离开了人世，他们为江山人民贡献了聪明才智，为江山教育事业贡献出了自己的一切，他们的精神，将在江山中学发光生辉。

谨以此《萤火赋》，作为对生者的崇敬和对逝者的怀念。

汗水赋

在1980年之前，江山中学工友不多，就七八个人，但他们留给我的印象却很深。岁月的淘洗，时间的冲刷，都无法使他们在我记忆中淡去。这，或许是因为他们身上的许多东西，今天不太容易看到了，或许是因为今天的人们在心底里呼唤着的、期待着的，正是他们身上随处可见的……

传达员余其本，是让人特别尊敬的，他曾在剿匪战斗中受过伤，是享受二等伤残津贴的复员军人。他在教师心目中，是名副其实的、真正的共产党员。他省吃俭用，用积蓄去救贫济困。我在江中的 17 年间，一年 365 天，他就没有离开过江中大门传达室。上课期间，从起床到熄灯，每天至少要打铃 24 次，而每次都那样准确。教师的报刊信件，他都按时送到教师手中，没有发生过迟送或遗失。

大伙房的何水清、钱我增，起早贪黑，默默无闻地劳动着，为了使师生们吃得好，吃得省，他们付出了双倍的汗水。冬天，十多个木制蒸笼，就靠一把一把砻糠，把饭蒸熟，可真不容易。夏天，师生们饭盒里的米，是很易因高温而发酸变质的，他们为了保住米饭的天然香味，在半夜里先把米饭蒸熟，早晨开饭前再热一次。杂工宗山，是个有特殊性格的人，许多师生不知道他姓什么，都尊称他为"宗山师傅"。据说他曾在四川地质队工作过，"三年困难时期"回到江山，后来进了江中。他什么活都做，买菜、洗菜、烧火、掌勺；他还做泥水工，修墙补洞，理瓦堵漏。而他给师生留下最深的印象恐怕是：他永远站在弱者一边。"文化大革命"中，只有他敢于顶撞那些暴发户，敢于抵制他们对其他教师的侮辱。他，富有路见不平、拔刀相助的侠义精神。

江中工友中，最使我难忘的，还是烧水工刘耀西。1961 年我到江中时，他已有五十多岁了，江中近千名学生和超百名教职工及其家属所喝的开水、用的热水，都要靠他一个人，用肩膀一担一担从小操场边的深井里挑来。夏天，气温高，需用开水更多，开水房的温度更高，他流的汗也就更多。一年到头，除了正月初一，他就没有休过一天假。

我离开江山已 21 年了，和这些工友都没有再见过面，也许他们中有的已经过世，有的已经离校，但他们为师生而流的汗水，一定会让在江中学习过、工作过的师生们无限怀念。

敬业颂

江山中学管理人员很少，但效率很高，有条不紊。这全靠管理人员的敬业精神。

那时全校二十多个教学班，学期大、中、小测验，升学考试前的辅导教材、综合练习、模拟考试等等，这许许多多的油印讲义，全由周桑园先生一人承担，靠他用铁笔，在钢板上一笔一笔刻写出来。他一年到头，夜以继日，伏在桌上，埋头刻写，一块又一块钢板被他刻得凹陷不平，一支又一支铁笔的钢尖，被用得又平又滑。没有人给过他一分钱加班费，也没有人给过他一分钱奖金。他的眼睛花了，他的背驼了，但仍然埋头刻呀刻。平时，周桑园爱清洁是名闻全校的，即使破衣旧衫，穿在他身上也平平整整。他刻的讲义，亦如其人，没有污渍，标准的字体，如铅印一样漂亮；宋体的笔画，如铅印一样匀称；物理化学的元素、分子符号，如铅印一样准确。每一份讲义，都给人以一种整体的美。

总务主任王麟仁，心肠火热，办事精明。他脑袋里像电脑一样存储着整个学校，他与会计徐步洲一起，对学校的每一笔预算，都要反复核算，寻找最佳方案，恨不得一个铜板破成两半花，与他打交道的人，都会埋怨他"太精"。但是，没有人不被他这种爱校胜家的主人翁精神所折服，大家暗地里赞赏他、钦佩他。

想起徐扬，想说的话就更多。他为让八分钱一天菜金的学生，每周能吃两次肉，真是绞尽了脑汁。用砻糠作大灶的柴火燃料，虽可以节省燃费，但他却承担着随时都可能酿成火灾的风险。他除了教育、督促厨工重视防火外，还得每晚巡查，其辛苦可以想象。

一种校风、一种传统的形成，绝非一月一日之功，需日积月累。当然，我说的这些，都是几十年前的事，长江后浪推前浪，愿老一代的敬业精神，能在省级重点中学——江山中学发扬光大。

枣花香

我离开江中已 21 个年头了，但总忘不了那棵枣树的花香。

枣树，长在老教室楼西面空地上，地面很硬，杂草不生，枣树却顽强地生长着，老杆虬枝，苍劲坚挺。徐扬老师说，枣树的根扎得很深，伸展很广，枣树就是靠这些勤奋的根，在地下寻觅、吮吸养料，滋润自己，开花结果。

桃花凋了，油菜花谢了，枣树却悄悄地在绿叶掩映下，开花了。那花香淡淡的，清清的，幽幽的，诱人醉人。不论是校内师生，还是校外来客，只要闻到这花香，都要驻足停留，深情地看它一眼，深吸一口气，似乎想把全部花香吞下肚去。花季的晴天，晨曦初露，就有学生捧着书本在默诵默记了。据说这枣花能清醒头脑，增强记忆。方明通老师说，枣树下没有蚊子，没有瞎目虫。大约是虫子们怕被枣花醉倒而不敢靠近它吧。

枣树离教研室不到 50 步，只要有南风，即使是微风，在教研室亦能时不时地闻到枣花香。如是月夜，窗外月光洒地，室内丝丝枣花香，尽管香味与梅花不同，仍有"暗香浮动月黄昏"的情韵。那花香，时隐时现，若有若无，宛如巫山神女，如梦初幻，令人心醉，令人神往。你会不自觉地放下手中的笔，走到它身边，与它默默对视，似有李白面对敬亭山，"相看两不厌"的味道，望着无边星空，生活的烦恼、世事的困扰，都会被暂时忘却。

我到过义乌枣园，那枣花比这棵枣树的花更香，但香得太浓太稠了，浓稠得几乎黏住鼻腔。我到过河北平原的枣林，很远就能闻到枣花香，但是，那香似乎太甜太腻，甜腻得鼻子很快就麻木——走进枣林，只要一会，就闻不到、感觉不到香味了。江中这棵枣树的花香，淡淡的，如山岚云气，飘飘忽忽；清清的，如山涧细流，甘凉洁净；幽幽的，如夜半啸声，似诉似泣……这枣花香，令人难忘。

我看它开花，看它结果，我在江中 17 个春秋，享受了 17 期枣花香，却没有尝过一颗枣子，因为暑假结束返校，那枝干上已找不到一粒枣子了。不过，我从来没有想要尝它的果实，似乎只要有枣花香闻就满足了。我离开江山中学 21 个年头了，其间欣赏过不少名花名木，但是，我无法忘怀的，仍然是江中的枣花树。

注：本文作于 1999 年。

【作者简介】许惠民，1961 年至 1978 年执教于江山中学，后调入浙江师范大学，任中文系副主任。后又调至浙江省政协，任副秘书长。

怀念恩师毛文杰

江增元

一个人的一生中，心中总有特别忘记不了的事，有特别怀念的人。恩师毛文杰就是我特别怀念的人。

1955年，我有幸迈进江山中学读初中。那时江中正在新建教学楼，五个班的初一新生都在江中分部学习了一年。分部临近西山脚下，空气新鲜，环境幽美。离学校不远的地方，是一片粮田、菜园。同学们饭后休息散步，都会成群结队地去看农民伯伯辛勤劳作，和他们交流，欣赏他们用汗水浇灌出来的稻谷、蔬菜。分部的教学设施很简陋，坐的是旧的双人桌，睡的是二层旧木床。

当时班里除了两个失去双亲的特困生，就数我家境最困难啦。父母不识字，在家操持田地。那时我姐已出嫁，我下面还有六个幼小的妹妹和一个弟弟。初一时，两个孤儿都享受"双甲"待遇，我和班里的其他几个贫困生都享受甲等学杂费减免和乙等助学金。

学校申请减免费，是一年一批的。初一结束后，我把初二年级的申请表带回家，我母亲把表格拿到农会去盖章，掌管公章的文书在表格上签了字盖上公章就交还母亲。当时，农业合作化迎来高潮，我家人口多，儿女幼小，父亲担心入社后养不了一家人，打算过几年再入社，所以，农会没有批准我的申请。母亲一字不识，回家后还高兴地对我说："批来了，给你。"我接到表格，就被那红色印油盖着的"不同意……"吓晕了，大脑仿佛被大锤敲击一般。得知情况后，母亲像发了疯似地夺走我手中的表格，说要去农会理论，被我劝阻。我含泪对她说，我不读书了。我明白那份表格的重要性——决定我读书的前途乃至人生的命运。

母亲不识字，但常和别人说，讨饭也要让子女读点书。我要去上学了，可家里都快揭不开锅了，怎么办？母亲好不容易才东借西凑了几元钱让我带到学校。开学后，我带着那份沉重的申请表回校报到。

初二年级时，我们搬回学校本部上课。毛文杰老师是新任班主任，教我们语文。他高大魁梧，脸方方正正，戴一副大大的眼镜，走路时两脚有点向外撇，习惯地将双手绞在背后。他讲课的声音很重，有时边讲课，边去关教室门，眼睛不停地向教室四方扫射，对班上的几个调皮生特别"照顾"。他那抑扬顿挫的声调，加上常把两个脚跟高高跷起的动作，能轻易地将我们分散的注意力收回。

得知班主任已换，我心里更加忐忑不安，战战兢兢地将表格递交给毛老师。毛老师认真地看了看表格上被红色公章盖住的几个签字，再看到我那样可怜的样子，似乎明白了什么，只是说："好啦，增元同学，你先去吧。"

几天后的一个晚自修，毛老师叫我去他办公室。那时，我心里很害怕，一直想问申请表的事，我该怎么讲好呢？毛老师叫我坐下，温和地说："增元同学，你把你家的情况实事求是地告诉我，好吗？"我本是一个腼腆的学生，这次不知道哪来的勇气和力量，使我毫无保留地将我家所有的情况一股脑儿搬了出来！毛老师是那样的平易近人，在我讲的时候，他没插一句话，只是在认真地倾听。等我讲完，他才对我说："增元同学，你要相信党，相信人民，好好读书！"

离开办公室，我心里久久不能平静，认定毛老师一点表示都没有，肯定一切都完了！两周后，班长毛振宝悄悄地告诉我，毛老师对我的家庭情况很关心，要求班委实事求是，认真讨论。最后，班委通过我的申请，已上报学校批准。不久，学校批准我仍享受甲等减免费和乙等助学金。消息传来，我顿时觉得身上压着的千斤巨石被卸下，全身轻了很多，很多……

天有不测风云，人有旦夕祸福。1958年6月的一天晚饭后，五舅突然出现在我面前，他吞吞吐吐地对我说："增元，你爸去世了。"我不敢置信，上个月，我回家时，父亲正好从生产队里劳动回来，他还鼓励我要努力学习，争取考上好学校。那高大的身板仿佛天大的难事也打不垮他，我不相信这个噩耗，大滴的泪珠即刻涌了出来……五舅陪我去跟班主任请了假，毛老师对我突然的不幸遭遇深表同情，心情也很沉重，对我说："希望你按时回校。"

第二天，五舅陪我回到家。进门就看到一口白棺材横放在中堂上，父亲的遗体已移放在房间的地上，我不相信这就是我的爸爸，高大慈祥的爸爸，我呼喊着"爸——爸"……

父亲的丧事简单地办完了，我含泪离别亲人，回到学校。当天晚自修，毛老师就找我谈话，他像亲人一样鼓励我振作起来，要我化悲痛为动力，迎接毕业考试和中考。没几天，毛老师又叫我去他办公室，问我毕业后的打算，志愿是什么。我酷爱动植物学，自以为成绩还不错，本来想读完高中到浙农大深造。受父亲去世的影响，我就告诉毛老师，不读高中了，要考技校。毛老师即刻反问我原因。天下父母心，更重恩师情，讲到志愿，我流泪了，那时毛老师心里也很难过，最后对我说："增元同学，先不说志愿好吗？服从祖国需要吧！"

毕业考试结束了。过了几天，学校公布了保送到江中读高中的学生名单，我也榜上有名。

服从祖国需要是恩师给我定下的志愿；好好读书是恩师给我的殷切期望；要相信党，要相信人民，是恩师为我生命中点燃的一盏不灭的灯。

1961年，我高中毕业了。走上工作岗位后，由于生活道路异常坎坷，我只和毛老师见过一次面，而且只有几分钟，现在想想，真的很愧疚。

2002年12月，毛老师逝世的讣告登在《江山报》上，我得知后，与老伴前去参加恩师的追悼会和葬礼。恩师享年八十。我看到他面容消瘦，平静地躺着，顿时一串串的泪水夺眶而出，心里默默地祈祷：一路走好，我永远怀念您，我的恩师！

【作者简介】江增元，1961年江山中学高中毕业。毕业当年到新塘边乡当手工业社会计，1984年调到江山造纸厂当会计，1998年退休。

江中江中，成才的沃土

周浩敏

江山中学是我开始由梦走向真正人生的出发地，一直是我魂牵梦萦的地方。三年的中学生活，是铭刻在我心中永远的珍贵记忆，我永远记着这方孕育人才成长的热土和沃土。人是不能忘本的，在自己也步入古稀之年的时候，我更加怀念那些还健在和已经远离我们的、为我们付出大量心血和汗水、永远镌刻在我们心头的江中老师们。

1960 年我们高二的时候，国家处于大发展时期，部队急需一批干部，学校一共挑选了四个人，提前毕业，我有幸也在其中。我们四人被叫到时任学校党支部书记祝日光家中进行谈话，他宣布了学校的决定。后来我由于体检未通过而未能成行，而其他三位都参军去了。但给我留下的印象，祝老师家中的摆设实在是简陋得不能再简陋了，为官清廉，公正公道。

副校长刘信善老师，按现在的说法是"双肩挑"干部，既当副校长，又教物理，在学生中的威信极高。我曾记得，好像是 1960 年下半年，国家粮食供应发生困难，江山酒厂向学校求援，到山区挖一种叫"葛根"的植物代替粮食酿酒。我们班也去了，刘校长亲自到我们班所在点当了掌勺的大厨。

每个礼拜六的下午，学校通常会安排一些劳动。书记兼副校长刘会雯老师（1958 年 4 月至 1959 年 12 月任江中党支部书记兼副校长），都会站在办公室的门口，叮嘱同学们注意安全，体现了对同学们的关心和爱护。

学校的其他领导和工作人员我所记得的有：负责团支部和学校办公室工作的是王祥老师；负责党务工作的是女老师郭老师；教导主任是冯发高老师；总务主任是毛佩玺老师，好像还有方明通老师；管食堂的是徐扬老师；

行政方面有郑才生老师。特别值得一提的是,有一个钢板刻得非常好的老师,瘦瘦的高个子,可惜时间长了,名字忘记了。全校期末考卷,刻印清晰、美观、无差错,基本出自这位老师的手。还有长年累月工作在传达室、勤勤恳恳的"老黄牛"。担任过我们班班主任的,先后有姜绍绩、毛仲缪、郑鸿友、冯开松和孔繁瑞老师。

教我政治的是姚良能老师,一位教学水平非常高的老师,把略显枯燥的课程讲得精彩生动,即使是在现在,也应是一个非常优秀的教师。特别是在辅导我们高考时,他分析试题的几个方向,特别提到非常有可能会出当时毛主席的几个著名论断,如"不是东风压倒西风,就是西风压倒东风""我们一天天好起来,敌人一天天烂下去"等,考试时这个试题真让押着了。

教我语文的先后有姜绍绩和杨怀仁老师,印象中好像还有一个(似乎姓罗),教过一个学期,不知什么原因,就从我们的视野中消失了。语文老师中让我受益终身的,是温和慈祥、满腹经纶的杨怀仁老师,其实当时担任我们语文老师时年龄应该不太大,但他已经是满头银发了,对学生的关爱胜似慈父,得到学生们的尊敬和敬重。有一件事,至今仍印在我脑海中。在一次作文课上,他读了我的一篇作文,里面有一句"金乌西堕,玉兔东升"的夜色描写,其中的"乌"字,我一直以为是飞鸟的"鸟"字,自己也是这么念的,简体字的写法是仅差一个点。他对全班同学作了一个解释,为什么是金乌,是因为有一个传说中说太阳是一只火乌鸦,这时我才恍然大悟,印象深刻,从此,就再也不会产生混淆了。

郑鸿友老师教过我一个学期的代数,是一个水平很高的老师,听说后来调到当时的金华师专任教去了。

三年里,跟随我们班时间最长、对我影响最大的要算教数学的沈琳敏老师。与其他老师不同,他上课从来不带教具,如三角板、圆规什么的,但画出来的直线就是直,圆是那样的圆。他总是不断地眨着那双智慧的眼睛,为我们打开了一扇扇门,让我们走进神圣的数学殿堂。他还结合实际地形测量和木匠手工工艺,把一些抽象的数学观念转化为通俗易懂的形象思维。沈老师在我们备考时出的一道模拟试题,是求一个面积,要综合应用代数、几何的知识。在高考试卷的综合应用题中,出现了几乎一模一样的题,真有点"神"了。由于历史的原因，从他任课一开始，我们就被告知，沈老师只能称"先生"，以示区分。三年里，我一直是数学课代表，但我从来没有这样称呼过，在我们班也没有同学这样称呼过，他以自己的学术水平和讲课质量，赢得了同学们的尊重和爱戴。

教我物理的主要是陈春华老师，刘信善副校长也亲自教过一段时间。教我化学的是颇有学者风度、治学严谨，但也让我们学生都能感受到其背负很大家庭压力的王祖昌老师。一到了课堂，看不出任何王老师受家庭影响的痕迹。参加高考回到学校的当天，在学校大礼堂、他家的附近，我高兴地对老师说化学试题的难度和范围都没有超过王老师的预估，他的脸上也露出了笑容，只说了两个字：是吗？

教英语的是毛仲缪老师，英语十分流利，教学水平也很高，至少为我在大学的英语学习奠定了好的基础。毛老师给我印象最深的，是把大写小写的"写"字总念成（xiǎ），至今难以忘怀。

教历史的先后有何英豹和冯发高老师，当时印象深刻的是冯发高老师，他将教学内容讲完之后，通常都会插入火烧赤壁、火烧连营等《三国演义》的故事，引人入胜，颇受学生的欢迎。

教地理的是方老师，他讲课时展示的一望无际、一马平川的华北大平原教学挂图，非常精美壮观，让人感到震撼，至今仍历历在目。谁也没有想到的是，作为学生的我，后来会在这个大平原上生活了几十年，并且还要继续生活下去。

教我们生物的是陈福炎老师，为人和蔼可亲，讲课做事给人一种精明干练的感觉，同时他还是一个吹笛子高手，吹出的婺剧曲牌"二凡"，音犹在耳，似在昨天。听说后来由于政治上的原因，他离开了学校，我有一次在假期回清湖路过江山农场时，远远地看见过他，有一种莫名的感触。

还有一个是音乐老师濮阳春，并没有直接教过我（高中阶段未设音乐课）。高一时，我曾担任过班级的文艺委员，他带我们下乡，搞宣传演出活动。听说他会表演70多种笑，我有幸亲眼见过他的表演，确实名不虚传，堪称一绝。有一次学校文艺演出时，我们班排练了一个小话剧，是根据部队作家高玉宝小说改编的《我要读书》，我担任其中一个小角色，因为从来没有上过台，最基本的台步都不会走，他就教我走台步，还亲自示范，使我懂得了舞台上最基本的常识。

高三的班主任是孔繁瑞老师（后改名孔光），他本身是一个体育老师，对体育教学一丝不苟。我从孔老师那里，第一次了解到长跑时会出现"极点"现象，以及如何调整克服这种心理和体能反应，这对我以后的长跑锻炼起到了很好的指导作用。作为班主任，在我们的心目中，他是一个比较威严的老师，也是一个有积极进取心的老师，对工作极具责任心。我记得高考前夕是我们国家发生严重经济困难的时期，国家考试录取计划人数一压再压，当时对毕业生的口号是"一颗红心，两种准备"。说心里话，我当时的思想准备的确不足，加上当时年纪还小，也就 16 岁出头，很不成熟，有一件现在看来是不可思议的事情竟然就发生了，足见当时的幼稚可笑。当时在第一张志愿表上我填的第一志愿是哈尔滨工业大学，第二志愿才是清华大学，这也是当时高考原生态的真实写照。孔老师认真按上级要求，让每个考生都要做好考不取的计划和准备，多次找我谈话，落实这件事情，直到我有了明确的答复为止。

由于各种原因，我上大学是在远离江山四五千里的冰城哈尔滨。在哈尔滨近 7 年的时间里，我只回过一次老家，而在刚工作尚未成家的日子，又赶上动荡的年代，回家的次数很少，回江中母校的机会更少。我曾经在二十世纪八九十年代回过母校两次。去了杨怀仁老师（当时他已两眼失明，思维也不如以前）家，他曾希望我给他法律专业毕业的女儿提供一些就业帮助，但由于能力有限，虽经努力，但终未实现，是一个很大的遗憾。在沈琳敏老师家，见到老师仍然很健康，耳聪目明，但由于失去联系多年，再加上教过的学生又太多，他只是依稀记得我。在办公室现场唯一见到的是姜炎龙老师，其实他也是我在江一中念初中时的老师，教过我们一段时间的几何课，当学生时，隐隐约约听说他是一个有传奇经历的人物。我亲眼见到的是，他不仅课教得好，篮球和乒乓球的球艺也十分精湛，经常活跃在当时的学校和江山县城的重要活动上。在江中的大礼堂开会时，可以看到他手中拿着当时罕见的英文报纸。当我见到他仍然强壮和有风度时，尊敬之情油然而生。

就是这些默默无闻的园丁们，点燃了自己生命的蜡烛，照亮了一代代青春少年的光明前程，他们用自己的辛勤劳动，浇灌出江中的繁花似锦，应当永远铭记他们!

江中,江中,我们为你过去的荣耀而自豪,也为你的未来更加辉煌而喝彩!

【**作者简介**】周浩敏,1961年江山中学高中毕业。北京航空航天大学教授。曾获航空航天部科技进步二等奖、北京市优秀教学成果二等奖。作为第一作者或独立编著并正式出版《测试信号处理技术》等教材5部,以第二作者参加编写教材2部。

我是江中的幸运儿

王松峦

1959 年，我在江山县第三初级中学读完初中，被保送到江山中学高中部就读。在学校无微不至的关怀下，我得到了锻炼，于 1961 年加入了中国共产党。

难忘的午餐

在人生历程中，我经历过无数顿午餐，唯独高二时的那顿午餐，一直以来真的难以忘却。

20 世纪 60 年代初，江山中学已经成为人们心目中的江山最高学府，有高中班和初中班共 18 个、千余名师生。当时食堂实行蒸饭制，食堂主要燃料是砻糠。砻糠的主要来源是贺村等地的加米厂。那个年代，交通工具还比较落后，汽车用的是木炭燃烧的蒸汽发动机，数量也很少，公路都是沙石铺盖的沙石路，许多运输都靠肩挑背驮解决。

那是一个晴空万里的星期天，我跟 40 岁左右的壮年校工郑宗山师傅，到贺村加米厂拉砻糠。早上五点用过早餐后，每人一辆手拉车，我们就出发了。一路上，郑师傅不断地向我传授拉车的技术知识和经验：平路时，车的把手略微向上，人直视前方，大步前进；到下坡时，车把手尽量向上，慢慢地让车尾着地，车轮慢速滚下来；到上坡时，要压低车把手，弓身狠下脚力，手臂下劲向上拉，越快到岭背越要下死劲。三个小时里，我真的学到不少书本里没有的理论知识，且很快就学以致用，立竿见影。

八点多，我们开始装车，将一麻袋一麻袋的砻糠装上车。装车方法也少不了他的不断指点。他比我多装五麻袋，捆扎结实后，九点左右，我们返回。

开始时，我在前，他在后，匀速前进。半个小时后，觉得肚子叽里咕噜，我不断地用挂在脖子上的毛巾擦汗，呼吸也加快了，速度明显减慢。郑师傅说，停下来喝口水吧。把手拉车停靠在路面较宽的右边，我们坐在地上，把水壶里的水全喝完了。然后慢慢站起来，仍然前行。没走几里路，我又走不动了，背上直冒汗水，眼睛也发花了，肚子已由叽咕声变成疼痛了，但仍然强撑着前进。我知道"路不走不会到，事不做不会成"的道理，坚持再坚持，一直拉到离城20里的一个坡脚下，才停下来。在路旁的一个泉坑边，我们喝饱了水，又灌满水壶，然后开始一起拉车，他在前面拉，我在后面推，好不容易把他的那辆车推拉到约50米长、坡度20多度的坡顶上。喘了口气，再把我的那辆车慢慢地推拉到坡顶。此时两人已筋疲力尽，难以拉车。看来我们必须解决午餐后，才能把这砻糠运到江城了。

路边有片小竹林，几棵瘦黄色的小竹，在烈日热风中摇曳着，离竹林几米远的地方有几户人家，这给我们带来了希望。到第一户人家，我们要求买点米吃顿午餐，一位70开外的老大娘告知我们没米，也没有什么可充饥的东西卖给我们。只好又到另一户人家，善良的主人说真的没有粮食。我们反复说明情况后，老人同意把一个半黄半青的南瓜卖给我们。郑师傅付了钱，便把几斤重的南瓜清洗干净，我们也舍不得去皮，切成小块后，便生火下锅。没有油、酱，只放一点盐就做成一面盆南瓜粥。郑师傅把南瓜粥端到一张旧小餐桌上，喊了声："小王，开饭喽！"我们便把南瓜粥盛到粗大的碗里。虽然刚出锅的南瓜粥热气腾腾，但我们还是大口大口地往嘴里送。"慌不择路，贫不择妻，饥不择食"，这时我们真正体会到了这句话的含义。吃前两碗感到南瓜粥有香味在，三碗过后肚子鼓了起来，口味也变差了。说来奇怪，吃过用郑师傅一天的薪水换来的午餐后，我肚子饱，眼睛亮，力气来，离江城20里的平路，我一次都没有休息过。

50多年过去了，那次拉砻糠的经历，使我真正体会到饥饿的滋味；那一顿南瓜午餐，使我记住了郑宗山师傅，明白了国家要富强，人民要富裕，发展真的是硬道理！

难忘的恩师

眼见得春暖百花艳，转眼间黄花落地催秋寒。不知不觉中，我已由少年变成为八旬老人。在我人生的历程中，发生过许许多多的事。随着时光的流逝，有许多事都如秋日林间的落叶飘零，只留给我模糊的影像。但有一件事我一直铭刻在心，那就是刘信善恩师给了我一口好牙，让我至今仍能吃炒豆、花生。

那是 1960 年 3 月间，我在江山中学高一丙班就读。当时，所有物资都是定量凭票供应。高中学生的粮食每月定量为 33 斤，扣除 2 斤熟食票（熟食票用作买糕点等副食品），剩下 31 斤还要搭配 30% 的杂粮（如番薯、面粉等）。主粮（大米）每月有 20 来斤，油料、肉类的供应寥寥无几。住校生大部分都存在营养不良的情况，尽管如此，校风、学风、教风都很好，早读课一片琅琅的读书声，晚自习鸦雀无声，连一支钢笔掉落到地上的声音，全班同学都听得清清楚楚。

我生在旧社会，长在红旗下。解放前家境十分贫寒，哪有上学读书的机会？解放后，分得田地，父母亲辛勤劳作，生活得到一定改善，但已错过了读小学的年龄。当时的农会主任送我到凤林工农青年速成学校读了一年书，算是小学毕业。1956 年，峡口石岗山建成了江山第三初级中学，我被录取为第一届初一新生。我不忘共产党的恩情，学习奋发努力，1959 年初中毕业后即被保送到江山中学读高中。这时的我已是 21 岁的标准青年人，人也长得高大，靠学校食堂的粮、油、菜远远不够身体的需要。就在那年上半年，由于虚火并发，我得了严重的牙痛病。

人们说：牙痛不是病，痛起来真要命。这话一点不假，开始时，我脸部发肿，有点疼痛，校医看后，就开了点止痛片给我吃。到了第二天，疼痛加剧，吞食非常艰难，夜不能眠，连上课都很难坚持。得知情况后，刘信善校长叫我去县人民医院就诊。医生看后，说没有什么良药，最好拔掉两颗牙，吃消炎止痛药即可。我回到学校，刘校长考虑再三后对我说："牙不能拔，你这么年轻，拔牙会造成一生的不便。这是虚火之症，我另外想办法给你医治。"

当天傍晚，总管全校师生食堂的徐扬老师找到我说："刘校长交代过了，让食堂里准备好了绿豆和糯米。你从明天早餐开始，每餐都吃绿豆糯米粥，降降火气。"这样连续吃了半个多月后，我的牙齿逐渐恢复如初。此后 50 多年来，我一直再没发过牙痛病，至今仍能吃炒豆、花生等坚硬的果实。

这些绿豆和糯米的采购和费用都是刘校长亲手安排的。时间已过去 50 多年了，但当时的情景一直在我心中深深铭刻着。刘校长虽已与世长辞了，但他留给我的是如何向下一代传授知识和怎样做人的道理。

难忘的老余

老余的全名叫余其本，单身汉，曾在江山中学的传达室工作，是一名普普通通的职员。老余是平凡得不能再平凡了，但 50 多年过去了，他却时常在我的脑海里出现。老余待人热情，生活俭朴，工作非常认真负责，我总感到他一直在普通平凡的工作岗位中对党的教育事业默默地奉献着。

1959 年 9 月 1 日，我背着一条旧但清洁的棉被，手提一只旧木板箱，第一次跨进江山中学的传达室，接触到的第一个人就是老余。等我把棉被和箱子放在一条旧长条靠背椅上，擦干额头上的汗珠后，老余就面带笑容地问了我的姓名，并热情告诉我所在班级、宿舍及食堂、厕所、礼堂、操场等分布概况。这使初次从农村来到县城最高学府的我，马上对将在这里学习生活三载的场所有了一个比较清晰的印象。

当年江山中学的校大门朝着县河西路，大门南侧是两间低矮的砖瓦房，西边是一间 10 平方米左右的传达室，里面摆放着两条旧的长条靠背椅，剩下的便是通道。东边一间 10 来平方米的房间，里面摆放着一张旧靠背床和一张两斗办公桌，还有两只旧木板箱，剩下的空间摆放一些学校师生亲朋好友寄存的东西，这就是老余的房间，是他的工作和生活场所，虽然简陋但是有条不紊。老余身高 1.6 米左右，方脸一张，黑瘦的额头上有几条皱纹，这与他的睡眠不足有关。他经常穿一身蓝色的中山装，虽然旧但很整洁，脚上穿的是布鞋。三年中，我没有看到过他穿其他像样的衣服和皮鞋。当时他的月薪只有 30 来元钱。

老余的工作是非常繁忙的。全校千余名师生中，早晨第一个起床的是他，晚上睡得最迟的又是他。当时学校作息时间的信号用的是手摇铜铃。冬天，夜长日短，北风呼呼，雪花飘飘。老余必须在五点半前起床，边走边摇铜铃，从传达室到男女生宿舍，来回足有 500 余米。晚上熄灯也要来摇铃，上下课的铃更要精确到分。老余看管校门还会碰到许许多多说不清的烦恼事，每天都有师生的亲友要接待。学校师生外出回校，火车、汽车经常在半夜三更到达，那时老余就得起床开门。老余每天还负责分送全校师生的信件、报刊。每件事，老余都力求做到准确无误。老余经常乐观地表示：早晨，我能唤醒沉睡的师生，让学校沸腾起来，开始新一天的工作和学习；晚上，我能让沸腾的校园平静得鸦雀无声，让师生们带着一天的收获进入甜蜜的梦乡，再辛苦也非常值得。

老余是我的入党介绍人之一，他那兢兢业业、无私奉献的精神陪伴着我一生，一直影响并激励着我。尽管老余已经与世长辞了，但他时常会在我的脑海里浮现。直到现在，我和许多江中人一样，无比地怀念他，愿他一路走好！

【作者简介】王松峦，1962年江山中学高中毕业。曾任峡口镇中心学校校长、保安乡成人教育学校副校长等职。曾荣获《江山报》优秀通讯员和峡口镇最有影响力十佳共产党员等称号。

除了乡愁，还有校结

吴拯修

如果你 12 岁从乡下来到县城，进了一所中学，18 岁从那里毕业，接着就离开家乡千万里漂泊、求学、寻梦，从他乡到他乡，五十年游子浪迹天涯，很少甚至从未再回到魂牵梦绕的故乡，母校在你心中的地位必定是无与伦比的，无可替代的，无法清零的。因为这六年，对你实在是太重要了。

除了乡愁，还有校结，母校的情结。它深深地、深深地埋在每个学子的心中。

故乡忆，最忆是母校。

忆江山，能不忆江中？你曾经在那个江山的最高学府江山中学，度过了人生最美好的六年时光。

那一年，你刚退休。第二天，你邀约了几个初高中的同窗好友，在江山火车站会合，要结伴到三千里外的三亚去玩了。

老婆们连说疯了、疯了、真的疯了，骂你是罪魁祸首。因为你们都已不再年轻，年老也不能任性。

你们决定不乘飞机，打一折也不乘；你们坐火车，坐最慢的火车，享受旅游的愉悦。花钱更少，可以坐更多的时间，钟点房不就是按时间计算吗？你们要暂时告别柴米油盐，告别妻女儿孙，一起巡视大江南北，检阅共和国改革开放的丰硕成果，欣赏祖国的美丽河山。

铃声响了，开始检票了。旅客们通过闸门，像鸭子一样啪啪啪地朝车厢拥去，你们说慢慢来。不怕，有位，卧铺，还都是下铺。

老婆扶着围栏踮着脚尖叮嘱你，记得饭后吃二甲双胍。你说，放心吧，你说过一百遍了。回去吧，你们一齐向老婆们挥手。

"咣当"一声，列车开动了，你们回到了十八岁。

经过半个世纪的选择和沉淀的同学情，最真，最诚。

三千里铁路线晃晃悠悠，在开往十八岁的列车上，母校共同的话题，伴随着你们一路呼啸前行。

你们相互叫喊着各自的小名和外号，禁不住大呼小叫，你一言，我一语，相互补充着，启发着，打开记忆的闸门，回忆起中学时的种种逸闻趣事。

你还记得，在熄灯铃响过以后，和谁谁谁一起在昏暗的路灯下争论数学难题，第二天被老师点名批评。

你说，那时候大家的学习都很用功，但并不是奔高考去的，因为最终上大学的比例连百分之十都不到，甚至一个班只有两三个。

你记得寒冬腊月在大操场的晨练，还有值日生从大缸中分给你的一瓢洗脸的温水。

你记得到溪东的陈家安农场劳动，你和一个同学抬着一桶肥料过须江浮桥，内心怕怕的，担心一脚踏空。那同学的名字却怎么也记不起来。

你记得 1958 年在校园的菜地里炼钢铁……

你记得去山区往学校背木头；你记得去仙霞岭的深山老林挖葛根——一种困难时期的粮食代用品。有同学插嘴说，现在可值钱了，比米还贵。

你记得到敖坪去宣传，你不会唱歌跳舞，只好和同学说相声；你记得到丰足公社去插秧，那时叫支援农业，抢收抢种，简称"双抢"。有同学又插嘴，说他最怕蚂蟥。

你记得操场的东边，是一大片菜地，有一天，你走了进去，看见教生物的陈福炎先生正在捉菜虫，就是在那天，你才知道那果实叫番茄。那年代，江山还很少有人见过这洋玩意。

你记得 1960 年……

你记得在县河的拐角处，有一个亭子，四周遮挡着，不让学生们进去，似乎很神秘，高年级学生吓唬初一的小弟弟，说里面住着科学怪人，白胡子很长……你现在知道，那是"仰止亭"。

毕竟老年人的记忆已经不再周全，你甚至记不起当年是怎么解决学生的喝水问题的。问其他同学，也始终不得要领。

你们忽然争论起来：江中的苏式教学楼究竟是一幢还是两幢？后来你参观校史馆，才知道起先是一座，几年后又造了一座。

你们的回忆自然会提到老师，书记是祝日光，副校长是刘信善，任课老师冯发高、李仁、方明通、沈琳敏、毛仲缪，杨怀仁、陈春华、郑鸿友……每想起一个老师的名字，每提到一件他们的往事，都是你们对老师的一次次致敬。他们大多已经作古，但却活在你们的记忆中。半个世纪以后学生们还能记得老师，是对老师的莫大慰藉。

对了，你说，你的同学们都记得传达室那个工友余其本，有家长带什么物品比如番薯、咸菜等，正逢上课时，就交在传达室，托付老余转交，他会认认真真地记下哪个班的谁谁谁，然后妥妥地送到那位同学手中。

你记得在你靠窗的座位上，你能看到外面的走道，每当上午第四节课快要下课的时候，你的肚子已经饿得咕咕叫，那可是肚饥的年月肚饥的年龄啊，你总是注视着那走道的拐角，在心中暗暗责怪老余太负责认真，为什么不早点出现，一瘸一拐地走向那段废钢轨，然后挥动随身带着的那只小榔头，让钢轨发出学生们盼望已久的下课的钟声。

……

学校就像一辆有魔法的列车，许多人上去了，许多人下来了。当这些哪当少年背着霉干菜、地瓜干从郎山须水间上了这趟"江中号"列车，整整六年，且行且长大，走下"江中号"时，似乎已经成了另外一个人。

从江中走出的一个个青年俊彦，在各个领域都能看到他们的身影，其中有些还成了社会的中坚和精英。

你的一位比你低两届的学弟，当年因为家贫，上学时置办不了铺盖，不得不与你同寝室的一个同乡搭铺。你也由此与他结识。他曾经告诉你，有一年，因为交不了学杂费正要辍学时，是母校的领导拉了他一把，悉数免除了所有费用，让他得以继续完成学业。当他成为一名军人后，他以勤奋工作来感恩他的母校，他不仅工作出色、才气过人，还以廉洁而著名全军，最终成为一名共和国的将军，成就了一个从农民到将军的奇迹。

你的一位校友，曾经是你的同事，你曾经在他的领导下工作。你深切地体会到他勤勉的工作态度和务实的工作作风，为此，他深受上级的好评，在同事中有口皆碑。后来，他因出类拔萃的工作脱颖而出，成为党的一名高级干部，走上了人民政府副省长的岗位。

你的一位同届同学，本是农家子弟，在农业大学毕业后，不忘初心，在农技岗位上服务农民，十余年尽心尽力，深受农民爱戴，众望所归，他被推上了政府的领导岗位。后来在担任一个师范大学的书记后，他为这个大学的茁壮发展竭尽洪荒之力，硬是让她壮大了数倍，并提升到"一本"招生线，进入了著名高校系列。

你的一位同班同学，从清华大学毕业后在电力部门第一线摸爬滚打三十年，打造出自己的一片天地，事业卓然有成，不仅成为某省电力局副总工程师，而且还是一名享受国务院政府特殊津贴的全国五一劳动奖章获得者。

还有更多你缘悭一面的江中学子在神州大地、异国他乡，传播真善美，燃放正能量。你从这些佼佼者的身上，看到了一个共同点，即母校打上的烙印：勤勉做事，踏实做人。

一个勤，一个实，是一代一代老师们的言传身教，是江中的无字校训，是母校的精神之光！

江中六年，管了你们六十年。

那一天，江中姜副校长带领你和江山古今文化研究会朱会长一行走进新校园。大广场、校史馆、科技实验楼、报告厅、教学楼……校长告诉你，学校现在总结的江中精神是：团结、勤勉、进取、求实。

你感慨良多。

你说，你老了。在你的记忆中沉淀的，是老江中的记忆。你永远忘不了你的老江中。

现在，江山中学已经被连根拔起，安置到一个风光更加绮丽的地方。

她还是你心中的老江中吗？不是。你还爱她吗？更加。

通过校长的介绍，你参观了校史馆。你相信，母校的躯体虽然已经换新，但是她的精神没有改变：除了教书，还有育人。

是的，育人，其实比教书更重要，育人是真功夫，培养人才才是硬道理。

因为"教育"这个词，本来就是由两个字组成的。

注：原文载于《今日江山》2016 年 12 月 7 日第 3 版，入选《江中故事》后，作者进行了一些修改。

【作者简介】吴拯修，1962 年江山中学高中毕业。1962 年考入浙江大学，1968 年毕业后分配到浙江金华工作。历任金华市商业局局长、外经贸局局长、贸促会会长等职。2004 年退休后开始业余写作，曾获得全国散文比赛一等奖。

难忘江中岁月

姜寒松

　　我们一家都是江中的学生，我本人又在江中工作多年，并有幸担任过学校领导，还有多位亲人也在江中工作过。所以，我对江中怀有一种特殊的感情，江中在我的人生历程中，有着十分重要的地位。她既是哺育我成长的母校，也是展示我人生价值的重要平台，更是我的灵魂可以憩息的地方。关于江中，我真有说不完的故事。

初识江中

　　1959 年夏天，我考取了江山中学的高中部。开学第一天报到，刚进校门，我只觉得学校好大，就像刘姥姥进了大观园，竟分不清东南西北。几天之后，才慢慢弄清了学校的全貌：从大门进来，是一条由鹅卵石铺就的路，县河在传达室边上，拐成直角，与石子路一起天然地将学校分隔成了南北两部分。

　　北边主要是教学活动区，教室、办公室和操场都在这边。操场在最北面，西边有围墙与外面的马路相隔，北面与东面连着水田和菜地，没有围墙。南面还有一段残留的旧城墙，旧城墙下有一条水沟，是当年的护城河。挨着操场，有一座 20 世纪 50 年代初建造的工字型二层教学楼，上下各 6 个教室。我们高一时就在这幢楼上课。这幢楼的南面则是一排老式平房，共有 4 个教室。老教室的东面有一个小院子，住着几位老师；西面有一口水井，旁边的几间平房也是老师的宿舍。

　　南边主要是生活区，有一道石砌拱桥连接南北。沿县河建造的房子就像一把大角尺把学校南区从西、北两面框住。过了拱桥，进了墙门，东西两边分别是当时刘信善校长和刘会雯书记的宿舍。南面相邻的是教导处和总务处。教导处后面有个老式教室，我们高二、高三时就在这个教室上课。总务处的旁边有一个长方形天井，天井中有一株年代久远的桂花树，一到花期，整个校园都会飘溢着馥郁的桂花香。天井的西沿头是教导主任冯发高与另几位老师的宿舍。再南边是一个东西向的礼堂。礼堂虽然不很大，但用场可大了，除开会、听报告、看文艺晚会之外，还是室内体育馆。礼堂东头南侧又有一个教室。紧挨礼堂西头，往南一溜就是男女住校生宿舍。最南边便是学生、教师的膳厅了。这一路过去，非常寂静幽深，有时晚上一个人走过，甚至会有些害怕。

师恩难忘

在江中读书期间，所有教过我们的老师，我至今都还记得。

教语文的是王梅芬老师，当时她只有20多岁，人长得很秀气，有点像林黛玉那种弱不禁风的样子。王老师课上得很好，一口标准的普通话，加上条理清晰的表述，往往引人入胜。虽然因身体原因，她只教了我们一个学期，但却给我留下了深刻的印象。后来，她长期担任语文教研组长，直至退休。

数学老师叫沈琳敏。听沈老师上课简直是一种享受，他能把抽象的数学原理用通俗简练、清晰易懂的语言娓娓道来，像一股清泉汩汩流入你的心田。他上课从容不迫，经常一堂课下来，只解一道例题，用一题多解的方法，不仅讲清了当堂课所要掌握的内容，而且还连带复习了以前学过的知识。沈老师上课时经常说的一句口头禅是"举一反三，触类旁通"，这正是培养同学们周密思维的重要途径。课后，他的作业量很少，但效果甚好，只要做过的题目，印象就十分深刻。前几年在网上流传过的一种乘法简易快捷方法，说是从某国传来的，我一看就觉得可笑，因为这方法沈老师50多年前就教给我们了。

教我们历史的何英豹老师，是位多才多艺的老师，这是我后来在江中工作时才真正了解的。给我们上历史课时，他把书本与教案放在讲台桌上，眼睛从来不看教案，但那些历史年代、人物、事件就像长在他的脑子里，从嘴巴里滔滔不绝地流出来似的，既不会卡壳，也不会口误。因为眼睛高度近视，他几乎要把教案贴到鼻子下才能看清楚，实际上他的教案是备而不用的。但是，他备课却十分认真，备课本上总是写满了密密麻麻的蝇头小字。

杨怀仁老师来江中前就是金华二中的副校长兼教导主任，抓教学管理很有一套。因在处分一个犯有言论错误的学生时，不同意当时领导极"左"的做法，被定为思想立场"右倾"而被免去职务（后平反纠正），与爱人王梅芬老师一起调入江中。他阅历丰富，知识渊博，上课常能旁征博引，并能寓德育于教学中。他那带有音乐节奏感的云南口音，听起来特别舒服。他平易近人，学生都喜欢与他接近。他的为人就像其名字一样，怀有一颗仁爱之心，凡是老师、学生有困难，能帮上忙的，他都会尽力帮忙。所以他在江中师生中，有着很好的口碑。我既把他当恩师，也把他当朋友。上了大学直到工作后，我们都一直保持联系。上大学时，他出差到杭州，还带我下馆子吃过虾仁面和西湖醋鱼！

除了教课的老师外，江中还有一个人是不能不提到的，就是余其本，同学们都亲切地叫他老余叔。他虽然没有教过我们，但却是我们人生的老师，他的为人和对待工作的态度，是永远值得我们学习的。进校不久，听原在江中读初中的同学说，他是县大队转业的，参加过剿匪战斗，一条腿受伤变残。他是传达室的职工，管的事多而杂，除收发、上下课敲钟、起床熄灯摇铃外，校园的安全、学生进出校门、家长及来客的接待等都归他管。我们经常看到，他一个人坐着时，总是闭着眼睛，似乎在打盹，可实际上他时刻都警惕着。夏天有午睡制度，有时有同学想趁他不注意时溜出去，刚走到门前，他眼睛就睁开了，就只好老老实实地回到寝室午睡。他有着特别好的记忆力，学生的名字，他大多叫得出来，凡有学生家长给孩子捎点咸菜、辣椒酱或衣服之类的东西，碰着上课时间等不及，便托老余转交。老余问清班级、姓名，都会把东西送到学生手上，从未出过差错。

艰苦磨炼

我们在江中的三年，正是国家经历困难时期的三年。物质生活条件的艰苦，是今天的学子们难以想象的。那时，我们住校生的粮油关系都迁到学校，由国家每月供应每人30斤粮食，但蔬菜、肉食等却极度匮乏，大都靠学校自力更生解决。管食堂的徐扬老师为办好食堂、改善师生生活精打细算，巧妙安排，使出了浑身解数。他利用县河养鱼，种水葫芦养猪。当我们看到学校雇了鸬鹚船来县河捕鱼，看着鸬鹚在水里出没，不断用长喙在水上叼出挣扎的白鲢时，心里就很快活，因为食堂里有鱼吃了。水葫芦长得很快，经常可以捞来当猪饲料。那时，学校操场边上和西山山脚下都有不少菜地，分到各个班级小组去种。大家的积极性很高，除了每周半天的劳动，课余也经常抽时间到自己的菜地浇水、施肥、拔草等，菜都长得很好，食堂的蔬菜大部分可以做到自给自足，一些老叶、黄叶则可用来喂猪。因此，食堂伙食特别便宜，每天只需交8分钱菜金。但就是如此便宜的伙食费，许多同学还是交不起，经常要从家里带咸菜、辣椒酱和霉干菜。

高二那年，学校从陈家安那儿弄到一片荒地，准备办农场。于是，我们这个年级的同学，便成了拓荒的主力军，每周都有一个下午，我们要到陈家安开荒。那里是一大片光秃秃的荒山，附近连一棵可以遮阴的大树都没有。还好路口有座凉亭，中途可到那里休息一下。我们边垦荒，边种植。每次去劳动的时候，我们都要从学校厕所抬一桶加了水的大粪到农场给作物施肥。那时，我们两人一组抬着粪桶上大街，穿小巷，过浮桥，直到陈家安，配合默契，既不感到苦累，也没有觉得有什么不体面。经过差不多一年的开垦，农场终于初具规模。最后，我们用所学到的三角几何知识，对农场进行了测量，绘制好平面图交到学校。我们毕业后，学校又组织后来的学弟学妹们不断地到农场劳动，并建造了教室和宿舍，成为一个教学点。

高考那年

高考那年，国家经济形势尚未明显好转，而政治形势却骤然变得紧张。当时中国与苏联关系已经恶化，而蒋介石在台湾叫嚣要反攻大陆。

毕业考试之后，经过近两个月的复习，我们便迎来了高考。那时，江山周边只有衢二中一个考点，所以我们都到衢二中参加高考。当时战备的气氛相当紧张，监考老师在考前告诫我们，一旦有防空警报，千万别慌张，要在卷纸上写好姓名和准考证号，将其翻转并在上面压上石子，然后按指定路线撤离，警报解除后继续考试。三天的高考，警报倒是没有响过，但总是提心吊胆。高考时的这些情景令我们终生难忘。

我们那一代人都知道，1962的高考，是"文革"前最难考的一年，毕业生人数达44.1万，而高校招生数最少，只有10.7万，录取率不到24.3%。

那年，全校共有 33 人被各类高校录取，录取率达到 30.56%，高于全国的平均数。这样的教学质量当时在金华地区也是名列前茅的，我们也因此而自豪。

在江山中学 80 年辉煌的历程中，肯定还有不少精彩的江中故事。许多江中故事，虽然没有通过文字记录下来，但却早已化作一种精神，铭刻在江中学子的心里，融入了他们的血液中，成了江中元素，影响着他们的人生，使他们在各自的领域和岗位上，不断做出卓越的贡献。让江中故事发扬光大，传承江中精神，创造江中更美好的明天，是我们每一个江中人的共同愿望。

【作者简介】姜寒松，1962年江山中学高中毕业。1966年杭州大学毕业。曾任江山中学党支部书记、江山市委党校党委书记等职。担任过两届江山诗词学会副会长。参与编纂《江山市志(续志)》《江山市教育志(续志)》《峡口镇志》等。

二进江中

毛继书

1956 年 9 月，我从江山城关镇中心小学毕业，经过升学考试，进入江中初中部学习。说实在的，当时也没有特别中意哪个学校，只知道江中最老牌，校园也最大。

初进江中

进校后，我被编在乙班。三年初中各科的学习情况已不怎么记得了，但有些事却印象深刻。

初中的我特别"不务正业"，"无师自通"地学会了口琴、笛子、二胡。《九九艳阳天》《敖包相会》《康定情歌》等等，跟着文娱委员，学唱几遍就会。也学了肖像画，一放学就跑到街上画肖像画的店里看画画，并开始学画肖像。家里有一张外婆的照片，我对照着就画了起来。没有九宫格，就在琉璃纸上用钢笔画上线替代。也想学戏，经常跑到戏院后台去观摩。

那时的我特别贪玩，就连平时考试也抢着交头卷，交了以后就跑去跳木马，一人多高的木马，纵身就过去了，像飞一样。考试成绩可想而知，一般都在 60 分到 70 分之间，80 分以上是很难得的。

有一件事很难忘，就是在墙报上乱写乱画被老师批评。也记不清是第几个学期了，当时教务处边上有一个墙报，左下角有几张纸，写着"欢迎批评指正"。我们几个"顽皮"学生下课无事，就在那上面乱写。有一次正写得起劲的时候，被值周老师逮了个正着。被叫到办公室后，我原以为要受到一顿严厉的批评，没想到老师只是说了一句：要学会尊重人家的劳动。从此，这句话深深地印在了我的脑海里。

休学在家

1958 年，我和同学们一起参加了"除四害"，敲锣打鼓，灭杀麻雀。我们还投入到大办钢铁的洪流当中，砌高炉，挑矿石，拉风箱，夜以继日，奋斗在第一线。不幸的是，我的身体出了问题。在一次劳动中，我晕了过去。回家后，我又先后几次晕厥，此后身体状况急转直下，甚至连怎么初中毕业和怎么考上高中，我都记不起来了。

到了高中，学校逐步恢复了正常，但我的身体越来越不正常了，老是失眠，一天到晚头晕乎乎的，听不进去课，做不来作业，无法坚持正常学习，于是就回家休息了。这大概是在 1959 年 10 月。

停学在家后，或许是没有了学习的压力，我的身体也慢慢地恢复了，能吃能睡，个子也长高了，力气也变大了。随着身体的康复、眼界的开阔、年龄的增大，我内心的责任意识也在逐步增强，觉得应该是我挑起家庭重担的时候了。

7 岁时，父亲因病去世，撇下了母亲和我们兄妹五个。那时大哥才 17 岁，最小的妹妹出生仅 40 天。一家孤儿寡母，相依为命，艰难度日。过了 10 多年，大哥在外面做工，已有三个孩子，负担日益加重；大姐出嫁了；一小妹得病夭折了，另一个妹妹仍在读书。含辛茹苦的母亲，已快 50 岁，这生活重担是应该我挑起来了。

劳动之余，我经常去找工作，想为家庭减轻负担。接触了一些人，找到了几个单位，管事的都表示要人，但得镇里开介绍信。我到镇里找了相关同志探了一下口气，都说镇里不会同意把年轻人放出去的。虽然如此，我还是希望外出打工，挣钱养活全家，为母亲分忧，为兄长减负。后来，报考火车司机受阻这件事让我痛下决心，非回学校读书不可，这也得到了深明大义的母亲的支持。

重回江中

1960 年 8 月底，新学期开学前夕，我惴惴不安地走进了离开已将近一年的江中。

当时，好像学生干部们已经回校，学校的勤杂工正在忙着整理教室，准备开学，迎接新生。我在走廊上碰到了正是我要去找的教导主任冯发高老师。我轻轻地叫了声"冯老师"，然后说明情况，冯老师让我过两天来。

两天后，我到学校找到冯老师。他对我说："甲班人已满了，你到乙班吧。"他还给我开了一张条子，让我去报到。我心里的一块石头终于落了地。到了报到的地方，我才知道要交 6 元的书簿费和学杂费。带来的钱肯定不够，我只好先交一部分，余下的等凑齐了再交。就这样，我再次进入江中，重新走上了读书求学的道路。

经过近一年的农村生活，我深深地体会到学习机会的来之不易。重回学校后，我长大了许多，全神贯注地投入到学习之中，各科成绩扶摇直上。后来，我还当了班长、学生会宣传部长等职务。利用课外时间，我废寝忘食地阅读了大量古今中外的文学作品，尤其是有条不紊地阅读了鲁迅先生几乎全部的杂文、小说，从中汲取了丰富的精神食粮，文科成绩也突飞猛进，还在一次全校作文比赛中获得了第一名。

高中毕业当年，我考上了杭州大学，是江山全县被录取的 3 名文科学生之一。大学毕业后，我一直从事教育工作，先后在基础教育、高等教育、成人教育、职业教育、党的干部教育等不同部门任职。现在回想起来，如果当时学校和冯发高老师，对我这样出生农村的贫寒子弟稍有一点"门槛"，态度稍稍生硬一点，我就不可能再进江中，我的人生走的可能就是另一条路，过的就是另一种生活。从这件事情中，我学会了善待每一个人，这也许就是二进江中留给我的最宝贵的精神财富。

【作者简介】毛继书， 1963年江山中学高中毕业。1968年7月杭州大学毕业后参加工作。副教授。先后任常山县教育局教研室教研员及教育局副局长、局长，金华市委党校教育长、副校长，金华教育学院党委书记兼院长。

河畔书香

姜剑涛

岁月如梭，倏忽间，离开母校江山中学已足足半个多世纪，然而那一段曾经度过的岁月却铭记于心，珍藏于胸，已然成了我人生中一笔可贵的财富。

宁静祥和的知识殿堂

无论身居何处，不知有多少次，我的灵魂都会不由自主地飞回故乡小城，飞向母校故园……

最先出现在梦境中的往往是校园旁那一带脉脉的流水。

母校位于小城北部、西山东麓，东邻县委机关的大院，南靠兵役局和人武部。西边是县河，由南往北流至半路来了个 90 度的转弯，往东径直流向县政府大院。县河像是一把角尺，既把校园划成了南北两个区块，又将南边的生活区与校园西边的市民住宅区隔离开。

连接校园南北的是那座架在县河上的石板桥。

学校大门就在县河由西往东的拐角处。进门后的石子路，沿着县河北岸往东延伸至桥头。

站在桥头，往北转就进入教学区，往南过桥是生活区。

生活区从北往南依次是总务处、大礼堂、男生宿舍、女生宿舍及食堂。这是一片构造与高低大小都参差不一的砖瓦结构的平房。礼堂最高，总务处小院稍矮。但它们绵延相连，形成了一个长方形的大型室内空间。

从桥头往南行，先穿过总务处小院，从礼堂北侧进去便会看到礼堂的东头是个舞台，西头及两旁摆着高低杠、跳箱、木马等体育用具。这儿既是我们师生集会之处，又是体育课的室内运动场地。

礼堂的南侧东西各有一扇小门，连接着两条并行的南北走向的长廊，走廊两旁是一间间大小不一的房间。从北往南先是男生宿舍，再是女生宿舍，最后是食堂和厨房。

在宿舍区与食堂之间，有个不太大的院子。院子里有口水井，高高的井栏四周有片水泥地，这儿就是我们蒸饭前淘米及洗衣服的地方。

形状与大小不一的男女生宿舍里，唯一的摆设就是清一色的单人双层木板床。为了节约空间，它们多数都靠墙并列，连成一片双层大通铺。我们大抵头靠墙壁，脚朝过道而眠。这样一来，不仅没了夜间枕头落地的懊恼，而且多个枕头相接，耳鬓厮磨，连睡梦中都不孤单！若是头顶的是临河的这面墙，那就更惬意了——可谓"头枕县河绿水眠，酣然入梦赛神仙"。

直到今天，我还常常对那段县河心存感激，因为它既为我们隔开了河西岸市井的喧嚣，又让对岸远处榨油厂浓郁的菜籽油香味毫无障碍地飘荡过来，让我在睡梦中都能闻得到。要知道在物质匮乏的年代里，新榨菜籽油的馥郁香味简直沁人心脾……

还有轻盈地耸立于河面转角处的古旧的八角亭，每当刮风之夜，亭子飞檐端尖上悬着的铜铃发出清脆悦耳的声音，回荡在寂静的夜空，在睡梦中听起来简直是天籁……

我们每人每月交八元钱的伙食费，起先，每星期还能吃到一次肉类食物，到后来就几乎只有白菜、萝卜、酸菜豆腐汤之类了。

食堂里只有桌子没有凳子。每张桌子配一只小脸盆似的大盆和八只粗瓷碗。我们每八个人一桌。开饭前，厨工先把菜肴盛到那些大盆里，开饭时，我们再由八人中的一人将大盆中的菜分盛到那八只瓷碗里。

那是真正的粗茶淡饭，但我们总是吃得那么有滋有味。也许是上了半天课真的饿了，也许是辛苦了半天后才得到轻松，记忆中饭桌上的我们总是笑声不断，尤其是我所在的这桌女生，笑得最响的往往是高三时转学到衢二中的施英英。

有时运气好的话，食堂的师傅们会让需要的同学们———一般来说男生特别感觉饥饿——到窗口排队，用零钱购买食堂多烧的菜。

偶尔，也有不用自己蒸饭，由食堂统一煮番薯粥，大家排队购买的时候。

直到今天我还记得，那些经过辛辛苦苦排队的男生，端着一碗水煮甘蓝菜往回走时，脸上洋溢着的那种愉悦表情，简直有点像战士刚刚从前线凯旋。

我还常常忆起当年母校食堂大桶大桶带皮煮的番薯粥。在那冒着腾腾热气的粥桶中，或黄或白的薯块裹缠着紫红的薯皮，望去色彩斑斓，吃着甜糯喷香……

石桥北面是一片更为广阔的天地：由南到北依次是老教室区、新教学楼和大操场。

老教室区的主体其实是一幢宽大的平房，它有一南一北两个天井。这两个东西长、南北窄的天井将那大平房隔成了三个长条形空间：南面临河一排小房间，供老师们居住兼办公；靠北的两个长方形区域分别被隔成两个教室——高中后两年我们丁班的教室就在它们的西头。

老教室区的东头毗连着一片小屋，里面的若干个房间也供教师休憩与办公——我们丁班的班主任王梅芬老师与副教导主任杨怀仁老师（他也是我们高中的第二任语文老师），他们俩就住在这片房子的东南角，那是一个小小的套间，里面却有两三个书架。

老教室区的西侧有一片小小的操场，在它的西头有幢坐西朝东的平房，里面是学校图书馆及阅览室。每当课外活动时，我就爱往那儿钻。

从桥头进入老教学区的大通道，由南往北从正中穿越老教室，像是汉字里的一竖，将那两个狭长的天井从正中一笔画过，形成一个大大的"串"字。而且这一竖继续往北延伸，穿越新教学楼后一直伸长至最北面的大操场。

老教室后面的新教学楼，是我们校园里唯一的一座钢筋水泥结构的二层楼房。它呈倒"凹"字形结构，上下各有六个教室。高一刚进校时，我们的教室就在其中。

教学楼北面窗外是那条小小的护城河，河北面是有四百米跑道的大操场。操场北面那个露天主席台后边有座小小的一字形小平房，是我们的物理化学实验室。

操场的外面、北面和东面已是小城北郊的旷野，西边是一条通向火车站的偏僻公路。

嗬，母校故园，那是一座何等宁静、祥和的知识殿堂！它又是一个何等地充满青春气息与明媚阳光的人间乐园！

风华正茂的同窗

每当我神游母校，县河北岸这一大片天地最令我踯躅徘徊、流连忘返，因为这儿永存着我的青春、我的梦想，永驻着我那一大批风华正茂的同窗……

每当我神游母校，我会情不自禁地首先奔往1963届高中丁班的教室，去寻找我那些花样年华的同窗：

我会先找到我高中时的三位同桌：中等身材、白净秀美、成熟懂事的毛立平，我忘不了她那若有所思的表情；身材高挑、面容靓丽、开朗乐观的毛淑妹，记忆犹新的是她在球场上投篮时的矫健身影；身段苗条、眉清目秀、性格温和的张桂兰，她的那件浅色碎花连衣裙与她的美丽形象相得益彰。

接着我会去寻找曾经的"打虎英雄"王圆爱，其实她是个身形与面貌都很秀气的女孩，且性格随和、很会关心照顾别人。不知怎的，我进高中不久便与她成了好朋友，也许是因为此，班主任王老师曾安排我与她结成"一帮一、一对红"的伙伴。

我会去看那时的"校花"姚美娟，再一次欣赏她那有着优美曲线的、婀娜多姿的身材，再一次欣赏她表情丰富的漂亮脸蛋与那顾盼生姿的媚人双眼。

我会去看望方面孔、白皮肤、纯朴聪明、戴近视眼镜的刘闰年；去会一会相貌端庄、面色红润、头发细柔卷曲、性格文静的徐仙玉；去看一眼短小精悍、大眼厚唇、直率泼辣的朱惠芬；去见一见那一对班上的同胞兄妹——沉默寡言的姜豪敏与活泼可爱的姜淑蓉……

当然，还应该见一见坐在我周围的男生：

朴实厚道的团支部书记童日强；任劳任怨的生活委员汪景初；虽有几根少年白的头发而笑容却似孩儿般灿烂的戴学明；中等个儿、俊朗帅气、聪明自信、人称"法家"的郑绍连；性格文静得像个女孩、从不与人争论的姜裕喜；白净的娃娃脸上眼睫毛又黑又长、内向倔强、特立独行的"气功师"龚贤臣；性格随和、终日笑呵呵的何石尧；方正面孔、中等身材、为人仗义的周植生；温文尔雅、英俊潇洒的刘喜臣……

神游母校，寻访丁班同窗，最适宜在自习课的时候，因为只有这时，全班同学会超越男女间的屏障，边做作业边毫无顾忌地、你一言我一语地大声争论："这道几何题该这样证明！""那个应用题该套那个方程式！""这儿该用这个公式！""那里要用那条定律！"

有时也会海阔天空地争论："苏修与美帝串通一气来对付我们怎么办？""什么时候我们能赶超英美？"

当然，偶尔也会渗进一些玩笑及班内外新闻。

每当这种时候，坐在教室最后面的姜文熊与最前边的徐耀武往往遥相呼应、插科打诨、大出风头。

他们俩是一对开心果。两人年龄相同，形象迥异：姜文熊方脸长耳、鼻直口方、相貌堂堂，个头是全班冠军；徐耀武身材瘦小，肤白脸尖，个儿属全班末尾。耀武精灵古怪、伶牙俐齿、言辞犀利；文熊憨头憨脑、幽默风趣。两人偏爱南北呼应，打趣辩嘴。往往是徐耀武挑起争端，姜文熊用"三句半"里末句似的滑稽话引起哄堂大笑。

神游母校，当然少不了要会会当年同届并不同班的学友：

教室门前的走廊，是当年我们同届四个班女生课间时喊喊喳喳的汇聚之地。在那儿我可以看到初中时的同班好友姜翠文、吴子武、严香菊。刚进高中，在教室外见到吴子武、严香菊那娇小玲珑的熟悉身影，能望见姜翠文那亲切可爱的小脸，我心里会感到安定与慰藉。或许她们也有同感。记得写得一手好字的严香菊在上完进高中后的第一堂英语课后，居然兴冲冲地从走廊的东头跑到西头，像报道头等新闻似地大声对我说："你知道吗？英语中的'早上好'就是'古得莫你'（江山话：狗都骂你）！"

就在那走廊上，我逐渐地熟悉了同级不同班的同学——当然主要是女生。好像有条不成文的规矩：即使是同班，一旦走出教室，男生与女生便不交谈。

就在那走廊上，我认识了模样端庄、鼻梁高挺、学业优秀的朱敏敏；认识了脸孔白皙、眼睛乌黑、为人厚道、做事干练的严菊爱；认识了肌肤白净细腻、五官秀美可人、步态摇曳生姿的周媛仙；认识了一双大眼睛灵活又传神的徐香琴；认识了身段适中、五官精致的唐媛；认识了端庄秀美、苗条可人的周陆安；认识了小巧玲珑、眉清目秀的徐毓椒；认识了脸色苍白、衣裤偏短的郭美莲……

在走廊上，我也逐渐地熟悉了当年女生中的"名流"：甲班浓眉大眼、高大魁梧的张鲁凤，身材高挑、五官俊俏的尤秀英；乙班高个儿、大眼睛的刘俊凤，大高个儿、性格豪爽、爱打乒乓的吴仙玉；我们丁班的姚美娟与张桂兰。

大概由于出身等原因，她们几个常亲密地聚在一起，穿行于我们这些大都来自贫困农村、身形相对瘦弱、个子参差不一的江南女孩中。每当这种时候，她们几位那高挑健美的体形、清一色的大长辫、时髦的穿着与流畅的普通话，都给人一种超凡脱俗、鹤立鸡群的感觉。

当然那只是当年的感觉，其实，若是把我们同一届同学比作是母校校园中同一棵桃树上的千百朵桃花，这些花儿当然有骄傲地站在高高的枝头、尽情地舒展着花瓣、充分地开放着的，也有躲在枝杈间、羞涩地打着朵儿的。

年富力强的师长

神游母校故园，我会坐进教室，再一次聆听恩师们的谆谆教诲：

我们的班主任兼语文老师王梅芬，肌肤白净，五官秀美，身材匀称，身姿优美，穿着素朴，气质优雅，看到她就会想起那句"腹有诗书气自华"的古语。她喜怒不形于色，却能令人望而生敬。在她面前，即使班上最调皮的男生也不敢造次。当然令我们敬畏的不仅仅是她严肃的表情，更是她教学中体现出的扎实的语文功底、严谨的教学风格，还有她浑身所散发出来的浓浓的书卷气……忘不了她上课时柔和优美的女中音，忘不了作文课时给我们的"一气呵成"的教导，记得我就是从高中开始养成一个习惯：写作文草稿时，对周围同学的动静视而不见、听而不闻。

我们的代数老师郑鸿友，能把抽象乏味的数学讲得生动有趣，绝不枯燥。他那虽不浑厚却高亢热情、带有浓浓的金华口音的普通话使我印象深刻，以致离别三十年后，在外地当我偶然经过他讲课的教室走廊时，便立即断定那是我多年前的恩师郑先生。

我们的几何教师沈琳敏，讲课时胸有成竹，从容不迫，仿佛他的肚子是个无穷大的宝库，给我们讲课时只是稍微取出一点点。他的口头禅"差之毫厘，失之千里"，从那时开始便刻在了我的脑海里。

物理老师王祖昌，宽脸盘，近视眼，高大魁梧，不苟言笑，但他讲解物理课本上的各种原理时，条分缕析，透彻易懂。忘不了王老师一手提着热水瓶，一手牵着他那有些弱智的小儿子，走在校园的沿河路上那沉重的脚步……

化学老师余志德戴一副近视眼镜，也许由于他的好恶不言于表，直到今天，我还记得他曾经要求我们背熟的化学元素周期表与化学活性序列表。

政治教师姚良能，阔嘴巴，泡泡眼，方正的脸上常年戴副浅色深度近视眼镜。在那政治挂帅的年代，他讲的辩证法、阶级斗争理论在我们心目中简直是绝对真理。

体育老师孔繁瑞，方方的脸孔，黑红粗糙的皮肤，魁梧的身上常年穿一套洗得发白的运动服，说话时声音粗重沙哑。神游母校故园，我会在操场遇到他。正是体育课跳高考试的时候，当我助跑到沙坑前时，出于恐惧，我居然伸手一下拨开了架子上的横杆。就在那一刹那，我瞥见了孔老师那无以名状的复杂表情。我还会在县河桥上遇见他，他仍然像当年一样，伸出弯曲着的手指，一边咚咚地弹着我的头顶，一边几分无奈地慨叹道："你呀你——太不平衡了！"

神游母校故园，进出时总会遇见传达室唯一的工友余其本。他黑脸，圆眼，跛脚，记忆力特好，据说全校几百名学生，无论谁的家长来看子女，只要报出姓名，他立马就能将其引导到确切的教室甚至座位上。你看，此刻他正一瘸一瘸地朝我走来，并将我拉向传达室内室的门框，指着上面的两条刻痕对我说："你看你看，是学校把你养大了！"那两条刻痕，分别记录着我进高中时与离校前的身高。

神游母校，当然忘不了去拜望高大魁伟、气宇轩昂、德高望重而又平易近人的校长刘信善。走进校门，一眼便可以望见石桥南边临河的那两间低矮的小屋。校长一家六口——包括校长的长女、我的同班好友刘闽年就挤住在那两间旧房子里。至今我还清楚地记得那位短发圆脸、善良谦和、朴实无华的刘师母；记得闽年的小妹候平蓬松着一头卷发，穿一件倒背罩衫的可爱模样。刘校长不仅身材高大伟岸为全校之最，他的学识、资历、为人更是全校师生乃至社会的楷模。

再一次梦回母校故园，面对刘校长慈爱的目光，享受着刘师母温煦如春的招待，突然间我忆起教导主任冯发高老师，别看他外表严肃冷峻，其实内心对学生是一副热心肠。他就住在从总务处通往礼堂的天井边上，1963届高中丙班的班主任、我们的政治老师姚良能就住在礼堂后的西角。还有我们丁班的第二任班主任林影、我们那位矮小精干的俄语老师许文龙、我们的数学老师郑鸿友（同时也是甲班的班主任）……几乎我们所有的班主任与任课老师都住在老教室区南沿与东头的那些小房间里。

全校教工，从校长到教师，一天24小时，全都守护在我们身旁，无论我们在学习上、生活上遇到什么问题，近在咫尺的他们都会有求必应、随叫随到！

我突然明白：母校校园之所以会使我们这些离家住校的学生那么温暖心安，正是由于师长们的日夜呵护啊！

呵，母校故园，你是我们成长的摇篮，更是我心灵的故乡！

【作者简介】姜剑涛，原名姜东坑，1963年江山中学高中毕业。1968年7月毕业于浙江师范学院中文系。高级讲师。毕业后曾任中学、中专语文教师。2000年退休。

自制收音机，勇当电子人

马　坤　严樟根

在当今社会，收音机是一种用来接收广播电台信息的普通电子产品，对许多人来说，早已司空见惯，不足为奇。然而在 50 多年前，正是一台普通的电子管收音机将我们带入了电子世界……

兴趣是最好的老师

1961 年秋，我和樟根开始在江山中学读高中了。当时的交流电子管收音机还属于高档家用电器，因为买一台使用交流电的电子管收音机需要普通就业者几个月的工资，所以普通家庭中几乎就没有使用电子管收音机的。

1962 年国庆节后，我们已经进入高二，樟根有一位家住何家山乡王宅岗村的义亲长辈，知道他在校学习成绩很好，就许诺：如果在期末考试中，樟根的语文、数学、物理、化学、政治和外语六科的平均分能达到 90 分，就将一台自己正在使用的直流两电子管收音机奖励给他。在这样的激励下，经过不懈的努力，樟根最终实现了这个目标，自然也就可以把这台收音机收入囊中了。

在 1963 年寒假期间，樟根带上成绩单，邀上在鹿溪初中和江山中学高中的双重好友——我，一起翻过西山岭去领取奖品。在返回的路上，我们认为西山顶地势最高，无线电信号应该最强，就连蹦带跳地爬到那里，打开收音机，试着用人体当接收天线。要知道，这是我们平生第一次动手调试收音机。由于广播声音是从耳机输出的，便出现了你用左耳、我用右耳，一副耳机两人共听的趣事。我们不仅听得津津有味，而且对收音机也爱不释手，足足玩了一个下午还余兴未尽。

整个寒假期间，我们几乎都在摆弄这台神奇的收音机。一连串的疑问在我们心中产生：耳机为什么能发出声音？什么叫音频？电子管是怎样放大信号的？看不见摸不着的电波为什么经过收音机后能发出美妙动听的声音？……就这样，被好奇心所驱使，我们俩自然而然地产生了制作一台交流电子管收音机的想法。

绝知此事要躬行

想拥有一台自己组装的电子管收音机的愿望，使我们开始合作，并结合自己的兴趣特长进行合理分工：一人重点去新华书店查阅资料，买了一些有关制作收音机的无线电杂志和书籍，认真钻研后，重点搞清楚无线电频率、波段、振荡、调谐、检波、滤波、电子管放大器，扬声器和"超外差"等一系列基本概念，用于指导和解决调试收音机时所遇到的所有实际问题。另一位则重点做物资准备和加工制作。用当今的行话来说，就是一个以"钻研软件为主"，一个以"钻研硬件为主"。我们俩配合默契，虽有分工，却也没有明确的界限，相辅相成，共同享受着学习的快乐。

由于父亲是县邮电局的技术工人，我对电话机和广播设备可谓耳濡目染，非常熟悉，加上自身的爱好和勤奋好学，使我拥有比较强的动手能力。钣金加工中，遇上铁板硬不容易手动加工，我就选用市面上用于更换钢精锅底的圆铝片，铝片性软，容易加工，制成的底板也具有足够的强度；如缺少大尺寸的钻头，要加工出安装电子管管座的较大洞孔，我硬是在打好一圈小孔后，再用小圆锉一个个锉出来；早先曾用火烙铁焊接，因火候不宜掌握经常将烙铁头烧红烧死，后来，我借用电烙铁就能熟练掌握了，焊接质量也得到了保证。购买电子元器件、电阻、电容等，我们用的都是节省下来的零用钱，为买一套中频变压器，我一次就花光了春节时父母给的压岁钱。

我们还清楚地记得，最难制作的是电源变压器。必要的漆包线是从汽车站废品堆中捡来的汽车点火器线圈中拆出来的；重要的矽钢片是从废品收购站里用低价购得已烧坏的电源变压器中拆出来的。在绕制过程中，我们曾多次因异常发热及输出端电压偏低而困惑。后来我们分析，并不是因为手艺不好，而是太"教条"了，只知道按书本上的计算公式来设计每伏电压的输出端圈数，书本上的计算公式是不会错的，原因还在于实际运用的物理条件未达到要求。后来在一次偶然摆弄矽钢片时，我们无意中发现它比较软，缺乏弹性。联想到所用矽钢片来源于烧坏的废变压器，在过火过程中遇到高温,此后又自然冷却,这不就是通常所说的"退火"吗? 经"退火"的矽钢片导磁率必然下降，也就引起同一铁芯截面上的磁通量下降，仍使用按正常磁通量计算出的每伏圈数，容易使变压器产生异常发热。原因找到了，补救的方法是适当增加每伏电压的绕制圈数。试验后，果然获得成功，经长时间的通电试验再也没有出现发热的情况，次级输出电压也正常了。

在读懂电路原理和充分理解信号流程的基础上，我们不断地理论联系实际，发现存在的问题，找到解决的方案，积累了经验，增强了信心。在不影响高中课程学习的情况下，经过许多不眠之夜的不懈努力，我们终于从收音机中调试出了播音员声音。此时此刻，只有我们自己才能体会那种成功的喜悦。

到了高三年级后，我们已经制作了交流五灯超外差电子管收音机。在一个晚自修下课后，我们在高三丙班教室里打开了收音机。当收音机里传出了中央人民广播电台金牌播音员夏青、葛兰在"各地人民广播电台联播"节目中的声音时，班上同学们被惊呆了，我们也很激动和自豪。

观千剑而后识器

钻研小小的收音机，大大提高了我们面对实际、适应成长道路上诸多考验的能力。更为重要的是，使我们俩都闯进无尽的电子世界中，选定了人生事业发展的道路与方向，成就了各自的远大理想，勇当电子人。

从学徒工成为工程师的我，曾在浙江省电信工程公司从事技术工作，担任过"杭绍宁工程"全程测试、开通的总负责人，带队完成了"杭福工程"的直埋敷缆工作。1986 年调回江山后，担任了邮电局主管电信的副局长，主持了江山市农村电话网改造、市内自动交换机利旧扩容、建设江山电信大楼、利用西班牙政府贷款引进 S1240 数字程控电话交换机、新建县域移动电话系统（后分划出成立移动通信公司）、负责杭（浙）贵（贵州）成（渝）光纤电缆工程（江山段）路由勘测及局站建设等等重大电信工程，成为江山电信建设史上办成实事最多的一位副局长，后退居二线担任局总工程师，直至退休。

通过自制电子管收音机，樟根对学习无线电专业产生极大兴趣，决心一辈子从事无线电工程专业。高考填写专业志愿，所选的第一批次 10 所重点大学第一专业志愿都是无线电系，而且最终也如愿以偿，被清华大学无线电电子学系录取。本科毕业后，在清华大学从事无线电系的科研和教学工作。在全国恢复研究生培养体制后，于 1979 年考取清华大学电子工程系硕士研究生。毕业后，继续全身心地投身于清华大学电子工程系，一辈子都没有离开电子工程，直至退休。

回眸往事，正如歌德所说的那样，爱好即获得知识的第一步。更重要的是还要锲而不舍、持之以恒地做别人所不能做的事，吃别人所不能吃的苦，才能"不忘初心，方得始终"。

注：本文选自郑明诚主编的"江山中学高中 1964 届乙班同学纪念文集"《追梦人》，选入《江中故事》后有修改。

【作者简介】马坤（1945年12月—2016年1月），1961年至1964年在江山中学读高中。曾在职进修于南京邮电大学，工作于省电信工程公司、省邮电设计院，担任过江山邮电局主管电信的副局长。

严樟根，1964年江山中学高中毕业。1970年清华大学本科毕业留校，任教于清华大学电子系。1982年获清华大学硕士学位。1990年起在清华大学浙江招生组工作八年；1994年调入清华大学校机关，2007年退休，此后被中国科学院大学中关村校区返聘为荣誉研究员五年。

仰止亭的追忆

刘明巨

江山中学，我们在您的怀抱里度过了高中的三年时光，在这里，我们由青涩走向成熟。岁月流逝已 50 多年了，让记忆之舟把我们带回到那令人难忘的高中时代。

筚路蓝缕，玉汝于成

1961 年 8 月 31 日，我们怀揣录取通知书，肩挑箱笼、棉被、衣服、粮食等生活必需品，从江山各地来到江山中学报到入学。

一进校门，首先映入眼帘的是贴在传达室墙上的高一新生名单，正取生 112 名，备取生 10 名。高一分甲、乙两班，我被分在乙班，班主任开始是胡绍文老师，国庆节过后，由王朝林老师接任并兼语文教学，高二开始许惠民老师担任班主任兼语文教学至毕业。在同一天，还有一个班的高一新生在峡口中学报到入学。1962 年下学期开学时，该班并入江山中学，新编为高二丙班。

高中的三年生活令人回味无穷。我们的在校时间是这样安排的：

每天：早操、早自修（读语文、外语隔天轮流，通学生必须赶到），上午四节课（第二节课后课间操）；下午三节课，第四节课外活动可自主支配，或参加体育活动，或上图书室借书，或到阅览室阅读报刊杂志；晚上两节晚自习（通学生必须参加）。每周：一个课时开展班团活动，半天参加校农场生产劳动。周六下午至周日休假一天半，近程住校生返家居多，远程住校生大多每月返家一次，主要是去取粮食和干菜。每学期：期中、期末进行各科目考试。逢耕种或收获季节各放农忙假两周，农村学生回家参加集体生产劳动。每学年：放寒假三周、暑假七周。农村学生假期也参加劳动。为使教育与生产劳动相结合的方针落到实处，学校在离校七八里远的陈家安办有农场。每周每个班级轮流去农场劳动，不论男女，每两人去领一根粗竹竿、一只粪桶，到厕所掏上一满桶大粪，大家抬上肩，一溜长队穿过全城唯一的解放路南北大街，踏上南门外的须江浮桥，再走三里路就到了农场。歇息片刻，就按照劳动委员的分工，开始干农活。平时是松土、除草、施肥。播种或收获季节，像上半年五月，晴天割麦子、挖地，雨天插地瓜秧；下半年秋收时收豆子、挖地瓜、种麦子。豆子、地瓜、麦子抬回学校，由总务处安排用于改善师生伙食。

我们大多是寒门子女，本来就穷，高中三年寒窗又正遇"三年困难时期"，晨诵暮读，食匮衣乏，在寒苦中勤奋读书。那时生活之艰苦是如今子孙辈们难以读懂和想象的。衣着方面，大多朴素，款式陈旧，不乏破旧补缀。食物方面，少数居民户口学生每月有 29 斤大米定量供应，但有时也搭配晒干的地瓜丝或玉米等杂粮。大多数农业户口学生带的大米都不足，只能以地瓜、玉米、麦粉等补充。自己蒸饭，一天 8 分钱菜金。早餐是什锦菜、豆腐乳、萝卜干、霉干菜、腌菜等，中晚餐是青菜、萝卜、土豆、水芹及少量豆制品。每周两次中餐改善伙食，蔬菜里添上几片肉或几片带鱼，那就是我们每周最期待最解馋的"大餐"。回家时如带来干菜，则要去食堂停开一二天菜，省下几分几角钱菜金。用餐就在伙房边的大膳厅，摆放四五十张大方桌。每张大方桌上有一只盛菜陶罐（有木板盖子）和一把木勺、八个粗瓷碗。伙房师傅先把菜分到每桌的陶罐里，每桌八个人轮流"掌勺"把菜平分到碗里，大家就站着吃。住宿方面，教师和学生的宿舍都是年代久远的平房。我们全班男生住的是一个大宿舍，内隔墙只修到两米左右高，西临县河，东边是过道和天井，内置上、下铺双层木板床两排，中间通道仅容二人侧身而过。冬天，西北风从窗户缝和瓦片缝隙及天井上方往里灌。遇到下雪天，上铺同学的被子上覆盖了一层薄薄的雪花，脸盆里的水也都结了薄冰。我们盖的大多是青粗布、蓝土布做被套的旧被子。进入冬季，学校从农村购买一些稻草，每位住校生分三至四束稻草，垫在草席下御寒。出行方面，城区通学（走读）生每天在家、校间步行往返三次六趟。家离学校近的住校生周末往返，家离学校远的住校生每月返家一次，遇上晴天则步行几十里路回家，省下一趟汽车费足够交一周至十天的菜金。家居偏僻山区的同学返校时只能先挑着粮食和干菜步行至汽车停靠站（一般汽车只能通到乡镇所在地）乘车返校。

学为人师，行为世范

　　母校非常重视建设一支高水平的师资队伍。身材魁梧、学识过人、有威严形象实则和蔼可亲、关爱师生的刘信善副校长，德才双馨，颇受师生信赖和尊敬，可以说他是母校的灵魂，是一位优秀的中学校长。在他的领导下，母校逐渐拥有一支德才兼备的师资队伍：学识渊博并擅长教学的教导主任杨怀仁，教导管理经验丰富的副教导主任冯发高，将后勤工作做得周到细致、井井有条的总务主任王麟仁，食堂主任徐扬，语文老师王朝林、许惠民、夏妙根，政治教师姚良能、林影，数学老师沈琳敏、郑鸿友、郑恒鉴、郭守元、郭四维，物理老师王祖昌、陈春华，化学老师李仁、叶根美，俄语教师周儒泉、许文龙、余美玲、徐居正，英语教师毛仲缪，历史教师何英豹，地理教师徐东海，音乐教师濮阳春，体育教师王继昌、孔繁瑞、周碧玉，美术教师徐育材，生物教师方明通、胡绍文，理化实验老师徐仁森……教师队伍阵容整齐，教师群体品德优秀，身正为范，育人言传身教，以自己独具个性的文化气质感染学生；学高为师，教学认真负责，学识丰富，常以自己常满常新的"一桶水"提进教室，让学生"杯中之水"也常满常新，逐渐积累成"整桶水"。江山中学的老师对学子不分门第，皆为桃李。母校这批受人景仰的师长，在风范、学识和人品上，足称楷模。他们对学生的影响，早已超出书本，超出校门……

　　记得当时高考分二类：一类是理工医农类，二类是文史类。那时的高考复习，可不像现在差不多要花高三整整一年的时间，而只有临近毕业的两个月左右时间。当年报考文史类的考生或许都记得吧，当时考试的科目是：作文、文言文、政治、历史、英语，共五科。作文是作为单独一科拿来考试计算成绩的。记得那年的作文题目是写一篇《关于干菜的故事》的读后感，而那一年高三语文读后感练得特别多，当时甲班的语文课代表邵作彦问教语文的许惠民老师说："许老师，读后感已经练了好多次了，难道今年作文会考读后感？"许老师当时回答了一些学习不是为了考试什么的大道理，但当考卷发下来的时候，我们大家都惊呆了，果然，真的是考读后感，多神啊！而当时作文是五科中的一科，其分量有多沉啊！英明的老师为我们跨入大学的校门确确实实立下了不朽的功勋。

当时整个年级十个人考文史科，过去学的一点历史知识到高三时可以说基本上忘到爪哇国去了。可是学校并不因为我们人少不关心我们，而是派来最有高考辅导经验的何英豹老师担任我们的历史辅导老师。说来也怪，当历史高考试卷发到我们眼前的时候，那些试题竟然都是我们何老师辅导过的，这真正令我们大喜过望，惊叹不已！政治题目也是如此，都是冯发高、姚良能老师课堂上上过的，大多是姚老师考前的复习课复习过的。高考成绩公布后，有六个同学被高校文科录取，杭州大学中文系总共只招 100 名新生，江山中学毕业的就有 4 名。

栉风沐雨，薪火相传

2005 年 1 月，我们的母校从县河西路 18 号迁至凝秀中路 2 号。老校区县河中建有仰止亭（俗称八角亭），"仰止"出自《诗经·小雅·车辖》"高山仰止，景行行止"，以表达莘莘学子对崇高德行的敬仰。2007 年春，在热心校友谢招修、刘毅、徐宇宁、黄河清及校老领导祝日光、方岳年等的努力下，由老校长方岳年题写匾额的仰止亭，重建于新校园"杏灵广场"西侧。亭柱上由刘毅撰文、毛嘉仁书丹的楹联"仰慕先贤思齐于志，止观大雅笃学在行"，寓意深长，耐人寻味。

县河顶校区中原文溪书院的柱石——方圆小石墩已陈列在新校区的夕香湖畔，似乎在诉说着"没有规矩，不成方圆"。老教学楼前的憧憬雕塑已移至新校区体育馆前，仿佛揭示母校要培养有理想、勇攀登的学生。

原校区的南区、北区各有一口百年古井，现已将石材井圈安放在新校区艺术大楼南边。井深水清，这深井寓意学无止境，品德清亮。吃水不忘挖井人，教育大家要知道感恩，懂得回报社会。

老江中的雪松已移栽在新校区教学大楼北边，木材坚实，纹理致密，树身高大笔直，侧枝平垂舒展，树形优美、高洁，似乎在告诉大家，要积极向上，不屈不挠，才高品洁。

位于总务处门前的百年金桂，已移到新校区艺术大楼南边。一到秋天，金灿灿的桂花，密密地缀满枝头，散发出阵阵浓郁的馨香，沁人心脾，令人陶醉。母校培养出的三万多名毕业生，遍布神州大地，许多人成为社会各条战线栋梁之才。"桂子月中落，天香云外飘。"这些毕业生像金子一样在各处闪光，像桂花一样在各地飘香。

江山中学——我们的母校，像是一块大磁石吸住了我们的心，使我们的记忆永远萦绕在仰止亭上！"寒窗梦里，犹记经行旧时路。"那校园拴住了我们长达半个多世纪的甜蜜回忆。校园的此时彼地，一事一物，唤起了我们对母校的深深追忆，有那"最留恋的地方"，难忘学子成长的圣地；有那"最难忘的老师"，难忘若涓涓清泉的师恩；有那"最难忘的同学"，难忘情同手足的友谊……

《沙恭达罗》书中有句著名的诗句："你无论走得多么远也不会走出了我的心，黄昏时刻的树影拖得再长也离不开树根。"江山中学是我们一生离不开的成长之根，母校永远留在我们的心中！

【作者简介】刘明巨，1964年江山中学高中毕业。1968年毕业于浙江师范大学物理系。中学高级教师。历任常山县第四中学、江山市第五中学、江山市清湖高级中学高中物理教师。在《物理教师》《中学物理教学》等刊物发表论文十五篇。

与江中两位老校长的邂逅

严樟根

1964 年，我从江山中学高中毕业，当时家在江山市心街 60 号。尽管高中毕业已经 50 多年，我还是非常怀念母校，想念刘信善副校长、祝日光书记，思念我们年级甲、乙、丙三个班级的班主任郭守元、许惠民、夏妙根老师，还有杨怀仁、何英豹、王祖昌、冯发高、姚良能、郑鸿友、郭四维、王继昌、徐居正等老师以及门卫余其本师傅。

1964 年 7 月，我与当年毕业的百余位同学一起到衢州二中（江山县当时还未设考点）参加高考，非常幸运地考取清华大学无线电电子学系。当年的清华大学录取新生约 1600 名，无线电系是规模最大的系，共录取了 6 个班级约 180 名新生，和工程物理系（研究原子能技术）一样，是录取高分新生最集中的两个系。

就读清华大学，身边尽是来自全国各地的学习高手，学习的压力和动力都非常大。天外有天，人外有人，我丝毫不敢懈怠，下定决心努力学习。

第一学期期中考试，数学老师故意出了点难题，班里好几位同学都不及格，这对我们起到了极大的警示作用。我们外语学习的负担也非常重，由于当年的中苏关系渐趋寒冬，我们的第一外语也从高中阶段所学的俄语改为英语。我们需要突击背诵英语单词，经常会在一节课后要熟记近 100 个单词，每月还组织单词默写和测试，一学期后再根据成绩分快、慢班。

我非常努力地学习英语，第二学期被编入英语快班，还担任了课代表。我们的学习任务如此繁重，我一心扑在学习上，以至于影响到了当年与江中母校老师及同学们的书信联系。

到了 1966 年，记得是 6 月 1 日上午，我们还在上"特殊函数"数学课和"理论力学"的专业基础课，晚上就听到中央人民广播电台向全国广播的北京大学的《宋硕、陆平、彭佩云在文化革命中究竟干些什么？》大字报，接着就是"停课闹革命"了。我们这些在校大学生，都身不由己地卷入到"文化大革命"之中。

1977 年邓小平复出，拨乱反正，祖国迎来了"科学的春天"，恢复高考了，中国科学院和各高校也很快重建了研究生培养体制。我们老同学中也有不少人成为研究生，更多的人紧紧抓住一生中的黄金时期，跃马扬鞭，一年到头，起早摸黑，忙忙碌碌，我也因此错过了高中毕业 20 周年的同学聚会。

1990 年，除了肩负日常科学研究和教学任务外，我还担任 1988 级本科生的班主任工作，经所在无线电系推荐，成为清华大学浙江招生工作组一员。在招生组内，我主要承担文秘工作，并负责联系金华、衢州和丽水三地市的重点中学招生工作，母校江山中学赫然在列。

1991 年 4 月，清华大学浙江招生组分阶段、分地市召开招生工作座谈会。座谈会的第一阶段在金华市举行，我的高中母校江山中学也受到邀请。而让我没有想到的是，代表江山中学来赴会的是高中同学王石坛校长。当年他在乙班，我在丙班。他是当年优秀的文科生，考取杭州大学（现浙江大学）中文系。此前，我们虽然也了解彼此的一些情况，但高中毕业后却无缘见面，金华之行，让两位老同学意外见面了。

座谈会期间，王石坛同学约我一起去拜访了老校长刘信善老师。刘校长长期担任江中领导工作。1978 年因工作需要，从江山中学调往浙江师范大学。当时他已退休，正在金华中心医院养病。

刘校长看到二位当年的学子，非常高兴。我们一起叙谈分别 27 年来的许多往事，并合影留念。第二天，我还见到了另外几位江中 1964 届老同学，他们是当年任金华军分区政治部主任的范匡夫、金华中心医院的王朝明、丽水市教委的周晖。在范匡夫组织下，我们再一次看望了刘校长，并留下了珍贵的合影。

刘信善老师是我们十分崇敬的老校长。从 1952 年至 1968 年，刘老师一直担任江山中学副校长（主持工作）。在此期间，江中共考取清华大学 8 人，他们是：吴嘉（1955 级电机系）、刘梦虎（1956 级电机系）、郑天生（1960

级自动控制系）、诸葛耀曾（1960 级土建系）、郑善才（1961 级动力系）、何佩瑶（1962 级土建系）、徐日旺（1963 级无线电系）以及严樟根（1964 级无线电系），其中的 1960 年到 1964 年，连续 5 年有毕业生考取清华大学。

王石坛老师是中学语文高级教师、浙江省学校管理研究会会员。1987年 5 月，还被江山县政府授予"劳动模范"称号。在 1984 年到 1991 年担任江中校长期间，学校教学质量实现跨越式提高，高考升学率名列全省前列，数学、物理、化学等学科竞赛成绩在省内也享有盛名，中学生行为规范在浙闽赣都有一定影响。王校长培养了一支高水平教学团队，这为江中后来的发展打下了良好的基础。1991 年清华大学金华招生座谈会之后，王校长返校认真组织、实施向清华大学推荐高水平考生的工作，并取得了显著成效。

然而，让我万万没有想到的是，这张合影竟然成了我们的最后记忆。1994 年，刘校长因病去世；王校长则于 2004 年——刚刚退休的那一年，因患癌症，医治无效，溘然长逝。

年轻的时候，总以为时间多多，见面机会多多，谁知有些人，一转身从此就无缘再见。就像老同学王石坛，1991 年相聚后不久，听说他就调离江山中学去了江山报社，后来又去了江山市教委。虽然此后的几年里，我年年回到浙江，回到老家，回到母校，但总是来去匆匆。固然心里还惦念着对方，却总错过见面聚首的机会。直到 2004 年，听说王石坛退休了，本来再见面的机会应该增多了，却万万没有想到，他竟然一病不起，我们再也无缘相见。

翻开这张合影，我有时就会产生无限的遐想，如果刘校长和王石坛同学，平时多注意一点保养自己的身体，我们就会有更多的机会聚首，那该有多好！身体是革命的本钱，退休老人健康地活着，比什么都好！每每看到这张合影，我就会联想起臧克家的诗篇《有的人》。回忆是永不褪色的绚烂！刘信善校长、王石坛同学虽然不在了，但他们永远活在我们心中。

【作者简介】严樟根，1964 年江山中学高中毕业。1970 年清华大学本科毕业留校，任教于清华大学电子系。1982 年获清华大学硕士学位。1990 年起在清华大学浙江招生组工作八年；1994 年调入清华大学校机关，2007 年退休，此后被中国科学院大学中关村校区返聘为荣誉研究员五年。

勤工俭学读江中

邵开兴

我家住在江山市凤林镇游溪村的桥头自然村，家庭经济条件比较艰苦。等我念高中时，父母已无力供我上学。为了完成学业，我只能自己想办法解决学费。

砍柴攒足高一学费

1961年，我在峡口中学读高一。那时，学校就在大山脚下，山上柴薪较多，我就想能否上山砍柴挣学费？主意一定，周六我就没回家，约了几个志趣相投的同学，周日一起上山砍柴。

记得第一次上山砍柴，就在学校后面的大山上。山有四五百米高。我们几个一边爬，一边闲谈，不知不觉就到了山顶，但山顶没有可砍的柴，就沿着山岗再向前走一段。"啊，天助我矣！"眼前一片火烧山，小茅柴已被火烧光，一根根大柴薪挺立在那里，可好砍了。

稍加休息，我们就动起手来，不一会就砍够了，我们把柴折成一条条。可没有绳子捆，怎么背下山呢？于是，我们又去找藤条，有藤条的地方比较难爬，路上还有很多刺在那儿等着。等我们找回藤条，不仅衣服撕破了，手上也划出了血，但当时已没有感觉，一心就想把柴捆好，早点背下山。

下山的路步履维艰，每往下一步，肩上的柴就往下一压，一踏一压，一踏一压，渐渐地腰酸背痛，双腿发抖。肩上的柴好像也欺负我似的，越来越重。我歇了几回，好不容易到了山脚。虽然又累又饿，但还是咬紧牙关，坚持到了学校。我背得最多，有124斤，得了2.48元。

此后，我隔周回家一次，不回家的周日就在学校周围的山上砍柴，近的山上砍完了，就到远的地方去砍。一个学期下来，居然挣了 20 多元，基本解决了高一的学费。

伐竹挣够高二学费

1962 年下半年，峡口中学不办高中了，我们班集体转到江山中学，成了高二年级丙班。砍柴是没有指望了，学费只能另想办法。听说我有个表兄在福建崇安砍毛竹，收入不错，趁学校还没放假，我就跟他联系，他满口答应带我去。放假后，我准备了几件衣服和被单，带上大米和咸菜，匆匆忙忙地跟他上路了。

到崇安的大安下车后，我们又走了十多里路，才到达砍毛竹的营地。营地中间是一条小溪，溪旁有几间茅草房，这就是砍竹工的住房。溪沟两面是上千米的高山，隐隐约约看到有一些毛竹被浓密的树木包围着。周围一二十里无人烟，除溪水声、鸟叫声、风吹树叶声外，几乎听不到其他声音，幽静极了。这里的生活也很简单，白天上山砍竹收竹，晚上回房休息。由于互不认识，工人们很少来往，真是"上看一线天，下看一条溪，四周山碧绿，只闻鸟儿声"。

我和表兄二人一间屋，屋内一桌一床，都是就地取材用毛竹做的。床上铺的是破草席和茅草。饭是用毛竹筒蒸的，一人两个毛竹筒。早上蒸好两个毛竹筒的饭，一个早上吃，吃好后，把米洗好放在那里，准备晚上回来吃，另一个中午带到山上吃，菜是自己带去的咸菜。

第二天，天刚发白，我们就起来，吃好早饭，带着柴刀和饭筒上山了。山底的毛竹已被早来的工人砍完，我们只好沿着山路往上爬，说是山路，其实是工人们踩出来的路。我们一直爬到半山腰，才停下来。我看到树林中有几处平地，大的有四五十平方米，小的也有十来平方米，就奇怪地问表兄是怎么一回事。表兄说："这里曾经是方志敏部队的所在地，住着几千名红军战士。由于国民党部队封锁很严，山下的粮食运不进来，红军就自力更生，开荒种粮，解决了粮食问题，打破了国民党部队的封锁。半山腰山体平缓，泥土深厚，石块少，适合开荒种粮，这一块块平地就是当年红军战士开垦出来的。"听了表兄的介绍，我肃然起敬，深深地感觉到红军真是了不起，什么困难都难不倒，也极大地坚定了自己克服困难、通过劳动赚学费的信心。

稍事休息，我俩就在树林中来来往往地砍毛竹。接近中午，吃点冷饭，喝点山水，又继续干活。两点钟左右，表兄说："时间差不多了，准备下山，先把毛竹背到山坳集中起来。"我们把毛竹一根一根地背到一起。砍毛竹不感到累，背毛竹就不一样了，因为毛竹长，山上树木又多又密，背时老是磕磕碰碰。等把毛竹集中好，我已筋疲力尽，不仅衣服撕破了，手上也划出了血，再加上一身汗水，狼狈极了。表兄就比我有经验多了，干好自己的活后，还帮我搞定了几根毛竹。"这么多的毛竹，怎么背下山？"我又问表兄。"傻瓜，这么多的毛竹到天亮你都背不完，顺着山坳滑下去，一个多小时就到山脚了。"他看了我一眼，笑着说。我们就开始把毛竹一根根地往下滑，有些滑得很远，有些滑得很近，有些横在半路下不去，我们就将它们不断地调整后再下滑，有时碰到悬崖峭壁，人下不去，就绕道走或牵着树枝下去。就这样，一个多小时后，毛竹才全部到达山脚。我们把它们一根根地收集起来，背到小溪对岸叠起来。一点数目，我的成绩不小，大小毛竹共 16 根。回到草棚吃好晚饭后，坐在溪旁闲谈了会儿，我们就回房休息，准备迎接明天的工作。

这样大约住了一个月，除雨天和休息外，我共砍了二十六天的毛竹，总计四百多根，结算后有四十六元钱。那拿到钱的高兴劲儿，真是难以用语言描述。高二的学费解决了，自己所受的苦和累也被我抛到了九霄云外。

结算后的第二天，我就出发回家，准备到学校报到。到上饶等车时，还发生了一个小插曲，由于当天没买到回家的火车票，为节约几元钱，晚上我就在火车站过夜。半夜睡着了，钱包被小偷偷走，幸好当时身上只放五六元钱，其他钱和行李放在表兄朋友家里，否则真的是叫天天不应，叫地地不灵。

锯板解决高三学费

1963 年夏天，高二快结束了，高三就要来临，我又开始为学费发愁。这次，砍毛竹的活没有了，只得另找门道。我想到开化有个堂兄在做锯板营生，就把假期想做锯板工的想法写信告诉他，他很快回信答应，我一颗悬着的心才算放下来。

学校一放假，我就到了开化。当时，江山还没有直达开化的客车，我只好坐客车先到常山。到常山后，由于没买到去开化华埠的汽车票，我只好在常山吃完中饭，沿着公路走了 50 里路到华埠。为了省钱，我连晚饭都没吃，饿着肚子，又走了近 20 里路才到达位于青阳乡的堂兄家。这时，已是晚上 7 点多钟。堂兄一家人看到我很高兴，嫂嫂马上就煮面条给我吃，还加了三个鸡蛋，我毫不客气地吃完了。和堂兄闲谈几句后，我就睡下了，这一觉睡到大天亮。

休息了几天，堂兄就开始安排我的工作。锯板工的生活条件比毛竹工人好多了，睡木板床，吃热菜热饭，伙食有荤有素。生活条件是好了一些，但干的活却比上山砍毛竹累多了，特别对我这个新手而言，难度更大。砍毛竹是体力活，砍多砍少可以由自己掌握，累了也可以随时休息。可锯板是个技术活，第一天我就尝到了苦头。当时干活很不得法，只知道用力拉，没一会就手酸、脚抖、眼花、背痛，到了晚上连筷子都拿不稳。第二天，这种感觉愈发加剧。后经师傅指点，掌握了技术要领，才慢慢顺手。锯板也要讲配合，你拉过来，我拉过去，配合不好，锯路歪来歪去，质量不合格也是要挨批的。不仅质量上有要求，数量也有要求，当天工作量完不成，东家就会有意见，有意见了就不再雇你了，你的名声就不好听了，找你干活的人也自然少了。我是堂兄介绍来的，我干得好坏，也影响着堂兄的声誉，所以我硬着头皮也要挺下来，为自己，也为堂兄。

锯了一个多月板，学校快开学了，我准备回家，堂兄给了我四十八元钱，说："这是你一个多月的工钱，拿去读书吧！"我高兴极了，毫不客气地收下，高三的学费又没问题了。

在三年的高中生活中，我通过勤工俭学筹措学费，不仅为父母减轻了负担，也为自己顺利完成高中学业、考入浙江农业大学打下了坚实基础。通过劳动，我既磨练了意志，又养成了吃苦耐劳、踏实肯干的良好作风，也更早地走入了社会，为自己开拓了更为广阔的人生道路。

注：本文原名为《学费是勤奋劳动挣来的》，原载于邵作彦主编的江山中学 1964 届高中同学联谊文集《金桂飘香》，入选《江中故事》后，作者对文章进行了修改。

【作者简介】邵开兴，1964年江山中学高中毕业。1968年12月从浙江农业大学（现浙江大学）农学系毕业后参加工作。曾任开化县城东人民公社党委书记、开化县农业局副局长、开化县科学技术委员会副主任、开化县科学技术协会主席。

是学生，也是校长

——缅怀已故的江山中学校长王石坛

邵作彦

从初中开始，我和石坛就在同一所学校读书。大学毕业以后，我们都从事教育工作。直到 2004 年 8 月他去世，整整四十五年，我们肝胆相照，和衷共济。翻看着以前留下的照片，我仿佛又回到了 58 年前……

同学往事

我们初中都在江一中（现江山二中）就读。1959 年下半年初二第一学期时，他才插到班里来的，本来他应该是上一届的，因家庭经济困难辍学一年后才来插班的。现在只依稀地记得，他少言寡语，礼拜天经常很晚才返校，每次返校都要给学校食堂挑一担柴火来，换点钱作为一周的生活费。

在江山中学念高中时，我在甲班，他在乙班，平时接触不多，但他的班主任许惠民老师也是我们班的语文老师，而我是当时班里的语文课代表，与许老师的接触也比较多。在我的感觉中,石坛是深得许老师信任的好学生，成绩很好，威信很高，班里很多重要事情许老师都会交给他去办，而且他都能做得很好，让老师很满意。

1964 年进入杭州大学（今浙江大学）中文系后，我们都在一年级 2 班，同班的还有原江山中学 1964 届高中丙班的蔡正善同学。在选举班干部时，德才兼备的石坛被推为团支部副书记。在这个位置上，他确实为我们同学做了不少事。

大学期间，除在一起勤奋学习外，星期天逛西湖往往是我们这些不名一文的穷学生的首选。最激动的一次是拍荷花。有一天，我们一起去逛西湖，石坛不知从什么地方借到一架照相机，到了苏堤，见了一朵盛开的粉红色荷花旁边挺立着一枝含苞待放的花蕾，他连裤脚也顾不上卷，就跨入水中，对着这一对花儿拍了又拍。他太激动了！要知道，当时的胶卷，对于我们穷学生来说，是很昂贵的。拍完后，半截裤脚浸在湖水中，他还一迭连声地自言自语："太美了！太美了！"完完全全痴迷了。

那最浪漫的一次是寻找盖叫天生前就修好的墓。在雨雾迷茫的春天，我和石坛各撑了一把雨伞，步行在淅淅沥沥、飘飘洒洒的春雨中，边说边笑，穿梭在刘庄附近一带的村庄、田垄、山坡间。虽说最终还是没有找到盖叫天的生墓，但我们都很满足。那人间天堂春雨中漫游的情景，至今记忆犹新。

而最奢侈的一次是湖边吃山核桃。我们江山的三位同学，来到西湖边的六公园，买了3毛4分钱一斤的山核桃，坐在湖边的石凳上，一边漫不经心地剥山核桃吃，一边欣赏浩渺辽阔的湖光山色，那开心，那快乐，简直无以言表。

行家里手

1984年，石坛担任江山中学校长之后，学校的确发生了翻天覆地的变化，只要回顾江山中学的历史，就会发现，与以往已不可同日而语。

作为衢州市高中语文教研员，我了解得更多的是，他还是一位业务精湛的高中语文老师。虽然担任江山中学这样一所重点中学的校长，他从来没有离开过教学第一线，始终任教高中一个班的语文。1986年底，衢州市中学语文教学研究会成立，我们都是首届中语会常务理事，同时也是衢州市首批浙江省中学语文教学研究会会员。

可能大家并不知道，石坛还是浙江省义务教育初中第六册语文课本和浙江省初中应用文选修课教材的编撰者。编写浙江省义务教育初中第六册语文课本是我从省里接收来的任务。这是课本，非同一般，是全省初中师生要天天使用的，所以对编写教师的要求很高。经过对全市1500多位语文教师的筛选，我最终确定了五个人：当时全市仅有的一位语文特级教师——王朝林老师，加上石坛和我等四位中学高级教师。在编写时，每次他都能提出一些深思熟虑的独到见解。我们的合作很愉快，也很成功，课本由浙江教育出版社出版之后，一直在全省初中三年级使用。

我们两个人还合作编写了全省使用的初中应用文选修课教材。当时我从省里争取到这个任务，时间很紧，我一个人根本来不及，而且也需要有人商量讨论，于是我就邀请他一起参加。暑假他的夫人带着孩子回娘家去了，我就住在他家里，一起写作一起讨论，他还为我们俩做饭，至今我还记得他为我们煮的鹅肉的美味。初稿写出后，省里也很重视，从人民教育出版社调来以前我省教研室的资深教研员、省语文教学第一号专家张传宗老先生逐字逐句推敲斟酌。该书出版后，一直供全省初中语文教学使用。

深情厚谊

大学毕业以后，石坛分配在江山，我到了遂昌，同样从事中学教育工作。此后他做了江山中学的校长，我调离遂昌，进了衢州市教委教研室。

调到衢州后，我们第一次见面，他慢条斯理地对我说："调回来也不和我打个招呼，你明年到江山中学来，我还可以给你留一套房子。"话虽说得平声静气，但斩钉截铁，着实令我很感动。那是 1986 年，到处房子都很紧张，许多人只想着为自己争房子，还有谁会为了别人如此慷慨大度呢？他能那么说，可见他对于我的高度了解和信任。虽说他的一片真诚冰心可鉴，但终因我的爱人是遂昌人，我们若回了江山，她回娘家要转车，很麻烦，所以我没有回到江山中学去。

我们在工作上相互理解、相互支持，在生活上相互帮助、相互关心。记得两个小孩读大学期间，我手头比较拮据，为解燃眉之急，要利用星期天运一车江山糯米酒原汁到开化销售，以补贴家用。有个冬天的星期六，我从衢州来到江山，晚上就住在他家里，恰逢连夜大雪，第二天早上他对我说："今天就不要去了吧，公路冰冻，而且都在山底溪边，万一车一滑……"经他这一说，我好像这才听见了凛冽北风的呼啸和看见了漫天飞舞的雪花，那瓦檐挂下的冰凌也在第一缕晨光中闪闪发着寒光，我真的开始犹豫起来。不过，因为时近春节放假，时间紧迫，我虽然没有听从他的劝告，还是不顾一切地去了，但他的话提高了我在行车途中的警惕性，从他的简单话语中，我还是体会到殷殷之情所蕴含的缕缕暖意。

2004 年的春天，我们大学的同学在杭州举行了一次班级同学会。此时，原来郁结在心中的"文革"时期同学间的恩恩怨怨，早已被他抛到九霄云外。

他觉得：全班每个同学都是自己的兄弟姐妹。他携夫人与会，还给每一位同学送了江山的名茶绿牡丹茶叶。

在游西湖的时候，我和他还有蔡正善一起，在新建的雷峰塔下合影留念，照片中的我们都喜笑颜开。自 1964 年进大学，整整四十年了。现在时逢盛世，事业有成，家庭美满，生活幸福，我们的笑容宛如西湖的春天一样灿烂。于是，我在照片背面题了一首题为《杭州同学会》的诗："风雨同舟四十年，投身教育写诗篇。雷峰塔下留个影，笑容西湖共春天。"

想不到这题着"甲申年春"的照片竟然是我们的最后一次合影。

历史是不能忘却的！让我们在沧桑变化中永远记住：江山中学曾有那么一位朴实无华的学生，那么一位忠诚、踏实、肯干的校长。不要忘却他——王石坛！

【作者简介】邵作彦，1964年江山中学高中毕业。中学语文高级教师。曾任浙江省教育学会中学语文教学分会常务理事，衢州市中学语文教学研究会会长，衢州市教育局教研室高中语文教研员、工会主席等职。至今已在省级、国家级报刊发表文章并出版著作共350余万言。

结

郑明诚

2012 年 10 月的江山中学 1964 届高中乙班同学联谊会结束了，我的心情却难以平静。我忘记了一件非常重要的私事：想借此机会寻找一位同学。这只是举手之劳，而我竟然把它忘了！他不在我的朋友圈里，我平时很少与他讲话，更谈不上交心，甚至都没记住他的名字，但他是我的恩人。他的恩德令我铭心刻骨，难以释怀。时间可以令友情褪色，而恩德却在心中日渐醇厚。

永生难忘的恩德

我们是 1961 年上的高中，那些年中国正遭遇严重的饥馑，我们一家人都在贫病和饥饿中挣扎。我的父亲因为长期吃米糠而经常腹痛，从嘴中吐出大把大把的蛔虫。母亲因为吃树根拉不出大便，便桶中总是漂浮着鲜红的血。而我正在读初中，是走读的，每日往返四趟，不时因饥饿而瘫软在路上。严重的营养不良使我发育迟缓，初中毕业时我身高只有一米四七。正是在这个背景下，我的这位同学出现在我的眼前。他时不时地省出口粮接济我，令我少受饥馁之苦，而他却从没说为什么。是的，每次他总是默默地走到我的身边，从饭盒中分出一块，轻轻地放在我的饭盒里。呵，那是一块用麦粉蒸的糕，是我最爱吃的。他的动作是那样的自然，表情是那样的平淡。显然，他根本没有经过思考，也没认为是一件太大的事情，只是凭本能这样做。而我，好像也没太当回事，从来也没感谢过他。一切都是那么自然、那么单纯、那么质朴。

这样的日子延续了几个星期，也许只是几天？总之，他突然从我的眼前彻底地消失了。有关他的所有信息都从我的记忆里清零。奇怪的是，这件事竟然没有在我的心底激起一丝丝涟漪，仿佛一切都没有发生过。

弹指之间，高中三年溜过去了。此后是上大学、参加工作、退休。五十二载，青春岁月、富盛年华，纷纷从匆匆的脚步中悄悄滑过，消失得无影无踪……

云开雾散的解谜

这段短文写好已经有半年时间了，但是我的心绪却依然很难平静，仍然不时在心中探寻谜底。我仿佛记得，他的名字中有一个"善"字。我反复查阅了同学名录，关注那些中途辍学的同学，却始终不见有带"善"的名字。我绝望了，难道这个故事真的是我饿昏了头，生出来的幻觉吗？抑或真的只是我做的一个白日梦？半个世纪太久远了，少年时代的那些故事偶尔浮上心头，常常恍如隔世，惘然不知所措。我的精神世界不时在现实与虚幻中交错。这个"结"是无解了，我想。

前几天，我在陈孝先同学的回忆录《艰难的求学之路》中看到这样一段话："在这里还要提一下鲁元善同学，记得有一次他把已发霉的馒头放在窗台上晒，同学们戏称他在做酱。在那食物奇缺的年代，何以如此？我自忖，这几只馒头他应该是买好准备带回家给父母弟妹分享，不料保管不当发霉了，但又舍不得扔，因此晾在窗台，被同学们嘲笑起哄。我虽也在其中，但内心是在滴血，不知他是否记恨我们。他未坚持到毕业就辍学了。20世纪70年代末，在江山到贺村的公路上我们偶然相遇，他拉着一手拉车，车上是一些钢筋，穿着一双破得像草鞋的解放鞋，微笑中露出又黑又黄的牙齿，并拿出香烟招待我。分别十多年，两人偶然相遇，分外惊喜。面对着十多年前的同学，我的心发酸，这不就是《故乡》里的闰土吗？而今不知他还康健否。"孝先同学的这段话，如同晴天霹雳重重击在我的心头，突然激活了我的记忆，我猛然顿悟：令我郁结于心长达半个世纪的那个同学不就是鲁元善吗？

鲁元善同学，你活得还好吗？你终于能给我一个感谢你的机会了吗？你终于肯帮我搬去压在我心头半个世纪的这方巨石了吗？

抱憾终身的寻访

2013 年 5 月 15 日上午，我约了刘明巨、崔东仙、马坤三位同学，驱车到贺村镇渡船头村去寻访这位曾经有恩于我的同学。

在村口，一位兄弟为我们指引了去他家的路。我依稀看到，他家是一座很漂亮的三层楼房，暗暗为他庆幸。拐弯抹角走到路口，我们又求教一位老者，他踟蹰良久，说："你们找他有什么事？他过世好几年了！是 2008 年走的。"

听闻此言，我心惊不已，差点晕过去，无声地扶住一棵皂荚树，暗自在心中哭泣。我不知道究竟是为他，还是为自己。

渡船头村环境十分优美。元善家背枕大河，面向小溪，是村里最美丽的房舍之一。他的妻子在宽敞的大厅里招待了我们，一再挽留我们吃中饭。她说，元善很聪明，很能干，又勤劳，又善良，只是太老实；在小河的对面，有他们早年建造的一幢两层楼，现在是二儿子住着——二儿子在江山水泥厂工作，谈着对象，只是还没有结婚；这幢三层楼也是夫妻两人亲手所建，在这幢楼快要结顶的时候，元善病就很重了，在杭州查出来是脑癌，但是元善拒绝治疗，不久去世，所以这幢楼他一天也没有住过，现在归大儿子所有；元善走前曾亲眼看着女儿举行婚礼，只是已经不能讲话，女儿、女婿很孝顺，夫妻俩跪在父母膝前拜别，女儿很能干，婚后去新加坡做事了，虽然不在眼前，但她是放心的……

元善的妻子是一位很能干的女子，帮他打理家事，方有今日的家境。这是元善的福气，他在另一个世界也可以放心了。我们默默地听着她细细叙说这些凄婉而又忧伤的故事，心中充满了惆怅和感慨，实在不忍心离去。但终究还是艰难地与她道别，踏上了归途。

鲁元善同学啊，你终究还是躲着我，不肯接受我的道谢！对你来说，也许是善良的本性，但对我而言，实在是太残忍了。

【作者简介】郑明诚，1964 年江山中学高中毕业。1969 年从西安交通大学毕业后，被分配到江西省计划经济委员会。1987 年调回江山中学工作，历任校党支部副书记、校工会主席。

风雨人生

——怀念刘信善校长

范匡夫

今年是母校江山中学建校八十周年，江中来的老师嘱我写个东西，我首先想到刘信善校长。

我是 1961 年秋进入江中高中部的。初识刘校长，一眼望去，南人北相，国字脸庞，肩宽腰厚，身穿一件浅蓝的斜纹中山装，左胸袋里插着一支钢笔，脚蹬一双布鞋，一副南下干部模样。下课了，同学们急急往膳厅赶，他提着个小竹篮去食堂取自己蒸的饭。高高的石桥没有护栏，桥下是县河，他总是走在桥边上，让我们走中间。三年时光，没听他大声说过话，更没看到他有过大幅度的肢体语言，即便是走过我们身旁，也是静无声息。师母老王和孩子，也都静静地湮没在普通人群中。

1964 年夏天，我们发到了文凭，看着上面那秀丽的宋体毛笔字，才知叫了三年的校长，原来还是个"副"的，好多年间我们都有点惊奇。这些年，因为有时间，也方便，我稍多地了解了老校长。

一

刘信善同志 1924 年出生，浙江衢县峡口乡上庄桥头村人。在大学里，受进步同学的引导，读了一些传播马列主义的书，开始向往光明。1948 年 10 月，经林维雁介绍，加入了中国共产党。几天后是个星期日，在衢县县城童家巷 15 号、他妻舅王多祥家里，举行了"中国共产党闽浙赣边区党委福州城工部衢州支部"成立会议。会上传达，经上级批准，江文焕任党支部书记，林维雁为副书记，刘信善为副组织委员，兼任组织武装委员会副主任。

考虑到刘信善所在的雨农中学是戴笠儿子戴藏宜所办，里边藏有一批枪支，会议决定，江文焕从江山带个游击分队过来，由刘信善配合，夺取这些枪支。会后经侦察，刘信善画出了枪支藏地的平面图交给林维雁。地下党缺乏经费，他又从家里拿出一只金戒指交给支部。

就在刘信善天天盼着游击队到来的时候，国民党派往衢州邮电局的特务刘峰，在邮检中发现了衢县县中教员林维雁寄给妹妹的一封信，信中写有国民党就要崩溃、鼓动妹妹积极投入解放斗争的内容，由此认定了林维雁是共产党员。1949 年 1 月 23 日，特务们奉令密捕林维雁。这天正好林维雁和江文焕接头，一男一女走在路上，捕了女的不捕男的，就无法保密，待两人上到衢州城西安门外的渡船上，特务们密捕了他们。随后，在江文焕所带的一只网篮里，搜出了传单及一本《联共（布）党史简明教程》，书里夹有刘信善等七个支部委员的名单。这样，全支部成员的身份都暴露了。敌人软硬兼施，诱逼江、林供出上级组织，但两人都坚贞不屈。

3 月 16 日晚，特务们带着宪兵，头戴钢盔，开着卡车，卡车驾驶室顶架着机枪，前往城关各点搜捕中共衢州中心支部另 5 名支委，当晚捕去了在城里的李子珍、王多祥、郑南轩、高寿华 4 人。原本要去抓捕刘信善的，之所以没去，据后来被抓的特务交代，是考虑到雨农中学在农村，路途较远，另外，该校是为纪念特务头子戴笠而创办的，校董是胡宗南、汤恩伯等大人物，第二天又要举行戴笠飞机坠亡三周年纪念活动，有些受邀的客人已来了，晚上不便多扰，而且主管军统特务工作的绥靖公署也在受邀之列，这样，他们就打算趁第二天参加纪念活动时，逮走刘信善。

做地下工作，生死胜负，有时就在敌我的一念一闪间。就是这一改变，无意间为刘信善脱捕挪出了一个机会。

原来，就在 1949 年 3 月 16 日国民党特务对李子珍、王多祥等 4 人实施抓捕的前一天，即 3 月 15 日，雨农中学教务主任周仁贵等去常山县聘请一个叫毛志云的教师，刘信善恰好曾是毛志云的同学，便把刘也叫上了。当晚在毛志云家里，周仁贵喝得烂醉如泥，躺倒在地上，刘信善去扶他上床，他大声叫嚷"你是共产党，我是国民党，你不要管我"，一连说了几遍。刘信善一边镇静地劝他"不要说酒话"，一边想，这到底是酒话还是他真知道什么情况了？第二天刘信善又去问周仁贵，再三询问，周仁贵说是前几天随戴藏宜请客吃饭时，听衢州绥靖二处（情报处）处长王震说的。刘信善感到情况严重，一种巨大的危险在逼近。从周仁贵处出来，转道找到在雨农中学读书的小姨子叶盖钊（因童年婚配改姓叶），叫她回家告诉她哥王多祥，赶快组织同志们撤离。刘信善深知，只要别的同志没有隐蔽下来，他就不能逃离雨农中学，而对他来说，从现在开始，每分每秒，都是千钧一发的生死关头。这一夜，他眼也没合一下，时刻注意着外面的灯光和动静，同时也决定，明早借买菜的名义，去和王多祥他们面商对策。第二天上午，当特务们身着便装来到雨农中学时，刘信善早就和工友王培兴去城里买菜了。他先到王多祥家里，这时王多祥的母亲，也就是刘的岳母，正站在门口，一见刘信善，就挥挥手说："快跑！快跑！昨晚盖钊还没到家，多祥就被抓走了。"情况真是瞬息万变啊！敌人先下手了。他安慰了岳母几句，转头向北而去，一口气疾走了四十多里，来到一个叫叶村的地方，在亲戚家歇了一夜。第二天，又走了三十里，到了位于大山深处的庙前乡金光村，在一个赖姓的表兄家里一边隐藏，一边打探情况，寻找组织。他曾装作农夫干活到大路边观察动向，假装买菜去浏览报纸，但都没有得到什么重要信息。他哪里知道，就在1949年4月中旬的一天深夜，经汤恩伯批示，中共衢州支部6人，被押往衢州郊区乱刀捅戳后活埋了。此时此刻，人民解放军百万大军已展开在千里长江北岸的活动，就在天要放亮的时刻，他的战友们倒在了一片血泊之中，牺牲在一个血色黎明时分。

二

1949年5月6日，人民解放军第16军47师解放了衢州，当天成立了由16军政治部主任吴实为主任的军管会。刘信善听到消息，非常高兴，立即离开表兄家，赶到衢州军管会报到。组织上了解情况后，先是安排他到衢县县政府做秘书，后送他到省党校学习了4个月。1950年2月后，他先后担任龙游县城关区区长、湖镇区区长，衢州地委土改工作队队长……正当他意气风发地投身工作时，一个新的情况出现了：就在解放前夕，中国共产党闽浙赣边党委负责人切断了与所属衢州支部的组织关系，这样，刘信善的党员身份的认可就缺了依据，被停止了党籍。1951年9月，刘信善从衢州地委土改队队长任上调到衢州中学做政治教师，转年 7 月调江山中学任副校长。

本来，刘信善一直以为自己还是党员，去军管会填写的登记表上写的也是党员。他还庆幸，自己一路走来无被捕、被俘、脱党、脱队等复杂情况，个人历史清楚明了。现在却失去党籍，也不知什么原因，心里一下蒙了。那时候刚刚解放，人民衷心爱戴共产党，党员身份如同金字招牌，"政治生命"的重要性重过肉身。在刘信善看来，这更是一种真实的信仰。刘信善当初参加革命，加入共产党，不是因为穷、因为苦大仇深、因为走投无路。刘信善入党时，他家是个殷实之家，有田地 50 亩，还经营个做蜡的小作坊；他自己在上海国立暨南大学数学系以良好成绩毕业。仗赖家庭，他可以过衣食满足的生活；凭靠自己，他已在 3 个月前谋得一个教师岗位。而且他入党时，国民党又一次在国统区掀起了反共高潮，尤其在衢州地区，由军统特务头子之一、浙江省警保处处长毛森兼任衢州绥靖公署第二处处长，一片白色恐怖。这时的信仰选择，就是生命的抉择啊！如果为私利，为个人安危，刘信善完全可以过安逸的生活，可是，他却义无反顾地选择了革命之路、艰辛之路。想到这些，刘信善真觉委屈。更难过的，一个支部的另 6 名成员全部牺牲了，不但无人能证明自己清白，还黄泥巴沾到裤裆里，有理说不清。

党组织关心刘信善遇到的问题，及时告诉他，这不是你一个人的事，而是整个闽浙赣边区地下党遇到的事，中央也很重视。几年后他才知道，这是因为解放前夕，闽浙赣省委在缺乏足够证据情况下，作出了城工部已被国民党控制的判断，停止了原城工部系统全体党员的党籍。

这次谈话，使刘信善心里舒缓了不少。他过去没有想到会失去党籍，现在他想，既然失去了，更要相信党。只是这种客观情况，别人是不知道的，有的还以为是他个人历史有问题；土改时评成分，刘信善家里评了地主，又有人以为是成分问题。在江山中学，虽然是个副校长，却没资格参加党支部活动。这些无形中给了刘信善不小的压力，导致他平时说话做事，处处小心谨慎，生活也较清苦。好在刘信善毕竟曾是老党员，党籍停止了，党员的思想和胸襟还在，事发后不久他也想通了：真正的革命同志应该无条件地接受党随时随地的审查。想想当年同支部的战友都牺牲了，唯自己是个幸存者，和他们比，自己还有什么可抱怨的呢？

1956 年，中共中央经过调查，发文为福建城工部事件平反，肯定了闽浙赣边区地下党是党的组织。本来，随之刘信善的党籍也就恢复了，但是，当年王多祥等四人的被捕到底与刘信善有没有关系的问题，还在调查中。刘信善为配合调查，根据县委要求，1957 年 8 月 27 日，又写了一份详细的汇报材料。这份已暗黄沉渍的材料共 8 页，5000 多字，题头本应是"我的汇报"，刘信善却写为"我的交代"，可见他态度的真诚和这件事给他的压力。材料除了再一次汇报自己所知的情况，还提供了找谁核实，当年的敌我双方人员在哪里等。1957 年 10 月 23 日，经过细致的调查取证甄别，中共江山县委向金华地委上报了"关于刘信善同志政治历史问题审查结论"的报告，报告附了一份刘信善本人的汇报材料、18 份调查所得的证明材料。报告在介绍了情况、阐述了理由后写道："据此，县委研究认为刘信善同志政治历史已审查清楚。在闽浙赣地下党没有自首失节行为，王多祥、李子珍、高寿华、郑南轩被捕与刘信善无关。根据中央关于处理闽浙赣地下党规定给予该同志恢复党籍。"1958 年 7 月 31 日，中共金华地委批复："同意中共江山县委员会 1957 年 10 月 23 日对刘信善同志政治历史问题的审查结论。"

终于又回到党的怀抱，历经曲折，刘信善更怀一颗赤子之心，没有埋怨，没有过度兴奋。多年以后，当初的江山县委书记、后来的金华行署专员陶键同志找他谈话，一见面握着他的手说："这么多年委屈你了。"他才热泪盈眶。

三

刘信善一生坎坷曲折，但无论顺境逆境，他都持守正道，诚恳朴实，关爱师生，不愧是敦厚长者、真诚师长。多年不见，我们真的也很记挂他。

1990 年秋，我从济南调回金华工作。随后听说老校长也在金华安家休息，心里很高兴。不久，正好北京的龚达才等同学过来，还有在金华的学兄毛华岳、毛继书、蔡献国等都想见见他。那天中午，老校长如约来了，还是一件深色的中山装，一双布鞋，一脸含蓄的笑容和阅尽沧桑的宽厚。那时我们分区招待所还是一个三进的旧宅院，阳光穿过淡淡的云雾照射过来，给人一种苍茫的感觉，勾起一层怀旧的情结。我们几个都是离开江中后没见过老校长，一晃，近 30 载岁月就在不经意间流淌过去了。此刻重聚一起，仿佛又回到当年，想说的很多，但我们都笑盈盈地望着老校长，期望他多说说，他却静静地微笑着，要大家一起说，随意地交谈。整个席间，老校长始终温和又平静。照理他该有很多话要说的，因为，本来，党籍恢复后，政治上思想上没有压力了；工作上他埋头抓教学，在他的带领和大家的努力下，江山中学的教学质量跃上了一个新台阶；家里边妻子善良，子女听话，全家弥散着自然的温爱。但不久"文革"开始了，先是被批斗游街，挨过武力，后被列为专政对象，再后到"五七干校"劳动。但他却没有提起这些，所有的屈辱都因他宽大的胸怀，像岁月一样消散了。

1978 年 8 月，刘信善调离江山，到浙江师范学院金华分校任副书记兼副校长（副县级）。在浙师大 7 年，学校评价他"工作以身作则，任劳任怨，责任心事业心强，坚持原则，团结同志，顾全大局"。1985 年 6 月，刘信善离职休养，政治、生活待遇享受厅局（地专）级。

坎坷一生，幸福的翅膀这才打开。但真是命途难测，1991 年 9 月体检发现他大便有阴血，胃镜后确定是胃癌。那几天，他忧伤地望着老伴，喃喃地说："这一生，命运怎么都跟我作对呢？"他深知发现癌症就不能拖延，很快就决定去上海海军 411 医院手术，大女儿刘闽年接到电话后立马从杭州赶到金华陪他赴沪就医。打开肚子，见肿瘤已明显扩散，硬邦邦如一块拳头大的鹅卵石，与四周粘连紧密，无法切除，又原封不动缝上。家人为稳定他的情绪，只得跟他说已清理切除。此后他心情不错。这年深秋，又有外地的同学来，我们又聚了一次。听说得病后他很喜欢看书，我向他讨教看些什么书，他说名人传记、历史，作为物理老师，也很喜欢爱因斯坦文集。他说读了爱因斯坦的名文《我的世界观》，很欣赏他关于"人为什么活着"以及"怎么对待生死"的观点，给他抗癌也增加了力量。看得出，癌症使他获得了平时难以获得的人生体验，他已从得癌最初的慌乱和烦恼中镇定下来，在更高的层次上思考生命的意义和人生的价值了。我们都祝福他心情愉快，早日康复，好好活，慢慢老。

1993 年春，老校长又住进了省中医院。在病痛的折磨中，他头发脱了，人瘦了，意志仍十分顽强。主管医生周维顺是江山中学 1965 届高中毕业生，给予他热情关照，精心治疗。不少老同事、老朋友、学生去看他，使他精神上得到很大的安慰。这天，天寒地冻，老同事傅春龄又来看他，他很高兴，孤寂中他觉得没有比生活在友谊之中更美好的事情。他说："你多陪我坐一些时间。"他表示，如果能有好转，他要去衢州再次祭拜当年地下党的战友。临别，他眼巴巴地看着傅春龄，嘱他："下次再来，再来哟！"不料，第三天，当傅春龄"再来"时，同屋的病友说，老刘昨晚走了。那是 1994 年 1 月 19 日。

刘信善走了。他良好的人格魅力与坎坷曲折命运的反差，令人感慨，使人们更加怀念他。匆匆一生中，他真没过上几年好日子。长的是磨难，短的是人生。但是在一生艰难曲折的行程里，他坚守信念，献身理想，以个人利益服从党的利益，忠诚踏实，任劳任怨，胸怀开阔，不谋私利，不搞特殊化，不向党讨价还价，不计较个人得失，对党贡献多，向党索取少。长期受到审查，始终正确对待；从区长到老师，择一事终一生，兢兢业业，慎终如始；在江山中学以副顶正二十多年，无我无争，无怨无悔。刘信善甘于寂寞和清贫，一辈子过着简单的生活，没有架子，没有优越感，没有享受一丝尊贵。他的一生，真正是对党和人民只图贡献没图回报的一生。他拼不过岁月，留下了精神。

注：本文得到江山中学 1962 届高中校友毛华岳、江山中学 1964 届高中校友蔡献国、刘信善校长长女刘闽年（江山中学 1963 届高中校友）、刘信善校长儿子刘持平（江山中学 1968 届初中校友）、江山中学 1992 届高中校友王灵文的大力支持。

【作者简介】范匡夫，1964 年江山中学高中毕业。曾任浙江省军区副政委。少将。浙江省作家协会会员。2001 年 7 月被中央组织部授予"全国优秀党务工作者"。2009 年被评为"100 位新中国成立后为国防和军队建设做出重大贡献、具有重大影响的先进模范人物"。

金桂飘香

龚达才

1995 年 4 月 14 日，邮电部发行《桂花》特种邮票一套 4 枚，图名分别为"金桂""银桂""丹桂"和"四季桂"。1995 年 9 月 14 日，邮电部还发行《国际邮票、钱币博览会北京》纪念邮票小全张 1 枚，小全张内含 4 枚《桂花》邮票图案，小全张邮票分有齿和无齿两类。这些桂花邮票，已经成为广大集邮者的最爱。

桂花是中国传统十大名花之一。据记载，我国种植桂花的历史，已有 2500 多年。《山海经》中曾提到招摇之山多桂。屈原《九歌》中有"援北斗兮酌桂浆"，"辛夷车兮结桂旗"。《吕氏春秋》中盛赞："物之美者，招摇之桂。"陕西汉中城东南现存汉桂一株，相传为汉高祖刘邦臣下萧何所栽。唐代小说中吴刚伐桂的故事，更是在民间广泛流传。唐代宋之问在《灵隐寺》中称"桂子月中落，天香云外飘"。李白在《咏桂》中也有"安知南山桂，绿叶垂芳根"。清代曹雪芹在《红楼梦》第九回中提到"蟾宫折桂"，比喻科举时代应考得中、金榜题名。当代伟人毛泽东在《蝶恋花·答李淑一》中，也有"问讯吴刚何所有，吴刚捧出桂花酒"这样的壮丽词句。

2014 年，是我的母校浙江省江山中学 1964 届高中学生毕业 50 周年。为此我们决定举行一次联谊座谈，编纂一部纪念文集，并向全年级发了征稿通知。征文的主题是："回忆逝去岁月，提高感恩意识，增进同学友谊，丰富晚年生活。"纪念文集收录文章 100 余篇，共计 46 万字。这部文集既是 1964 届同学多彩人生的一个缩影，也是母校师生追逐梦想的真实写照。

给纪念文集起个什么样的名字好呢？老同学们作了反复推敲。当时我想到了《桂花》特种邮票，还仿佛记起当年高中入学时曾见过桂花树。于是便建议将书名定为《金桂飘香》，得到大家的一致赞同。"金桂飘香"象征收获季节，是个双关语，既含有时令的意思，也可代表七旬的我辈。金桂即是同学，同学即是金桂。"金桂"二字突出了金色晚年。这册纪念文集的基调，应该是金色的，而不是灰色的。因此纪念文集取名《金桂飘香》，也是非常贴切的。

《金桂飘香》书名确定之后，我浮想联翩。一是联想到我写的序言《梦中的好家园》中，需要呼应书名，于是便和主编商议，加入这样一段文字："这部纪念文集，就像一棵扎根于江中校园的枝繁叶茂的金桂树，文集中所包含的46万余言的精彩文字，则犹如母校几十位师生共同浇灌而绽放于该树枝头、香飘天地间的金色花朵。"二是由序言中虚拟的桂花树，联想到江山中学校园中实体的桂花树。于是便打开电脑进行搜寻，从刘明巨同学执笔的《仰止亭的追忆》中，查到"总务室前的桂花树"一句。次日又分别给作彦、四根、明巨发短信，请他们一起帮助回忆母校校园中的桂花树。后来从网上查到三张照片，不仅证实母校确有桂花树，而且还是一棵历经沧桑的、与校同庚的百年桂花树，现已移栽江中新校址，作彦已将这三张珍贵的桂花树照片编入书中。

2014年10月22日上午，江山中学1964届高中同学联谊会在香江饭店举行。当日下午大家回母校参观。当我们来到那棵百年金桂树旁，只见碧绿的树叶丛中正开满金黄色的小花，浓郁的花香扑面而来，真是令人心旷神怡。桂花树下还立着一块"江山市名木保护标志碑"，碑上镌刻着一首四言诗："与菊同季，不争俏妍；清高独赏，芳香四溢；金风送幽，沁人心脾。与校同庚，阅历颇丰；独占三秋，气夺群葩；默默无言，下自成蹊。"大家纷纷在树下合影。回京之后，我把上述经历，以《金桂飘香》为题，写了一篇集邮文章，2015年6月发表在《中国集邮报》上。

2016年国庆期间，我和妻子带着儿子、儿媳及小孙子，从首都北京乘坐高铁，回老家祭祖，住在江山中学旁边的世外桃源饭店。10月5日上午，我和《金桂飘香》主编邵作彦老同学结伴，从世外桃源饭店步行来到江山中学寻根，与黄昌明原副校长相约在母校金桂树下会面。随后校长夏飞华、副校长姜军和办公室主任李益利闻讯也一起赶来。恰逢金桂飘香时，又闻满园桂花香，还见母校诸领导，感恩之情油然而生，真是可遇而不可求。山东孔庙有个"杏坛"，那是儒学文化的一部分；江山中学有棵"金桂"，也应是校园文化的一部分。衷心祝愿母校犹如这棵百年桂树，年年枝繁叶茂，年年蟾宫折桂，年年金桂飘香！

【**作者简介**】龚达才，1964年江山中学高中毕业。1969年毕业于北京邮电学院（现为北京邮电大学）。高级工程师。历任原中华人民共和国邮电部政策法规司副司长、邮政司司长和中国集邮总公司党委书记等职。著有《邮票背后的故事》和《再说邮票背后的故事》等著作。

我的江中老师

王静江

何英豹老师

何英豹是我的老师。1962 年我读初二，他任我班班主任。高个，戴一副度数很深的近视眼镜，文质彬彬。那年他结婚，已是三十多岁的人了。

1949 年前，何老师毕业于国立英士大学，由于基础扎实，还能教很多科目，如历史、英语、语文。他能给我们讲解很难的数学竞赛题，还会谱歌作曲，我们班唱他教的歌获过奖。我还记得歌词是："……吹开那青苔喝泉水，飞出那一对野鸡来……"那时我们常去农场劳动，他能够两手抓住尿桶柄，把整桶的粪（约 70 斤）提到两米远的地方。何老师不苟言笑，课上课下都表情严肃。他的课逻辑条理强，板书清楚工整。他国文功底很好，建造于 2000 年的江山"须江阁"，正门的一副楹联便是何老师撰写的。

20 世纪 70 年代初，江山搞"回队任教"，江中的许多老师被分派到农村学校去，何老师去了长台中学，当时王石坛、陈根清、王贤兴等老师也在长台。陈根清老师讲过一件何老师的跳高趣事，说的是一次劳动休息时，年轻的赵普义老师（后为江山文化局局长）与何老师打赌比赛跳高，横杆不断升高，前几次两个人都轻松跳过，最后一次年轻小伙赵老师没过，近五十岁的何老师却是轻松跳过，把在场的老师都逗乐了。

后来我在衢州读高中时，我的数学老师是个白发老人，名叫何英龙，一问，竟然是何英豹的哥哥，这时我们才知道，何老师原来不是江山人，是衢州人。我几个同学私下说，何老师一定还有个哥哥叫何英虎，因为人们俗话说"龙虎豹"。2002年在《衢州日报》上看到一位衢中老校友写的回忆文章，里面写到作者和查良镛（金庸）及另一个同学一起去石梁看望何英豹，我这才知道原来何老师和金庸是同学。后来我在江山城里的"口福饭店"见到何老师，说起这件事，何老师说，是呀，认识的，但金庸要高一届的。也就在那天，他告诉我，准备住到杭州女儿何梅醒家里，给了我一个何梅醒的电话。何梅醒是我的学生，1978年读高一，我是班主任，那时我们在江中陈家安分校。我孩子刚一岁，我母亲带着跟我一起在陈家安住了几天，周末回城时，就是何梅醒一路抱着的。

何老师最大的一个特点是记忆力超凡。1987年开始教师职称评审，何老师是市级评委，全县几百个老教师，他都认得，能讲出谁谁是哪里毕业的，分配在哪里工作，又调动过哪里，谁还在床底养过猪，被教育局长称为江山的活字典（我也是评委，当时在场）。2013年，我居住在北京，想给老师问个好，就按何老师给的电话拨给何梅醒。何老师接的电话，原来何梅醒在上海担任肯德基的中国代理，这里便让何老师住了。老师问我在哪里，我说在北京。他马上说，王睿在北京干什么？我儿子王睿读中学时，何老师已经退休，他没有教过我儿子，据我儿子说，他也不认识何老师。近90岁的人，仅凭20多年前的记忆（我们同住在云宾路的教师楼，直到1991年我才搬走），便记住我儿子的名字，真是不简单。

方明通老师

方明通是我的老师，初三时（1963年）为我班班主任。那时我们做学生的，常在背后给老师起绰号，方老师的绰号有"房米道"（江山话，意思是不够舒服）、"方面桶"（方形的洗脸盆）。无贬褒之意，只是好玩。

方老师是江山中学的总务主任，还当过教导处副主任，他教我们《农业基础》课，还兼着班主任，从现在的角度看，工作量很重。那年头是没有职务津贴、班主任补贴的。

方老师是衢州人，一口衢州腔。他上《农业基础》课时讲种番薯，用衢州话说了一句谚语"种薯勿佬追，只要一把灰"。全班同学笑得前俯后仰。我是城里人，没有接触过农业生产，这句话至今记忆犹新。

他刚当我们班主任时，有一次问我："你爸是在杭州大学的吗？"还好，我知道同学余怒海的爸爸是在杭州大学的。我就回答："不，那是余怒海的爸爸。"我后来也当了班主任，才明白方老师那时在背学生的家庭基本情况，然后找学生验证一下。

再说一件小事，从教室到东边厕所的路边有一棵桃树，有一天我摘了一个桃子，正好被方老师看到，他把我叫到办公室，狠狠地批了一顿。我不服气，认为一个桃子不值钱，何况本来就是"前人种树，后人吃桃"。方老师说的话我已经记不具体了，但大意是公物不能动，他还讲了一个成语"瓜田李下"，意为君子瓜田不纳鞋，李下不整冠，最后说："你是班干部，必须写检讨！"2016年6月，我写了一篇短文《学校里的果树》发表在《今日江山》，正是为了纪念方老师的教导。

1964年的上半年，全县普查血吸虫病，学校要求人人验大便，结果厕所板上都是大便，竟无插足之地。总务主任方老师就在课间集会时，对全校学生讲：怎样取出大便样本？不是拉在板上用竹片挑一块的，而是用两三层的纸接着，自己控制拉出大拇指那么大的一块，还必须是第一节屎后面的那一块，包好，用一根稻草扎了提到医务室门口。纸包上面要贴上班级姓名。不能用擦屁股的纸交上来，那个量太少了。指导得非常具体。一些1964届高三的学生说，堂堂江山最高学府的领导在大会上大讲粪便之道，有失体面。40年后我跟这些同学谈起此事，大家现在却认为：好样的！这就是毛泽东时代的干部踏实的工作作风。方老师衣着朴素、言谈随意，就是一个走上街上没有人会觉得他是知识分子的人。

我大学毕业后分配在江山中学任教，有一天上午最后一节课我正准备下课，方老师推门进来，大声地说："老王，你班下午劳动，通知学生带工具。"（那时只有通学生）学生们哈哈大笑。我后来问学生，这有什么好笑的？学生说：你这么年轻，怎么称得上"老王"？原来方老师把我当成同事，而不是他的学生。

方老师是1985年退休的，退休前他做了两件大事。一是与市政府打交道，占用他们一点地皮，在原厕所位置建造了一个四层的综合楼，每层有4个大教室，用作办公室、实验室、图书室。二是与城关镇及县前、陈家安等大队多方打交道，把位于陈家安分校的土地给学校旁边陈家安大队的余家生产队，把余家的土地与邻近的城关公社东方红大队交换，把东方红大队的土地与县前大队的交换，然后要了县前大队在江中操场边的一块田，这才有江山中学大操场的扩充，有了六道的四百米跑道。那年代还没有征用土地的做法，据方老师说交换的代价是三亩换一亩。这之中的辛劳，我们没有做过基建的人也可想象。当然，如此重大的工程，不可能只是方老师一人所为。如今老江中没了，大操场也没了。当年总务处的辛劳应当记录在校史中。

我初中毕业后没有在江中读高中，我原初中的同班同学大多升到江中高中甲班，也就是"文化大革命"时著名的"破私立公"班，方明通老师从高一到高三担任了班主任。这也是他一生中教过的最为得意的一个班。这班学生人才济济，当官的有省、地、县、局级别多人，当老师的一大批，即使是农民，也是村里的强人。他们从20世纪80年代开始便组织了同学会，一年数次聚会，方老师是他们必请的恩师。从方老师六十岁开始，他们就为他做大寿。我不在这个班里，不知道方老师和这个班的故事，但参与过几次该班的聚会，这个感情，不是我和我的学生那样简单。这是历史的眷顾：因为"文化大革命"，我们1967届的学生是1968年毕业的，加上初中方老师也当班主任，他就给这批学生当了四五年的班主任。四五年里，经常在一起，这会产生一种怎样的感情？

20世纪80年代，江中在教育局旁边造了教师楼，我和方老师都住在那里。有一年他患了感冒，整夜地咳嗽，那咳嗽声整幢大楼30户都听见了。这之后，我见方老师和方师母坚持每天在须江公园内做操，身体越来越好。

2016年的9月，92岁的方老师参加江中的教师节活动，我碰到了他。他跟我说："我现在的人生目标是，赶过老徐扬（95岁），做江中第一长寿人。"

祝我的老师方明通健康长寿！

李端贞老师

1977年的上半年，江山中学语文组举办一堂教学公开课，学校主管教学的副校长杨怀仁要求各学科的青年教师都要参加。其实青年教师不多，就数学组的吾四根和生化组的我等几个，但语文老师都来了，黑压压地坐了一片。执教者是李端贞老师。

李老师既有很强的组织管理能力，又多才多艺，是个全才教师，他带过学校的篮球队和文宣队。从20世纪60年代开始，人们便说，凡是他带的团队，都被他"理得端端正正"。

　　这节课是作文课：怎样写人？以下是我记得的一些李老师授课的大意："写人，要写熟悉的人。但不能胡子眉毛一把抓，想把他的所有特点都写，那是不行的！哪怕只写一件事，都比面面俱到的好。但这件事，必须是他特有的，反映他特点的。我来选个人物，余其本，请大家一起来写。老余大家都熟悉吧，他是江山县的劳动模范，也是一名退伍军人，上过战场，负过伤。他做着最平凡的工作——传达室的日常工作，但不平凡的是，他几乎认识全校600多个学生，认识很多家长。他负责打铃，从来没有出过差错，那是几万次的打铃呀！宿舍边的厕所（也就在县河边），每天都很干净，你们知道是谁打扫的吗？是老余！那不是传达室的工作。每天有多少家长，给同学们送衣服、送米、送菜，全是老余一一分送到大家手上。把平凡的事做好，从来不出差错，这就是不平凡。为了让老师们早点看到报纸上的新闻，他每天在第一节课打了上课铃后，就去邮局拿江中的报纸和书信，又及时地赶回打第一节的下课铃，那几乎是跑着步的，如果等邮递员送，那得到中午。同学们想一想，一个腿部负过伤的人，是怎样走在去邮局的路上的？这些你们都知道，请大家选一到二件事来写老余。题目自拟。同学们可以议一下。"随之，李老师也走下讲台，参与到同学们的议论之中。

　　同学们议论了一会后，李老师再次走上讲台，教室里重新安静下来。李老师说："我也写了下水作文，我的题目是《一只邮包》。"然后，李老师朗读了他写的《一只邮包》：

　　"一只绿色的邮包，一只邮递员专用的邮包，现在挎在江中余其本同志的身上，一拐一拐的身影，走在去往邮局的路上……"文章不长，内容是简介余其本，详写了老余为师生们送信、送报，约八百字。

　　课堂上静极了，有女同学在擦眼泪。文章的最高境界是：无人读之不落泪。

　　接着，李老师提出了写作文的四个法则：口子要小，立意要新，挖掘要深，内容要实。口子要小，指标题，《一只邮包》就比《我所认识的余其本》好；立意要新，就是你所表达的中心思想不是人云亦云，得让人们有个眼前一亮的感觉；挖掘要深，那就是表达的事物细节要有层次感，就像剥笋，剥了一层，还有一层;内容要实，就指不是空洞地表述，要有血有肉有细节。

最后，李老师提醒大家，这四个"要"是统一的，不可顾此失彼。比如，"内容要实"，就有什么地方该多写，什么地方该少写的问题，这就要根据"立意"来取舍。详略是写文章必然要碰到的一个问题，有时还真不是那么好把握，李老师说:"详写不等于啰唆，略写不等于不写。这些，留给大家在写作实践中去慢慢领悟吧。"

这节课对我震撼很大，帮助也很大。尽管中学时教我语文的都是名师，但那时做学生，没有深刻的体会。现在当了老师，才有深思。1991年，我在整理听课笔记时，发现了这篇，故加深了记忆。

周希杰老师

周希杰，上海人，是我的老师。我读初二时，他刚好大学毕业，来教我们数学。后来同事时，我俩多次教同一个班的课。

学生总反映周老师骂人，我问:他骂什么?学生说，"鹅"，"木笃笃"。我心想，这算不上骂吧。其实是学生怕周老师:他虎背熊腰，一脸大胡子，手臂上的毛又粗又黑。有一次数学考试后，一个学生只考了7分。家长拿着试卷怒气冲冲地找到校长祝日光，认为周希杰老师是在辱骂自己儿子，理由有二:7分的谐音就是"吃粪";数字"7"的形状是一把锄头，意思是学生只配种田。校长让另一个数学老师看了试卷，确实只得7分，就把家长劝了回去。后来在教师会议上，祝日光校长就讲了此事，还特别强调:"7"是敏感数字，忌用;即使学生确实考了7分，也给记上10分。那次会议，祝日光讲了很长时间，主题就是分数:如果考了58分，就给60——学校组织考试，其分数的功能是调动学生的学习积极性。你把考58分的学生找来面批试卷，好好谈一次，然后当面写上60，他下次一定给你考个好分数!

就因为学生怕周老师，学校总让他担任纪律最差班级的班主任。那时刚恢复高考，上课时总有学生讲话，晚自修没有一个班是安静的，只不过程度不同而已。其实周老师管班并非全靠骂，他有"杀手锏":评选"纪律最差生"。每月一次，先讨论，后无记名投票，不选出来就不准回家。后来有学生和我说，其实班里真没有最会破坏纪律的人。"纪律最差生"选出来后，周老师以班委会的名义，给家长写了通知书:"某某被评为本月纪律最差学生，请家长配合教育。"并派 3 名班委成员将通知书送去，其中必须有 1 名女生，以防家长误认为是学生恶作剧。这一招很灵，第二个月，不但上课纪律很好，没有人乱讲话，没有人睡觉，而且晚自修真正做到了鸦雀无声。当然第二个月，周老师也不搞差生选举了。

每天的课间操，周老师班的学生总是最早到达操场，安安静静而且排得整整齐齐，"静、齐、快"，成了操场上的一道风景。开学第一天，交费、打扫卫生、分发书本等，每个班都是闹哄哄的，只有周老师的班里静悄悄。我朝窗口一看，只见满黑板的数学题目，学生都在埋头做题，只有 1 名班干部坐在讲台边。

1986 年我当了学校政教处主任，曾极力推崇过周老师的治班之道。但很多领导认为，教育学生应正面教育为主，动之以情，晓之以理，化之以爱，持之以恒。

教学上，周老师也有一套：背例题。讲解过的例题，下节课必须背出来。周老师说到做到，下节课他会花整整一课时，先抽查十余人，背不出的，站到教室后面去，然后，全班默写例题的解题过程，写不对的，放学不能回家，继续背。这些高二学生，苦不堪言，怨声载道。同行教师也冷嘲热讽："理科的东西要理解，哪有死记硬背的？"但周老师我行我素，每天照样骂人。我内弟是他班里的学生，每每回家都要把周希杰大骂一通。然而，1981 年他参加县里的招工考试，名列榜首。后来他和我说，多亏当年有周希杰老师。背例题，这真是高招。会背了，也就慢慢理解了。

20 世纪 90 年代初，周老师被评为浙江省特级教师，他的教育教学能力得到肯定。那时我不在江中，不知学校领导怎样争论，怎样写推荐意见，我只是从我的角度认为：周老师，牛！

【作者简介】王静江，1964年江山中学初中毕业。1976年至1988年在江山中学任教化学，曾为江山中学首任政教处主任。

智者耀人

——回忆毛仲缪老师

王贤兴

"师者，人之楷模也。"在一个人成长的过程中，老师起着举足轻重的作用。是老师启迪我们的智慧，教给我们知识，引领我们成长。有的老师甚至会影响我们的一生。毛仲缪老师就是这样一位影响我一生的老师。

润物无声

1962 年，我考入江中，成为新一届高中生。我们一百名新生分成两个班。那时，我们是从高中才开始学英语的。从高一开始，毛老师就教我们英语，直到高中毕业。毛老师上课认真扎实，深入浅出，善于启发诱导，让同学们学得轻松，学得愉快。

当时，我家离校有好几里地，每天上午要从城郊的过溪王摆渡上学。有时，虽然我赶到了渡口，渡船却正好停在对岸，就只好等它再摆过来；有时却是船刚离岸，我就只好再等下趟了。遇到这种情况，到校时往往已经上课。有一天，我又迟到了，恰逢毛老师上英语课。听到我在教室外喊报告，询问了原因后，毛老师没有训斥我，而是亲切地对我说："贤兴，你来住校吧，从家里带点番薯或萝卜蒸蒸，这样就不会耽误学习了。"从他的话里，我听出了对我的困难处境的同情和理解。因为我没有听到上课的内容，他的心里是非常惋惜和着急的。

由于家庭的缘故，经常赶不上早读课，我少了许多朗读英语的时间，但考试下来，我的英语成绩却不差，往往名列班级前茅。有谁知道，这其中蕴藏着多少毛老师智慧和汗水的结晶。尤其是在课余时间，毛老师对我的辅导不遗余力。在毛老师的引导和鼓励下，我的学习劲头越来越高，成绩也越来越好。高考时，我毅然选择了英语专业，并以优异的成绩被北京师范大学录取。

大学毕业后，我也成了一名英语教师，印证了一首歌唱的那样，长大后，我便成了你。

言传身教

后来，我也来到江中，成了毛老师的同事，有幸继续聆听毛老师的教诲。

毛老师对我爱护有加，经常给我指点迷津，使我在前进的道路上始终保持清醒头脑，在教学上少走弯路。在教研组里，他和孙广育老师等教师，主持正义，倡导正气，弘扬敬业精神，大兴务实的教学之风，学校的英语教学质量一路攀升。在恢复高考的最初几年里，英语老师们苦干加实干，一人顶几人用，帮助大批来自农村、原来英语基础较差的同学们，大幅提高了英语成绩，圆了他们的大学梦。

20世纪50年代开始，毛老师就是江中英语教研组的组长。90年代，由我接过这个班。担任英语教研组长期间，我牢记毛老师的训导，在组里倡导朴实做人，敬业奉献，扎实教学，以学生为本，刻苦钻研教学理论和教学方法，着力提高教学水平。在学校的统一部署下，重视青年教师的培养与提高，鼓励年轻教师全身心投入教学，敢于创新和冒尖。在这期间，有多名年轻教师相继脱颖而出，有的还成为令人瞩目的教学之星。

如今，我早已退出了教学岗位。或许是一种巧合，江中外语组的接力棒传到了我原先的一位学生手里。近年来，江山中学英语教研组成绩斐然，多位老师获得"一师一优课"省级优课荣誉，张银燕老师更是在省高中英语课堂教学竞赛中荣获一等奖。学校还有多名同学在全国中学生英语能力竞赛和创新英语大赛等全国性比赛中斩获全国一等奖。老组长毛老师所创立的优秀教学之风正在世代相传，不断发扬光大。

建言献策

在动乱年代，毛老师因父亲——被誉为"国学大师"的毛子水先生去了台湾而遭受不公正的待遇。80年代初，随着改革开放的不断深入和海峡两岸关系的改善，1981 年 10 月到 1987 年 6 月，毛老师当选为江山县第七、八届人大常委会副主任。毛老师不仅在人大工作中非常积极，而且还在对台工作中发挥了不可替代的作用。

毛老师还和姜炎龙老师一起，为筹建中国国民党革命委员会在江山的组织奔走呼号，成为中国国民党革命委员会在江山的组织的主要创始人之一。1987 年 8 月到 1989 年 10 月，毛老师担任了中国国民党革命委员会江山县（市）支部副主委。经两位老师介绍，我也加入了中国国民党革命委员会。在姜老师、毛老师等人的领导下，我们发挥自身优势，积极参政议政，建言献策，提出过不少合理建议，为政府决策的民主化发挥了重要作用。

虽然毛老师已经离开我们很多年了，但是，他的音容笑貌仍不时在我的脑海里浮现，他的教诲也至今令我无法忘怀，他那令人挥之不去的温文儒雅的大家风范将永驻我的心头。

注：本文得到江山中学余一琳老师、江山市委台湾事务办公室戴华龙科长、江山市石门镇文化干部姜金梅、毛仲缪老师之子毛欧文、毛仲缪老师孙女毛芝敏、江山中学徐旺老师和毛立红老师的大力支持。

【作者简介】王贤兴，1965年江山中学高中毕业。中学英语高级教师。曾担任江山县英语教研员、江山中学英语教研组组长。

恰同学少年

——忆在江中的岁月

祝王飞

1962 年，在考场设在江山中学的全县中考中，我以淤头初中第一名、全县第八名的成绩考入江中。1965 年从江中毕业后，又以优异成绩考入浙江大学无线电系。如今我已到古稀之年，回忆 50 多年前在江中的三年求学岁月，倍感其乐无穷，可以说留下了伴随终生的美好记忆，成了一笔宝贵的精神财富。

筚路蓝缕

那个年代，同学们的家庭条件非常艰苦，学校的设施也有待建设。刚进校时，我们是用水桶从井里吊水来洗衣服的。大家都穿着带补丁的衣服，常有人衣服露出破洞或掉了纽扣。何渊信最聪明，拿校医务室的白胶布，往破洞两面一贴便掩盖住了。他用细铁丝往纽扣眼里一穿，纽扣就算被钉上了。王存旺穿着用旧毛毯缝制成的御寒"大衣"。穿新衣服是令人惊喜之事。女同学朱怡然见有人穿新衣服，不管你是男是女，她都会跑到你身边，挥手在你身上拍一下，并说："穿新衣服啦！"有一次她跑到徐裕中座位旁拍打时，还发生小误会，引发哄堂大笑。

那时公共交通不像现在这么方便，大多数同学都是步行上学的，如城郊农村的王贤兴、郑朝明、王存旺等同学。徐利良早上要先挑一担柴去街上卖掉后，才能到校上课。那时很多乡镇没有通车，最有效的交通线是浙赣铁路。但是，大家的经济条件并不宽裕，加上有些同学家远离铁路线，住校同学回家几乎都靠步行。我老家新塘边虽设有火车站，但每周放学我都耗时 4 个多小时、步行 50 里路回家，就为省 5 毛钱的火车票。家在峡口方向的同学，路途有 80 余里，也是走路往返。王双彩同学考上北京地质学院要去上学，生怕从西山村溪淤走到江山火车站，会磨破妈妈替她做的新鞋，硬是挑着行李赤脚走到江山后，到溪中洗净双脚，才穿上布鞋，登上去北京的列车。

尽管简陋又不宽敞的学校阅览室所订杂志也不多，但大家在饭后或课余都会一头钻进阅览室，争先恐后、如饥似渴地阅读新到的军事杂志，这让我们获得了航空、军舰、兵器等不少军事方面的知识，引发了我们对军事的兴趣，激发了我们参军保卫祖国的热情。

后来，就有不少同学高中毕业后直接去读军校或参军，如毛兆和、郑建民等。王云权和祝生井分别毕业于成都电讯工程学院和西北大学，虽然没有参军，但双双被分配到与国防相关的企业任职，后都担任了领导职务，为国防事业尽了一份力。我大学毕业后留校，先后参与"地下供水供电""工程防护门""真空爆炸""厚板理论"等国防工程项目的电子测量工作。其中"厚板理论"项目获得 1978 年全国科学大会奖。另外，与国防工程研究设计所的合作课题"工程防护门"，参与 1973 年 6 月 27 日在新疆罗布泊进行的我国第 15 次核试验，圆满完成核爆效应试验的电子测量任务，受到部队领导的表扬。江中学子为国防建设做出了不少贡献，与当年在母校接受的教育密切相关。

凤凰涅槃

学校进行革命传统教育，留给我印象最深刻的是安排观看《南征北战》《红日》《地雷战》等革命军事题材电影。这些电影虽然是黑白电影，但故事生动，情节起伏跌宕，引人入胜。片中人物，无论是正面人物，还是反面人物，都塑造得非常成功。看完电影后，大家都自觉地向影片中的英雄人物学习，努力改正自己身上存在的不足。

1963 年 3 月 2 日，《中国青年》杂志首先刊登了毛泽东"向雷锋同志学习"的题词。3 月 5 日，《人民日报》《解放军报》《光明日报》《中国青年报》等都刊登了毛主席的题词手迹。学校积极响应"向雷锋同志学习"的号召，在全校发起了"学雷锋运动"，同学们积极参加，争做好事。在此期间，我学会了理发，经常利用课余时间为大家义务理发，这种好习惯一直延续到大学毕业以后。

当时的江中还有一个非常好的传统，就是每个周五下午让同学们去学校农场种菜。按照惯例，周五中饭后，我们排成两路纵队，既有抬粪的，也有扛锄的，穿过解放路，跨过东门浮桥，浩浩荡荡地向学校农场进发。参加农场劳动，既培养了我们爱劳动的习惯，又锻炼了我们的意志品质，也改善了我们的伙食……

"随风潜入夜，润物细无声。"2007年，我退休回乡后，积极从事慈善公益活动，为家乡修路、资助贫困学生和老人等，先后捐款50多万元。在2013年"'最美浙江人'大型公益活动——'万朵鲜花送雷锋'"中，我被推荐为"身边的活雷锋"。从2013年起，我担任中国人权发展基金会义工，从事细菌化武受害者的调查、救助，抗战史实的调查宣传；自费印刷《疯狂的岛国——日本》等小册子在各中小学分发，揭露日本军国主义的罪恶。

通过细致调查，我出资树立"彭村民众英勇杀敌记""道塘垄伏击战""乌鹰垄村民英勇杀敌记""日寇惊天暴行，同胞血泪深仇"等七块纪念碑以昭示后人，救助细菌战受害者周文清等十多位老人。2016年9月，由我编著的《抗战记忆——铁蹄下的新塘边》出版发行，全面披露日军入侵新塘边的始末和所犯的罪行，彰显了新塘边民众的抗战事迹。所有的这一切，都离不开母校对我的教育。

百世之师

江中老师精益求精的讲课水平和对同学们一丝不苟的严格要求，展现了高尚的师德和精湛的教学艺术。退休后的空闲时间，翻开政协江山市文史资料委员会编纂的《江山民国史稿》，我慢慢知道了学校的历史。1947年，学校高中部立案，"江山县立初级中学"改称"江山县立中学"，成为浙西边陲唯一的一所县立中学。在为数不多的十多位教师中，任课老师王祖昌、李仁等人的名字赫然在列。英语老师毛仲缪是国学大师毛子水的儿子，虽然人们认为他有点"书呆"，但真有许多说不完的故事。至今我们还清楚记得戴双娣、沈琳敏、汪泽君、周希杰、郭四维等老师的课堂耕耘场景。

1965年高考，那时江山不设考场，需坐火车去衢州二中高考。我们是如此轻松和自信，仅随身带几本课本和钢笔。晚饭后到衢江游泳回来再集中，由任课老师复习次日要考的课程。

记得考化学的前一天，同学们聆听李仁老师的复习讲课。李老师笑眯眯地讲课，讲话时口角还略带一点白色唾沫，语气非常平和地向我们讲述考试注意事项、重点内容。神奇的是，第二天的化学考试试卷，大部分考试内容都在他的复习范围之中。难怪王大刚进考场后趴在角落的考桌上睡着，后被监考老师唤醒再考，竟也考上了本科。

总务处老师绞尽脑汁、千方百计地筹划，每周还安排有二次带荤的菜，使我们每天仅八分钱"伙食"（菜金），却愉快地度过三年的求学岁月，真是苦中有乐，记忆美好。至今还流传着总务处老师跑腿外出，四处采购廉价砻糠、锯木屑作为燃料为贫困学子蒸饭的故事。

江中当年简陋的传达室，让叫"老余"的师傅把守，至今我都不知其真实姓名。他迈着跛脚的双腿，用古老的铜铃敲响上下课铃声，发出学校所有作息命令。他长年累月颠簸摇铃的身影，成为我们终生不灭的记忆。后来得知，他是在解放初期剿匪战斗中受的伤，他是人民功臣却从不居功自傲，干着平凡而又伟大的工作，默默地为学校奉献了一生。

另外，江中副校长刘信善、校党支部书记祝日光、校团委书记王祥、总务处方明通、教导处杨怀仁等老师辛勤忙碌的身影都给我们留下了深刻的印象……今天，这一切都会勾起我们美好的回忆。

总之，江中三年的求学岁月，是我们快乐成长的三年，同学、师生间结下了深厚的友谊，我们也告别幼稚走向成熟。从江中毕业后，我考入浙大无线电系无线电专业。去报到那天正下雨，我脚穿旧套鞋，身穿粗布衫和用白粗布染黑缝做的裤子，手提家庭自制小木箱去念大学。我和众多江中学子一样，从江中出发，扬帆远行！

【作者简介】祝王飞，1965年江山中学高中毕业。高级工程师。在2013年"'最美浙江人'大型公益活动——'万朵鲜花送雷锋'"中，被推荐为"身边的活雷锋"。2013年起任中国人权发展基金会义工。2016年9月，编著出版《抗战记忆——铁蹄下的新塘边》一书。

我的老师日光先生

刘毅

1960 年，我开始就读于江山中学，祝日光老师担任学校党支部书记，我们都叫他祝书记。当年，先生风华正茂，给我的印象是英俊干练、儒雅恭谦，处人略显矜重，处事每见缜密，一袭读书人模样。在全校大会上，先生作报告，句句清晰，字字珠玑，绝少空话。偶读先生文稿，见每字都置方格之右下角，大小均在 5 毫米上下，绝无参差涂抹。或许我对写字有天然爱好，所以内心即刻拉近了与先生的距离。有段时间，我也学着先生的写法，把字写到方格子的一角，但终究没有那份耐心，最后还是放弃了。但先生做人做事的认真态度，却深深地印入了我的心田。

在校期间，由于偶然的机会，得以造访先生寓所。我才知先生藏书甚是丰富，其中不乏中国四大名著等古典文学经典，而《唐诗一百首》《宋词一百首》等诗词书籍更是不胜枚举，由此益发加深了我对先生是个"读书人"的印象。可见，后来先生在诗词方面造诣之高，实非偶然。

毕业离校后，我到工厂做工人，而先生一直在校当领导，20 世纪 80 年代初又调为广电局局长。我少有拜会先生的机会，只从在广电系统工作的同学口中得知，那几年广电局得到的荣誉是年年不间断。

1995 年，谊兄郑天生与我步韵唱和了一首《水调歌头·重上江郎山》，见之于《江山日报》。几天后，先生次韵和了一首。此时，我才惊悉先生在诗词方面已有很高的造诣。

水调歌头·重上江郎山

刘毅

灵秀江郎石，欲吻碧云天。
芙蓉倒插三朵，诗思万斯年。
笑揖开明百佛，
信步丹梯千级，
携侣手相牵。
极目天桥上，小憩慢争先。

朝得句，暮濡墨，乐华颠。
雕虫寄兴，儒雅敢诩学坡仙。
何必匆匆步履，
莫若宽宽胸际，
万事半心专。
但愿春长在，诗意满人间。

水调歌头·重上江郎山

郑天生

拔地三峰耸，托定半边天。
突兀顶天石柱，崛起在何年？
旖旎风光无限，
端的江山如画，
将我梦魂牵。
万代留胜迹，江郎马当先。

辟新径，攀峭壁，达峰巅。
神怡心旷，尽弃俗念如登仙。
何虑功名得失，
岂管沧桑幻变，
谋事贵心专。
苦尽甘来日，金秋满人间。

水调歌头·步韵和刘毅、郑天生二学子重上江郎山

祝日光

屹屹三峰碧，竿竿接青天。

仙家琼宇居上，梦觅百千年。

今日通天有路，

扶栅拼搏攀登，

你我两相牵。

老朽霜飞鬓，少壮自当先。

风光好，丢杂念，勇登巅。

光阴似箭，搔首已作酒中仙。

江邑自古多杰，

才尽江郎偏见，

万事在心专。

共祝山河好，鼓乐满人间。

有了共同的爱好，我与先生的交往亦日趋增多。如是，我们先后加入了江山市诗词学会、衢州市诗词学会、浙江省诗词学会。我们经常一起出席诗会，一起外出采风，一起切磋诗艺。先生又一次成了我的老师，但由于先生的平易，在更多的时间里，我们是忘年的诗友。

20世纪90年代末，先生不幸身患异疾，未几又经手术治疗，身心创伤不言而喻，但这并未影响其写诗热情，反而对诗词创作倾注了更多的心力，以先生自己的话来说，是"以诗疗疾""诗心许国"，见之于诗句"八载抗癌看敝翁，人夸不死算英雄"，足见其豁达乐观之精神。不仅如此，先生又在古稀之年再度"立雪程门"，参加中华诗词学会函授班，师从陈明强、赵京战老师，深造诗学。先生学诗异常刻苦，《中华诗词》中的每首诗作，必详加批阅。为遣词造句，一本《辞海》几乎翻烂。先生的水平提高很快，曾数度在《中华诗词》等全国性诗刊上发表佳作，并得以加入中华诗词学会。

祝日光诗四首：

江中周甲感怀
一九九八年

韶华消去此黉中，但见辉煌忆苦衷。
学子鹰扬遥祝九，长怀旧雨哭刘公。

江中感旧叠韵三首
二○○六年九月十三日

暌违梁栅燕归来，思绪连篇梦几回。
宵旰廿年微有志，薪传千计愧无才。
惊嗟旧雨棋终局，礼遇门徒酒满杯。
近日校园新易地，一城伫望好楼台。

得闲访旧一筇来，往事如烟挽不回。
数稔左灾消体魄，十年浩劫损良才。
春蚕丝尽曾悬剑，桃李成蹊未举杯。
喜见今朝兰桂茂，更怀刘老在泉台。

黉园如画醉中来，丙戌斯年落叶回。
不见井旁湍洗女，未逢门卫出群才。
欣闻伟略歌千曲，诚谢时贤酒一杯。
老朽昨遗桑梓梦，友生旗鼓更登台。

先生对后辈的提携也不遗余力，在诗会的作品研讨会上，发表见解，往往直抒己见，毫无保留。所以，年轻好学的会员都喜欢"听听祝老的意见"。

2008 年初，先生从中山路旧宅搬到西城华庭九层新居。小高层建在江山中学旧址上，那里是先生工作过 22 年的故址。客厅朝南，阳光充足，居高望远，江城尽收眼底，先生对居所情有独钟。

虽然，此时身体状况已渐渐不好，但先生仍然乐观而笔耕不辍。一日，特意让我到其新居一叙。所谈无非诗词翰墨之类，并有意让我给他客厅写一横幅。先生很客气，所写内容由我自定。我当然乐意为先生尽这一举手之劳。

临了笔墨，我想先生酷爱诗词，以诗抗病，十年不辍，就写个"诗心不老"吧。隶书写就，私心还觉满意，于是托裱上墙。几天后，忽然有所感悟：不老，不老，不还是"老"吗？于是我决计不用。由于俗事羁绊，一段时间后，我方濡墨于笔，重写了"诗韵长青"四字。临了装裱，却听说先生住了医院，我与学会诸友去探望，先生高兴地说："出院后再和大家一同采风去。"可是，老天不遂人愿，先生竟从此不起，我的字也就无从让先生过目，实在是一大遗憾。

先生故去了，在追思灵堂的上方，我为先生写了两副挽联。一为："遥记江中九载，教诲谆谆难再得；追思诗苑十年，唱酬眷眷不重来。"二为："一往惟谨慎，行止咸循师道官仪，上清如风，上善若水；三馀好雅言，精神独寄诗风词韵，其境高邈，其情率真。"

先生如天上有知，不知认可与否。

附：

忆江南·梦回江中叠韵十四章

刘毅

江中好，饮水每思源。
学海深深深几许，慈航普度一帆悬。
师道颂千年。

江中好，览胜景观妍。
仰止梯云风物旧，县河城阙岁华迁。
阅世不知年。

江中好，国学赖薪传。
诸子百家怀圣哲，唐诗晋字效先贤。
受教沐嘉年。

江中好，解惑仰师鞭。
门捷列夫排座次，欧几里德画方圆。

求索更连年。

江中好，西话学天边。
方食苏俄哈啦素，又餐英美拜拜筵。
再见已多年。

江中好，啸咏县河边。
杰阁连云吟古赋，浮莲映日唱新篇。
诗意伴芳年。

江中好，争胜汗潺湲。
跑道回环双足捷，篮球高掷一心悬。
技竞正青年。

江中好，惬意舞翩跹。
歌放楼台饶兴味，曲盈亭榭付清弦。
风采亮华年。

江中好，业稼学屯田。
野岭挥锄炎日下，当街抬粪冷风前。
辛苦盼丰年。

江中好，扰梦费周旋。
扪虱床前人未倦，熏蚊门后事依然。
长夜坐如年。

江中好，菜币八分钱。
膳食筹谋遗绝响，一荤五素每周全。
困顿度饥年。

江中好，好梦叠新眠。

昨夜依稀升学去，平明方悟此身闲。

抱憾记流年。

江中好，抖擞焕童颜。

前度刘郎今未老，犹敲诗句说流连。

击节养天年。

江中好，祝毊拜黉园。

大庆八旬应载酒，小诗一碟不言钱。

漫漫忆当年。

【作者简介】刘毅（鸿才），1966年江山中学高中毕业。业余爱好诗词书法。曾任江山市书法家协会主席、江山市诗词学会会长。出版有《妙莲居吟稿》《刘毅书法》等。

师恩难忘

严顺成

到了古稀之年，随着记忆力的衰退，许多事情已记不清了，但当年在江山中学读书时，周晖影老师对我的关怀，却仍时常萦绕在我脑海中。

沉甸甸的两元钱

在江山中学读书时，教过我的老师很多，他们个个都是江山教育界的精英，学识渊博，教学认真负责，关心和爱护大家，深受同学们的爱戴，特别令我难忘的是初二时的班主任兼语文老师周晖影老师。

周老师中等个子，脸庞圆圆的，留着齐耳短发，架着近视眼镜，见到学生总是笑眯眯的，给人一种和蔼可亲的感觉。她上课时，总能抓住重点，由浅入深，通俗易懂，让我对语文有了浓厚的兴趣，我的语文成绩也渐渐提高了。

周老师不仅认真教学给我留下深刻印象，她对我的关心更是铭刻我心中。那是1962年上半年刚开学不久的一天中午，我到食堂拿饭吃，当年江中是用木制大蒸笼蒸饭的，我因家庭困难，连饭盒也买不起，用的是毛竹筒蒸饭，也没有盖。当我把毛竹筒拿来时，碰巧被值日老师周晖影看见了，她看见毛竹筒里都是水，只有几块萝卜和一点稀粥，就拍拍我的肩膀，问我："顺成，中饭你就蒸萝卜和稀粥吃？"我说："我没有米，弄点萝卜凑凑。"接着周老师详细问了我的家庭情况，我如实地作了回答。我是家里的老大，下面还有四个弟弟，父母负担我兄弟的学习与生活困难很大，加上1961年遇上自然灾害，正是"三年困难时期"，所以一到上半年青黄不接时，粮食就更紧巴了。了解我的情况后，她当即拿出两元钱对我说："你可以买点其他菜吃。"我说："我还不起，老师，我不要你的钱。"说着说着，眼泪止不住地往外流。周老师见状，一边把两元钱往我衣袋里塞，一边拿出手帕给我擦泪水，安慰我："困难是暂时的，总会过去的。两元钱你拿去交菜金（当时学校菜金每天只要八分钱），吃点蔬菜，增加点营养，不然的话，光吃萝卜粥，会影响身体的。"周老师硬把两元钱塞给我。第二天，我就到总务处交了菜金。

现在来说两元钱不算什么，可在当年来说分量可重了，因为那时周老师的一个月工资只有 30 多元！这两元钱体现了周晖影老师对学生的关爱，也无形中给了我战胜困难的勇气和力量，促使我继续努力学习。1963 年 7 月初中毕业，我参加了高中升学考试，被江山中学录取为高一新生。

解决报到之忧

升上高中当然是件高兴的事，但到了 1963 年 8 月下旬临近开学时，父亲告诉我没有钱交学费，叫我去学手艺，已经为我找好了木匠师傅。这真是晴天霹雳，我心里难受极了。那几天我吃不下饭，睡不着觉。一想到读书，泪水就止不住地流出来。那时，我满脑子就是想读书。当时已经开学了，实在没办法，我想到了在福建省崇安县做工的小叔。于是，我连忙写信给小叔，向他说明我要读高中的决心。小叔接到我的求助信后，立即回信支持我继续读高中，并寄来 10 元钱。我收到小叔寄来的 10 元钱后，告知了父亲，父亲才叫我继续去读书。第二天，我带上 10 元钱和生活用品就走路去学校了。因家在农村，离江中有 25 公里，所以我早上很早就出发了，走到学校时已快中午了。虽然我急着去报到，但一想到自己已迟到了 6 天了，10 元钱又不够缴费，学校还会不会接受我，自己心里也没底。这时，我想到了周老师，就去找周老师帮忙。周老师满口答应，她带我到刘信善校长的办公室，把我迟到的情况向刘校长汇报，没想到刘校长笑眯眯地说："没关系，快去报到注册吧。"于是，周老师又陪我去办理报到注册手续。当时，我心里别提有多高兴了！又能继续读高中了，真的要好好感谢周老师。

周老师，如今您虽然走了，但您的音容笑貌仍时时在我脑海中浮现。周老师，您如果在天有灵的话，请接受您这个 50 多年前的学生的一声"谢谢"！

【**作者简介**】严顺成，1963年江山中学初中毕业。1963年到1964年在江山中学高中部学习。小学一级教师。从事小学教育36年，曾任长垅小学校长，吴村小学教导主任、校长等职。曾被评为江山市先进教育工作者。

不忘徐扬老师

徐学枚

徐扬老师是 20 世纪 60 年代我在江中读书时，那个个子矮矮、鼻梁高高、寡言少语的后勤事务管理员。

他生于 1916 年，卒于 2011 年。在其追悼会上，离校 40 余载的数位"老三届"学子，闻讯送挽联致哀。其中 1965 届初中校友周晋光撰写的一副挽联曰："一生心血护学子，学子若有情，当作三揖哭寒士；两袖清风襄江中，江中应重义，独将千古让先生。"这副挽联写得贴切，道出了当年学子们的心声，也让我想起徐老师若干令人敬佩的往事。

记得 20 世纪 60 年代，大家生活极度贫困，在校读书的学子们常因缺吃少穿而厌学、逃学，也常因交不起学费、伙食费而停学、失学，许多原本可成参天大树的良才秀苗，也因此而夭折。为此，学校提倡勤工俭学，努力减轻学生负担。直接操办学生伙食的徐老师，更是绞尽脑汁地为学生节约每一分钱。他与工友们商量，将旧式柴灶改为节柴灶，进而又改为砻糠灶；他甚至不顾劳累，亲自用手拉车到市粮油加工厂、老虎山部队搬运砻糠和木屑。由于徐老师等人的精心计划，那些年江中学子吃菜，一日三餐一共只要八分钱，而且一周两次改善生活，或肉或鱼，从无缺违。"八分钱办伙食，时鱼时肉惠我辈"就是当时我们生活的真实写照。

徐老师是个爱生如子的好老师，也是个清正廉洁的好老师。他在学校所处的位置，虽说没有大权，但小权、实权却不少：管基建，材料都由他买，人员都由他请，工资都由他定；管食堂，燃料、油料、蔬菜，进进出出都经他手。然而，几十年来，他从不以权谋私、损公肥私。这一点，我体会特深。二十世纪六七十年代，我和老同学周先云为谋生糊口，常凭师生之谊，到江中从徐老师手里承包些油漆活儿干。有几次，我们在课桌凳的不显眼处薄刷了些油漆，验收时，徐老师一处处指出来，又一处处要求补刷。结算时，我们想请他多给一点，他摇摇头，一分不多给。

据我所知，徐老师从1939年进江山县立初中做筹建工作以来，除去中间因故离开几年外，一直都在江中从事后勤工作。他做抄写员、当电工、搞基建、办食堂、搞卫生等等，无所不繁，无所不累，却又无所不尽责。1958年，单位缩减人员，原来三个人做的事，由他一人担当。1969年到1978年，江中和江山新一中合并为江山县城关中学，设县河顶、慈巷和陈家安三个教学点，数千人吃饭的食堂，饭菜票的售卖、燃料的采购、电器的修理等，都由徐老师一身兼。退休后，学校找不到合适人选，领导以每年补全退休工资打折部分的待遇，挽留他一直做到1991年。

徐老师平时一心扑在工作上，基本没有节假日，我们常看到他走路都在想事情。而每当加工资时，他或因不是一线教师而没份，或因思想工作好做而让给别人。因为有点"历史问题"，徐老师一生都只是个没有级别的办事员。面对欠失公平的命运，徐老师总是那样坦荡从容，那样心平气和，那样勤奋敬业，那样和蔼可亲，从未见其有过半点消极和怨言。曾经担任过江中党支部书记的1962届高中校友姜寒松对徐老师的评价是："一生心血多妙算，办食堂，搞基建，锱铢有数；两袖清风少酒肴，将豆芽，就咸菜，粗陋无妨。"

这样的好老师，谁能不敬，又谁能忘怀！

注：本文选自江山中学1967届高中校友余良伍主编的《那人那事那岁月——一所中学老三届"文革"记忆》，原载于《今日江山》2013年9月11日第3版，入选《江中故事》后，作者对文章进行了修改。

【作者简介】徐学枚，1966年江山中学高中毕业。1977年开始教书。1980年进入江山县广播站工作，后任江山广播电台副台长。1992年后，历任江山市政协副秘书长、江山市政协社会法制委员会主任，2006年退休。

母校印记

卢淑芳

　　江山中学，我的母校。在这里，我度过了 1961 年至 1968 年的中学时代，又度过了 1972 年至 1979 年的教师生涯。15 年，在历史长河中连瞬间也算不上，却可能已占据了我四分之一的生命历程，见证了我从少年到青年再到中年的人生演变，留下了许多难以忘怀的印记。我这里记下的是学生时代的点滴感受，因为那样的生活已经不可能再复制，但给我们这代人无论是学习还是做人都刻下了深深的烙印。

好大的校园

　　到校报到的那天，我们去寝室、看食堂、找教室、逛操场，惊诧、好奇、感叹：校园怎么这么大呀？从北到南大约有 1 里路长。走到哪儿，都能看到高大的树，教室前花坛里的石榴树，过道旁的香柚树、枣树，总务室前后的桂花树，还有厨房后院里的银杏树……

　　县河从西面流过，到了校门口转弯东去，成了学校生活区的安全防护线。从学校大门开始，以县河为界，北面是教学区和部分教师宿舍；南面是教师和学生宿舍、食堂等生活区，教务处、总务处和学校大会堂也在这边。全校共有 16 间教室。我进校时，初一两个班，初二、初三各有 3 个班。

　　当柳树嫩芽渐渐抹绿枝头时，我们似乎听到了春天柔软的脚步；夏天，浓郁树荫给我们送来清凉的享受；秋天，树叶渐黄渐落，又如一幅灿烂的水彩画抹亮了我们的眼球；冬天，从枝条舞动里，我们感受到它们迎着北风飘逸的优雅和从容。四个季节四种不同的美，为我们的学习增添了轻快和愉悦。到了高中，我们成了大哥哥大姐姐，那简陋陈旧的平房便成了我们的教室。

两层楼教室后是城墙残垣，城墙和操场之间是一条潺潺流动的护城河，浅浅的水清澈见底，每天叮咚、叮咚地伴和着我们的琅琅读书声，轻轻吟唱，缓缓流淌。一棵又一棵错落有致的高大柳树，在小河两岸蓬勃成荫。

上课时，树枝携着树叶随风摇曳，沙沙作响，像是天使弹奏的轻音乐，曼妙动听，余音袅袅，紧凑的课堂学习不再漫长，不再枯燥。当阳光穿过枝叶洒落，斑斑亮点犹如舞动的小精灵，飞进教室，拨动了我们青春年华的心灵琴弦。当年在城区，也很少可寻得这么一处清静幽雅的地方。对当年幼稚而又单纯的我们来说，这里就是我们复习功课、课余嬉戏和休闲的好去处。每天中午或傍晚，我们三五成群地来到这里，或漫步或坐在树下石头上聊天，一天紧张学习后有些沉闷的神经，顿时变得轻松，变得舒畅。那应该是我们中学时代最浪漫的回忆了。

充实的校园生活

现在的许多家长总叹息住校对孩子来说太苦，没有家里方便等等。如果按他们的观点，我们那时的住校生活说是在"地狱"里可能也不过分。当然，时代变了，生活条件好了，一切总不能在原地踏步，但让孩子学会独立生活的自立能力应是为父母者必须确立的理念。

现将我们那时的学校生活作一记述。

学习：清晨 5∶50 起床—5 分钟洗漱—早操、跑步 15 分钟—早自习 40 分钟（走读生必须赶到）—早餐 20 分钟。上午 4 节课，课间操、中餐。下午 3 节课，第 4 节课外活动—晚餐。晚上 2 节晚自习（走读生也到校）。下午第 4 节课，学校图书室开放，可以看报刊杂志，也可以借书在课余看。早晚自习都点名。

伙食：一天 8 分钱菜金，自己蒸饭。早餐是什锦菜、豆腐乳、萝卜干等。中晚餐是青菜、萝卜、土豆、水芹等。周二、周五中餐改善伙食，蔬菜里多了几片肉，那是我们每周最期待也最解馋的"大餐"。

在 20 世纪 60 年代初的困难时期，每月 29 斤定量里 15 斤是晒干的地瓜米，刚入口时觉得甜丝丝的，下顿特意多放点。但三五天过后，端起饭碗便开始反胃，嚼在嘴里更是难以下咽。可为了不挨饿，硬是吞下嗓子眼。所以，我们对 1962 年 10 月学校 24 周年校庆时的中午大会餐记忆犹新。满满一碗菜基本上是大肥肉，闻着香味就让人直咽口水。每人还发了 4 只糯米肉馅的大包子。我们个个吃得肚子滚圆。可惜不是在周末，不然我肯定会把包子带回家给妹妹尝尝。

用餐就在伙房边的大餐厅，摆放四五十张大方桌。每张大方桌上有一只盛菜陶罐和一把木勺，伙房师傅先把菜分到每桌的陶罐里，每桌 8 个人轮流"掌勺"，把菜平分到碗里，大家就站着吃。

住宿：我刚进校时，教师和学生的宿舍都是年代久远的平房。冬天，西北风从窗户缝、从瓦片缝隙往里灌。遇到下雪天，上铺同学的被子上覆盖了一层薄薄的雪花，脸盆里的水也都结了冰。到了夏天，臭虫咬得人人辗转反侧，时醒时睡。虽然每个暑假学校请人给寝室喷了敌敌畏，或给床缝抹"药膏"，但基本不起作用。

生活：教学区、生活区各有一口水井，是全校师生的日常用水。用一根安有铁钩的细长木棍挂住木桶从井里打水，没有技巧根本打不上水来。初一、初二的弱小同学（特别是厂矿和部队子弟）憋足劲也难打上水来，弄不好水桶就脱钩了。

每天早晚，井边几乎挤满了人。当年我端着脸盆挤在人堆里，大多时候是等高年级男生给点"施舍"。就餐时尽快吃好，再赶紧跑到井边去"讨"水淘米，井旁水沟里就留下因倒水过猛过急冲出来的米。要打水洗衣服就更难了。

到了初三，学校在餐厅旁安装了自来水，又发了统一写上编号的饭盒（我还记得自己是 271 号）。再不用围在几口大缸前或跑到井边挤挤挨挨地淘米了，我们陡然觉得如同享受了"神仙"般生活的欢乐。旁边墙上显眼的地方张贴了"禁止洗衣服"的警示。学校还特意给女同学盖了一间小"浴室"，也就是打盆水端进去擦擦身子，比没有地方擦身强多了。

冬天，早上由住校生轮换值班"分配"洗漱热水，去晚了就得用冷水了。晚上要想洗脚，得在晚餐后趁老师傅离开一会儿的空档，赶紧溜到蒸饭间用大搪瓷杯"偷"点开水。教室旁安放了两三个大桶，冬天是保温桶，夏天是大木桶，这就是学生们常年的茶水。

休憩：中午休息时，不能出校门。晚餐后，可以去街上走走或买些生活、学习用品。一般9点打熄灯铃，5分钟后统一关灯，值周老师巡查。熄灯后同学们就不能讲话了，要讲也是轻轻的。碰到值周老师来个"回马枪"，弄得不好第二天课间操时，值周老师就得点班级或寝室的名了。最可恣意玩耍的是下午第4节课，按年级或班级轮换安排各类文娱和体育活动，还有各种兴趣小组活动。

紧张有序的学校生活，看似枯燥，但我们是快乐的。不多的作业足以在自习课完成，然后根据自己的学习情况，任选一门功课复习或温习，或去操场跑步、打球。一个学期一般包两场电影或到剧院看戏，还有每年的全校文艺汇演，让我们的课余生活充实快乐、团结紧张。假期里，我会在稍空闲的时候，和家在水泥厂的同学到厂宣传队参加些活动，或去厂阅览室看看书，翻翻杂志。那时的假期或业余生活虽不如现今多彩多姿，但很充实，也很长见识，不至于分不清小麦和韭菜、豆苗和花草、甘蔗和玉米而闹出笑话。

至今，我们仍怀念那艰苦简单却释放着青春活力的中学生活，那是培育我们心神欢快、健康，并让我们阳光成长的土壤和根基。

劳动磨炼

根据季节，学校每个学期放一周的农忙假。农村同学都回家，既为生产队农忙出力，也帮父母挣了工分。我们这些城镇户口的同学则由学校统一安排，或在校劳动或下乡支农。

每周每个班级还有一天劳动课，由总务处的祝万吉老师负责统筹安排。不是农忙季节，女生就留在校内菜园或花坛劳动，拔草、施肥、捉虫，或者是剁水葫芦和过了时令疯长的蔬菜，以备食堂喂猪。这些活是最轻松的，有时专门照顾身体不适的同学。大多劳动课，我们都得去学校农场。农场在七八里外的郊外，每次出发前，无论男生还是女生每2个人去领一根竹竿、一只粪桶，不少同学捂住鼻子进厕所，由男生掏粪。大家抬上肩，一溜长队穿过全城唯一的南北大街——解放路，踏上南门外的须江浮桥，再走3里路就到了农场。歇息片刻，按照劳动委员的分工，开始干活。

平时一般是松土施肥。到了播种或收获季节，像上半年5月，晴天割麦子、雨天插地瓜秧;下半年秋收时收豆子、挖地瓜、种麦子。地瓜、麦子抬回学校，好地瓜卖给老师，留一部分煮熟后卖给学生，差的就留在食堂喂猪。麦子加工成面粉用来改善师生伙食。

平整学校操场一般也是各个年级的学生在劳动课轮流完成。去须江边挑沙子做沙坑，把食堂煤渣铺到跑道上，举着特制棒槌给篮球场夯实和了石灰黏土的地面，雨后填补大大小小的水坑，我们几乎都干过。

好像是高一时的一天夜里，大餐厅堆放的砻糠着火了。听到叫喊声和铃声，同学们迅速起床，拿起脸盆就跑。男生打头阵，女生排成长龙传送一脸盆又一脸盆的水。等火扑灭，男生成了大花脸，女生衣服也湿湿的了。回到寝室，大家抹把脸，钻进被窝美美地睡得好香。学校暂停了早锻炼，早自修前我们才起床。

敬爱的老师

那时，老师们就如同我们的家长，关心我们的学习，也关心我们的冷暖饥饱。我进初中不久，老师们都知道了我。那是因为父亲病逝后，戴着银白色臂纱的我很是招人注目。每当从我身边走过，他们总用充满同情和怜惜的眼光关注我，而我往往羞涩地匆匆低头离去，也就是自那开始，我内心渐渐生出自卑感，性情也变得孤独封闭了。班主任毛瑞棠老师很关心我，在他的努力下，学校每学年给我定了每月4.3元的二等助学金。

对所有老师，特别是任课老师，我都心怀感激。他们课堂上是严师，生活中是良友。对教学的认真，对学生的谆谆教导，给我留下了深刻印象。

威望很高且教学严谨的校长刘信善、颇有教学管理经验的教导主任冯发高、把一生奉献给学校传达室的共产党员——校工余其本、精打细算的食堂主任徐扬、擅长编排全校教学日常表又有一手漂亮仿宋字的老师周桑园、酷爱乒乓球兼任学校乒乓球队教练的会计徐步洲、医务室里大嗓门而又尽责的王医师、上课时语调琅琅的数学老师单莲英、滑稽逗乐的音乐老师濮阳春、习惯卷起汗衫摸肚子的化学老师李仁、有浓重乡音的物理老师王亦表和陈春华、有"于是乎"口头禅的几何老师沈琳敏、会唱"凤阳小调"的历史老师何英豹、谨小慎微的英语老师毛仲缪和清高而又彬彬有礼的英语老师孙广育、聪敏精干又如大哥般随和的实验老师徐仁森、博学睿智的语文老师许惠民等等，都刻在我的脑海里。

我很感激教课认真却又细心的体育老师孔繁瑞。体育课是我最怕的一门课。个子矮小、体格柔弱的我弹跳力很差，凡是鞍马、"山羊"、单杠、双杠项目我几乎没成功过一次，跳高不超过90厘米，跨栏几乎都是撞栏而过。

教学严格的孔老师从未对我大声吼过，看到我面露难色、胆小又窘迫的样子，他很耐心地对我说：别着急，注意脚踩踏板后用力弹跳，肯定能跳过去。有时就在器械边做好保护，看我动作实在笨拙，便轻轻地托我一把，帮我"跳"过。每次轮到我，我都鼓起勇气一次一次地跳，可是跑到鞍马或者"山羊"前，不是打住脚步就是整个身子扑上去，手能按住、身子半吊起来算是最"成功"了。到了期末，孔老师还是给我的体育打上了及格分。

高中时的体育老师周碧玉外柔内刚，别看平时笑嘻嘻地应答我们的问候，可上起课来却很严肃。女生排队常禁不住叽叽喳喳地说话逗乐，她或者一言不发地看着我们，或者板起脸"呵斥"。到后来，上她的体育课我们再也不敢恣意嬉笑了。夏天，我们怕太阳烤，冬天，我们怕寒风吹，但她在不降低要求的同时，又尽量为学生着想。夏天，我们在树荫下排队，她站在骄阳下为我们演示动作要领；我们两个班的女生可以半节课轮流在树荫下活动，她却顶着骄阳到这个班、那个班地来回指导。到了冬天，我们背风站立，她愣是迎着寒风坚持给我们上课，呼呼北风呛得她不是噎气就是咳嗽。如果有谁戴了帽子或围巾来上体育课，她必得让她摘下。

一节课活动下来，我们个个全身暖乎乎的，再上体育课，大家都自觉地把帽子和围巾留在了教室。其实，周碧玉老师是个热情细心的好老师，知道哪个同学身体不舒服，严肃的脸庞马上就露出慈母般的温柔和关切，下令让另一个同学陪同到校医务室去看病。

我们高一时的夏天，周碧玉老师为了锻炼女生的毅力，并作为体育兴趣小组的一项新目标，经学校同意，邀周晖影老师当编外教练，在某天下午，冲破当地女人不能下河游泳的习俗，带上自愿学习游泳的10多个女生，来到须江边的浅水处。江边许多人看到来了女老师和女学生要下河游泳，说啥的都有，什么"这世道也太风化了，女人怎么可以下河游泳呢"，什么"女人下河是不吉利的"等等闲言碎语。那些洗衣服的主妇们还赶我们离她们远些。

没见过大世面的我们羞得不敢下水，两个老师带头脱去外衣，身着泳装鼓励我们不要怕，开了头就好了。我们便也硬着头皮、身穿内衣跟她们走到江里。几次一来，再也没人起哄也没人围观了。有好几个学会游泳的女同学还先后参加了县里、地区的游泳比赛呢。我只学了个半吊子，只能吸足一口气游上十几米。在一次试游时，我吸了一口气后没掌握好要领，身子没能浮起来，整个人淹在水里一阵乱扑腾，只听到两个老师焦急着慌的叫喊声。扑腾了几下，脚突然踩到了江底，还来不及抹掉脸上的水，周晖影老师已游过来抱住了我："没事就好，没事就好。"急迫的语气中夹杂了一丝后怕和担心。站在边上的周碧玉老师也吓得不轻，脸都有些发青了。后来，因为这件事，又过于羞涩那有点"不雅"的穿着，我没再坚持下去。

1982 年初，周碧玉老师突患癌症，到浙二医院治疗。刚来杭州几个月的我得知后赶忙去了医院住院部。她看到我高兴极了，我们聊了很久。她从杭州回去后，终究抗争不过病魔，没过多久就不幸辞世。我出差回江山知道后心里辛酸不已，为她的早逝，也为失去这样一位好老师。

中等个头的周晖影老师，圆圆的苹果脸庞上，架着一副深度近视眼镜，梳着齐耳短发，给人精干历练而又和蔼可亲的感觉。她刚到江山中学时任我们初三的语文老师，第一节课就把我们吸引住了，匀速的语调、和蔼的笑容、丰富的情感，让我们耳目一新。或许，周老师对学生认真负责、慈祥耐心的教育态度和方法，让我对写作文有了浓厚兴趣，我的写作水平渐渐地就有了那么点提高。

直到今天，周晖影老师上王愿坚的《粮食》这一课的情景还清晰如昨。周老师讲这一课是从朗读课文开始的，在她轻重有缓的朗读里，我们可以体会到她真挚深切的情感。当读到"传来一声枪响"这一段时，她已经是泣不成声，强忍的眼泪再也无法控制，流下脸颊。3 节课，周老师都难以抑制这样的感情。叫我们起立朗读时，她一再教诲我们:同学们，那个情景不是小说，那是革命斗争的真实写照。一个父亲为了革命，毅然献出了儿子年少的生命。文章里没有写他的流泪、写他的悲痛，可从几个词组里我们能深深感觉到。所以朗读不是苍白无力地只是"念念"而已，而是必须带着真情实感去体会，去感受。要认真地思考那是一种什么精神境界，那是一种怎样的坚强和伟大。在这短短的文章里，我们能感受到人民对党的那份真情，对革命的那份忠诚。

我们难道不被打动不被感动？今天的幸福生活不就是无数个革命先烈用生命换取的？我们要珍惜，更要做好革命的接班人。

这么多年来，我从没见过周晖影老师沮丧过，懊恼过。无论是谁，只要和周老师在一起待一会儿，都会被她那朗朗笑声，那心态平和的处世观，以及对人的真诚和热情所感染，都会陡然忘却了烦恼和忧愁。豁达的人生观，与世无争的谦让和宽容，使她能够跳出世俗烦恼的羁绊和困扰，用工作和欢乐寻得了解脱，并努力去适应，毅然而乐观地去面对。

"文化大革命"的时候，她敢于说真话，决不随风倒。当她的爱人，即我们的语文老师许惠民被批斗时，她没有垂头丧气，而是挺直腰杆，不卑不亢，一如既往地工作生活，毫不躲闪而又乐呵呵地倍加关心照顾好许老师。后来她也成了"牛鬼蛇神"，拿起工具去扫地或侍弄菜园花坛，但她始终昂头向天，决不低下尊贵的头。听到我们还是叫她周老师，她呵呵笑着点点头或摆摆手。永远是个乐天派的她，呵呵的朗朗笑声充满了热烈和直率，无形中也给了我们应对坎坷和困难的勇气和力量。

周老师夫妻俩后来也调到杭州，一次偶然相遇后，我们之间走动多了些。每当我打电话问候他们时，周老师总说："呵呵，对不起，又让你记挂了。谢谢你，你也要保重自己。"而且每次必定要问到我的一双儿女。她说有这么一双乖巧儿女相伴，这就是你的财富，是你付出的回报。到了后来，我的问候成了老师给我的宽慰和欢笑。

所以，放下电话，我的身心总流动着一份温暖和感动。我曾多次对周老师说："你是我做人做事的标杆，你的乐观，你的人生观如同一面镜子，让我沉闷的心扉亮堂了，我把曾经的痛苦逐渐化解成直面现实的力量，更加坚强而又乐观地活着。"她和许老师都说："关键是你自己想通了。人生短暂，快乐生活才是最重要的。看到你走出来，我们都为你高兴，祝贺你。"有一次，我去家里看他们，言谈中说到了周老师退休后的待遇。我为她可惜，为她愤愤不平。一个多么优秀的教师，因为职称问题，一年的退休金才 1 万多元，与我这个学生都差了一大截。周老师呵呵笑了："这样很不错了，我在家里吃吃玩玩，国家还发这么多钱养我，知足了，知足了。"这就是周老师，胸襟坦荡、正直乐观、甘于平淡、永远都是那么幸福快乐的周老师。

2005 年 5 月，周老师不幸患了癌症。我曾打过几次电话，没人接。直到 9 月的一天，许老师接了电话后说周老师不是太好。我才得知病因，急忙赶去看她。周老师见到我，还是开怀欢笑，气色却差些了，人也消瘦了，我心里隐隐作痛。她乐呵呵地对我说："没事，没事，我都要 80 了，够长寿了。"之后，我又去看了她几次。最后一次去看她，她已是弥留之际。可能不想让我看到她痛苦和瘦骨嶙峋的模样，她对许老师说了几句话，许老师点点头，轻声地对我说："周老师说谢谢你，让你快回去忙工作。"随即把我送到门外。一出门，忍不住的泪水哗地滑过脸颊。

2007 年 12 月 22 日凌晨，周老师走了。追悼会那天，来了好多好多她的学生，大家站在她的遗像前，眼含泪花，默默无语。照片上的她笑容满面，亲切地注视每一个人，仍犹如生前那么慈祥可亲。花圈、花篮从追悼厅一直摆到了门外。追悼会上，女同学哭了，男同学也哽咽出声。大家都有一个愿望：周老师，您一路走好！从天堂定会传来您开朗的呵呵笑声，那是您对人生的留恋，也是对我们追思的回答！

注：本文原载于江山中学 1967 届高中校友戴明桂主编的《班魂》，入选《江中故事》时有删减。

【作者简介】卢淑芳（1948年11月—2011年8月），1967年江山中学高中毕业。高级政工师。大学毕业后回母校任教，曾担任江山中学团委书记。曾任《浙江工人报》副书记、副总编辑。浙江省作家协会会员。曾在《工人日报》等报刊上发表文章600多篇，出版《也想回故里》等多部自传体、纪实性专著。

父女仨的江中情结

祝再红

江山中学是我和女儿的高中母校。

1964 年夏，我收到母校录取通知书，本该人逢喜事精神爽，却给父亲出了道难题。母亲说："读什么书啊，家中正缺劳动力呢！"当时我家所在的生产队，口粮的 40% 是按劳分配的。全家 9 人，我下面有 3 个弟弟、3 个妹妹，最小的妹妹还不满周岁。父亲肩上的担子不言而喻。只见他含着自制的烟筒，吧嗒吧嗒，不停地抽烟。过了好久，才从他嘴里冒出一句："他会读，还是让他去读罢。"于是，我有幸跨进母校的大门。

虽然那时因自然灾害和苏联逼债，国家刚度过"三年困难时期"，党中央还是制定了学校向工农子女开门的政策，对家庭贫困的工农子女上学给予资助。母校的领导和老师根据我的家庭情况，让我享受乙等助学金，并批准我户口迁到学校吃商品粮。乙等助学金每月 4.3 元，当时一斤大米 0.098 元，学校食堂每月菜金 2.4 元；每月 30 斤粮票，另加几斤熟食票。这样，我读书时的生活费用基本解决，学习无后顾之忧。

1968 年 3 月，我从母校应征入伍，在部队主要从事文书和新闻报道工作。1973 年退伍后，我到坛石中学任民办教师。1978 年全国恢复高考，我考取全县文科第一名。1982 年大学毕业后又正好分配在母校任教。

我始终感谢党的政策惠泽及母校领导秉公办事，感谢母校老师的辛勤培育。1992 年夏，我大女儿初中毕业。她中考的成绩超过江中录取分数线，原可顺利进入江中就读。但当时农村的考生急于解决农业户口，所以很多人放弃了进江中的机会而去读中专。我女儿毕业学校的老师可能也是出于这样的考虑，在未征求家长同意的情况下，帮她填报了中专志愿。这样，她虽然超出录取分数线也不会被江中录取。我当时已预感到，等大女儿走上社会，大学文凭是找一份较好工作的基本要求，所以我决定不让她去读中专，并与市招生办公室负责人联系，说明缘由。在教委和江中领导的关照下，她也较顺利地进入江中就读。虽然她毕业当年没考上大学，但在江训复习了一年后，考上了湖州师范学院。

1995 年夏，我小女儿初中毕业。她中考成绩与江中录取分数线差 5 分。我原想让她到其他普通高中就读，她不肯，一定要到江中就读。理由是：毕业即使没考上大学，找工作也容易些。

想到父亲对我读高中做出的艰难抉择，想到自己因忙于工作而疏忽对她学业的关心，我决定圆她这个梦。按当年江中招收自费生标准，得支付5000 元赞助费。这对月薪不足 600 元的我，是个不小的压力。加上我正参加学校的集资建房，大女儿又正在读大学，已借了不少外债。

幸好王兴盛校长富有同情心，当他得知我的家庭实情，与学校其他领导商量后，免去 1000 元。我东拼西凑了 4000 元，小女也如愿以偿地进入江中学习。由于江中老师的教学有方，她也倍加努力，终不负众望，毕业当年考入桂林工学院。

我们父女仨均与江中有缘。我们领受江中培育之恩，在江中打下的文化基础终身受用，每每谈起江中，我们都会倍感光荣。虽然我们都没有考上名牌大学，走上社会也无骄人的业绩，但我们诚实为人，勤奋工作，在各自平凡的岗位上为祖国的建设竭尽绵薄之力，以报江中培育之恩，回馈社会大爱之情。

【作者简介】祝再红，1967年江山中学高中毕业。中学高级教师。1982年8月至1983年7月在江山中学任教政治。历任坛石中学（第八中学）教导主任、副校长、校长、党支部书记。2006年，参与《江山市志·教育篇》的撰稿。2014年6月，参与《江山教育志（续）》编纂。

"两友"情谊映母校

郑克明

光阴荏苒，"江山中学 1968 年参军校友暨 20 军战友联谊会"活动已过去一年多了，但在又一个教师节来临之时，56 位"两友"在母校欢聚的情景仍如昨日，清晰地展现在眼前。

那是丁亥年（2007）正月初四下午，春光明媚，节日气氛正浓。我们 56 位"两友"怀着母校之情常存于心、老师之恩终生不忘的心情，来到母校新校园，完成我们"感恩母校"的心愿。校门口一条"欢迎校友们回母校走一走看一看"的红底黄字横幅格外醒目耀眼，让我们倍感亲切。在拍完了"合家福"后，我们又来到毕业林，56 位校友个个兴高采烈地竞相挥锹，虔诚地为母校增绿添上几铲泥。

两棵挺拔的金钱松旁，摆放着我从石料铺采购来的一尊大磐石。石上"石翠松青桃李红"七个殷红苍劲的大字，及"一九六八年和部分一九六五年投笔从戎 20 军的 65 位校友栽双松，献磐石，示感恩，祝荣盛。时丁亥新春"的落款，是校友刘毅书写、请名匠手工镌刻而成的，展示了莘莘学子对母校像青松一样常青、像磐石一样永恒的感恩情。

一直陪伴着我们的时任校长林菊，兴致勃勃地带我们参观了占地 300 亩、建筑面积 8 万多平方米的新校园全景。她自豪地介绍说：现在全校有 2400 余名学生、48 个高中班，教师上课、学生听讲不再是单一的黑板、粉笔，早已拥有的计算机、多媒体、屏幕投影、电子阅览室等，已成为教师间、师生间、学生间相互交流、切磋教学和学习的平台。随着她"上课用电脑，用餐可小炒，住宿在公寓，环境美又好，师生勤自勉，成绩步步高"等充满激情的描述，我们漫步在宽敞平整的校园大道上。两旁那一幢幢错落有致、高大明亮的新楼房中，有造型别致、功能多样的体育馆，别具一格的科技实验楼，端庄恢弘的教学楼，整齐的学生公寓。宽广的运动场上既有标准的塑胶跑道，还有整齐有序的篮球、排球、足球场，体育馆内单杠、双杠、跳马等运动器械应有尽有，完善的后勤保障也是一应俱全。一所彰显着浓郁知识、运动魅力和青春朝气的新型母校映入我们的眼帘，让大家都兴奋不已，感慨万千，尽情感受着时代的变迁，感受着母校的辉煌，感受着生机勃勃的现代校园气息。

回想当年我们曾朝夕相处、寒窗苦读的母校，占地不足 80 亩，只有 7 个高中班、9 个初中班，总共才 800 余名学生。全校除一幢工字型的二层教学楼外，还有 4 个破旧的平房教室，是高二、高三的专用教室。全校有一幢丁字型的三层楼学生宿舍，高中部的男生和女生宿舍则仍在简陋得不能再简陋的老平房里。教师办公室和其余校舍都是砖木结构的老房子，低矮潮湿。操场东北角一座有 2 个教室的小平房，是物理实验室和化学实验室，远离教学区，或许是为了安全，虽然简陋却也整齐，实验设备在全省中学也算是较为完备的。

新母校巨大的变化、骄人的业绩，令阔别母校 40 年的我们倍感骄傲和自豪。40 年前，我们风华正茂，一同告别母校，并肩走进军营。在解放军大学校里，我们历经艰辛锤炼，接受熔炉熏陶，站岗、值勤、野营拉练、国防施工、抢险救灾、参加自卫反击战……数不清走过多少泥泞路，记不起熬过多少不眠之夜，我们不仅成为坚强的军人，而且结下了生死与共、终生难忘的战友情。

今天，战友们从四面八方汇聚江城，联谊在母校，为的是感恩与祝福。将军、教师、工人、农民……大家同一个心愿，同一份真诚。我们虽已进入花甲之年，不少人已两鬓霜白，额角上布满"地沟"，却腰板挺直，步履矫健，一个个喜笑颜开，神采飞扬，好像久别后回到母亲身边的顽童。"再拍一张照片留念吧！"不知谁喊了一声。于是大家又相互招呼，按所在连队又一一合影。

　　回想去年的母校之行，我感慨万千，遂提笔记下这些，是想让我们，也让我们的后人牢记：学堂神圣，教育为本，尊师重教，永远是我们中华民族的传统美德。

　　注：本文发表于《今日江山》2008年9月9日第3版，入选《江中故事》后，作者对文章进行了修改。

　　【作者简介】郑克明，1967年江山中学高中毕业。政工师。先后任江山县森林工业站副书记、站长、书记，市木材公司经理兼书记、董事长。1989年被市政府授予"江山市劳动模范"称号。参与编撰《班魂》和《那人那事那岁月》。

难忘的江中老师们

林如栋

我的高中时代是在江山中学度过的，虽然过去了 50 多年，但老师们无微不至的关怀和时雨春风般的教诲，我至今记忆犹新。

班主任方明通老师对同学们关怀备至。他常去食堂和寝室看望同学们，问饥饱，嘘寒暖。夜深了，还常到我们班的寝室查看，帮助同学们盖被子，细心呵护。一有同学生病，他就亲自安排疗理，不辞辛劳地守护着，直到康复。记得我进入江中不久后，由于生活艰苦，瘦了许多，有一次，方老师用无限爱怜的双手抚摸着我的脸："如栋，你瘦了……"说着，双眼盈满了泪水。一次，我和另一位同学抬着一桶满满的粪，到学校农场劳动。我当时力气小，抬到半路便累得气喘吁吁，方老师见状，连忙跑过来替我抬了。到农场时，方老师也累得满头大汗，我难过至极，方老师却开怀大笑："你力气小，我帮你是应该的……"一个老师，对自己的学生如此关爱，这是多么崇高的师德啊！我望着方老师，感动得说不出话。

许惠民老师是我们班的语文老师。他知识渊博，才华斐然，每堂课都上得有声有色，而且经常展开双边活动，一问一答，一讲一解，还把课文知识与实际生活相联系，加深同学们的理解和记忆，让大家不至死记硬背。他口才非凡，娓娓道来，引人入胜。所以，同学们学习兴趣浓厚，乐于学习，积极学习……有一次，他布置写篇作文《家乡的巨变》，直到下课，我还无从下手。课后，他把我带到办公室，单独耐心辅导，从写法到用语都讲得清清楚楚，还找出几篇类似的文章指导我。直到天黑沉沉了，他才拖着疲乏的脚步回去。回到教室后，我认认真真地完成了这篇作文。许老师给我的文章批了 100 分，并在班上表扬了我，还把它贴在教室后面的墙上，让同学们欣赏。由于恩师的教诲和熏陶，文学成了我的最爱，我努力攀登，至今出版和发表了多篇诗文。

教数学的周希杰老师与同学们亲密无间，常手把手教同学们解题。讲解题目时，周老师总是由浅入深，层层剖析，透彻深刻，使人易学易懂。他还常常不知疲倦地为同学们指点迷津。

知识丰富、热情洋溢的骆华挺老师是我们的地理老师。他擅长把课本的知识与实际相结合，如讲到某一地理知识，就马上与江山的乡土地理相结合，使同学们如临其境，再加上如演员一般的精彩讲解，常使同学们乐不知疲。

老师们个个博学多才，平易近人，就像自己的亲人一样，让我们深感学习生活虽然艰苦，但人间没有寒冬，充满阳光……

尽管离开母校已经 50 多年了，但我相信，我和我的同学们是一辈子也不会忘记我们的恩师的！

【作者简介】林如栋，1967 年江山中学高中毕业。中学历史高级教师。曾任江山滨江高中文科综合教研组组长，被评为江山市教育系统先进工作者。发表多篇教学论文。曾荣获全国"首届世界作家才子杯"大奖赛一等奖。

难忘的歌剧《江姐》演出

姚小娟

从初中到高中，我一直是班里的文娱委员，组织同学排练了许多节目，自己也演了不少节目。唯有 1966 年元旦的演出使我和班里的同学们永生难忘，我也经常为这次演出而感到自豪。

机缘

1965 年下半年期中考试后，学校文娱部召开了各班文娱委员会议，布置 1966 年元旦的全校文娱汇演工作，要求各班至少选送 1 个节目。以往我们都是排演表演独唱、舞蹈、大合唱之类老掉牙的节目，已难以引起大家的兴趣。这次排演什么呢？一个新想法涌上我的心头。

1965 年暑假，我到在北京团中央工作的姑妈那儿玩，有幸观看了总政文工团演出的歌剧《江姐》。革命先烈的英雄形象把我感动得热泪直淌，我特意买了《江姐》的剧本。为此，我提议排演歌剧《江姐》片段，并选定江姐就义那一幕。班主任方明通老师、负责文娱部的杨成林老师、班长郑克明、团支部书记徐开祥和校文娱部长李丽莉听了我的打算后，十分赞成，一致支持。那时学生干部的工作能力、组织能力都很强，开了几次会议后，大家按照分工，说干就干。

选角

首先组织全班同学学唱《红梅赞》和《绣红旗》这两首歌曲。不到几天，全班同学都会唱了。一时间，饭前饭后，教室寝室，或引吭高歌，或低吟慢唱，同学们都陶醉在这两首歌曲的旋律之中。

其次是挑选演员。大家一致认为,演江姐非李丽莉莫属。她不仅嗓音好、身材苗条,而且表演细腻、戏功深厚。有了她,我们的演出就有希望了。我演孙明霞,我虽不像李丽莉那么出色,但在学校也小有名气,演技也算得体。

演监狱女难友的还有何水仙(扮演难友甲,抱着监狱之花)、卢淑芳和吴梅仙(扮演难友乙和丙)。当时演难友丙的原是毛超雄,但排练时她有句台词卡住了,我不了解情况,也不会做思想工作,心里直冒火,一气之下就把毛超雄给换了下来,让吴梅仙顶了上去。现在想想也内疚,怪我年少气盛。吴梅仙是团支部委员,虽然她从没有演过戏,而且普通话也不怎么地道,但她服从安排,愉快接受,并且认认真真地练习,台上效果也挺好。

但反派演员很头痛,除了毛银根扮演军统头目沈养斋、林华英扮演监狱长外,叛徒甫志高就不知让谁来演。通过商定,我决定动员戴明桂出演。可戴明桂性格比较内向,只想参加乐队拉二胡,不肯登台演出。后来班委、团支部多次做工作,他才勉强接受。哪知他也有一定的表演天赋,经过指点,表演得很到位,把叛徒甫志高唯唯诺诺,向敌人卑躬屈膝、低头哈腰的丑态演得活灵活现。不过,这也使戴明桂倒霉,演出后全校不少同学见到他,都叫他"甫志高"了。

又由王观才、郑克明扮演敌监狱看守,他们虽然在舞台上出现时间不长,台词不多,但把国民党在失败前的垂死挣扎、对革命志士的凶残、溃逃时惊慌失措的丑态演得淋漓尽致。真看不出,这些农村孩子还真有那么点演戏的艺术天分。

行头

我们经过一个多月的课余排练,表演的设计、台词的背诵、歌曲的吟唱都已逐渐熟稔。但行头却是一个大问题。许多同学说,要么不演,要演就要演好,演成功。大家除继续排练外,又分头筹备各种角色的服装和有关道具。

我背着老爸老妈,从家中箱底找出一件蓝色旗袍和老爸以前用过的一条领带,李丽莉也借了一件红色的毛线开衫。蓝旗袍加红毛线开衫,江姐的服装解决了,领带是给戴明桂演叛徒甫志高用的。戴明桂自己也借了一件夹克衫,里头穿硬领白衬衫,再打上领带,穿戴起来倒也真有点像书上写的甫志高的样子。我演孙明霞，因孙明霞是学生，所以我就借了一条20世纪50年代女生常穿的背带裤和一件格子衬衫。何水仙、卢淑芳、吴梅仙她们也根据不同角色要求，把服装借来了。何水仙还包扎了一个布娃娃（即监狱之花）。我们还得到江山婺剧团余诗海团长的支持，借来了国民党军官、士兵的服装和道具手枪、步枪等，又到学校借了一面国旗。

乐队也是我们班里的同学组织而成，由王胜利、周根水拉二胡，江礼友拉京胡，姜龙须、姜元忠吹笛子。虽说不像剧团乐队那么专业，但对我们这些自学成才的学生来说，确也有那么一点专业的味道，有板有眼，配合默契。

演出

在演出的那天晚上，我们都好紧张，不知上场演出时会不会"砸锅"，各人都在准备着自己的台词和检查自己的服装及道具。因学校把我们的节目排在最后，作为压台戏，所以前面演什么我们都没有心思细看，仍在担心我们的节目。各班的节目一个个地演完，最后就轮到我们了。我们急忙把一张桌子、两条凳子放好，布置好场景。

帷幕徐徐拉开，坐在办公桌前的沈养斋像热锅上的蚂蚁，垂头丧气，但仍露出凶残的嘴脸。叛徒甫志高与沈养斋对话时，几个国民党兵慌慌张张地拎着皮箱、文件等仓皇出逃，台上显出一片零乱、狼狈溃败景象。接着舞台上是女监的背景。为了迎接革命的胜利，五位女难友围着绣红旗。大家深沉地表演着，又满怀深情地高唱："线儿长，针儿密，含着眼泪绣红旗……绣出一片新天地。"

我们完全沉浸在剧情中，台下一片寂静。当演到江姐就义之前与难友告别时，我已把自己真的当成了孙明霞。就要与江姐永诀了，悲伤涌上了我的心头。当我扑上去叫了一声"江姐"时，我的泪水直淌而下，声音也呜咽起来。李丽莉看到我这样，眼泪禁不住在眼眶里打转，我猛地一想："不对，丽莉，你千万不能掉泪！你是江姐，是坚强的象征，否则有失江姐英雄形象！一定要熬住！"我低下头再也不敢与李丽莉对视了。

李丽莉真不愧是出色的演员，她自然地转过身与其他几位女难友告别，乘这机会调整了情绪。又转到我这儿，扶着我唱道："不要用眼泪告别，不要把眼泪轻抛……"她唱得是那么悦耳动听，又那么铿锵有力，鼓舞人心。

整个礼堂一片寂静，只听见她的歌声在大厅里回响。

李丽莉把江姐宁死不屈、向往胜利的英雄形象展现在人们眼前。当江姐挥手走出牢门、向难友告别时，《红梅赞》的嘹亮歌声响起（全班伴唱），端庄、坚毅的江姐挺立在舞台上，敌人和叛徒吓得缩成一团……帷幕落下时，台下响起经久不息的掌声。我们高兴地抱成一团，久久陶醉在剧情之中。

演出后，一些老师和同学纷纷上前祝贺我们。他们说：你们高二甲班真了不起，你们在舞台上表演时的每一个眼神、每一次亮相、每一句道白、每一曲歌声，都不亚于专业剧团的水平，真让我们佩服。

之后，我们的《江姐》节目还代表学校到部队和江山水泥厂等单位慰问演出，获得了社会的好评。

"红岩上红梅开，千里冰霜脚下踩，三九严寒何所惧，一片丹心向阳开。红梅花儿开，朵朵放光彩，昂首怒放花万朵，香飘云天外……高歌欢庆新春来。"如今我们都已是年逾花甲之人了，但一听到这歌声，就仿佛又回到了那美好的学生时代，又回到了那次演出的难忘时刻。

注：本文原载于戴明桂主编的《班魂》和余良伍主编的《那人那事那岁月》，入选《江中故事》后，作者对文章进行了修改。

【作者简介】姚小娟，1967年江山中学高中毕业。20世纪70年代初知识青年上山下乡，下放到茅坂公社。次年被公社推荐为民办教师，之后从教近三十年。江山市第五届政协委员，曾被江山市教育局评为百优班主任。

难忘的一堂课

周晋光

1962 年 9 月，我从凤林完全小学考入江山中学初中。当年，凤林完小在全县各地小学来讲还算不错，这一届连我在内，共有三个同学考入江中。那时学习苏联老大哥，从小学到高中毕业考大学，实行十年一贯制，所以我们三个进入江中就读六年级。我和周成柏同学被分在六年级甲班，另外一个同学被分在乙班。

记得入学报到那天，我父亲陪我一同到学校，帮我挑铺盖行李和粮食。其实行李很简单，只有我大姨送给我的一只木板箱，以备存放衣服、粮食和日常用品。从凤林老家出发，我们步行 20 公里赶到贺村，然后搭乘火车到达县城。一下火车，我们就紧赶慢赶，来到学校新生报到处，递上入学通知单，交了学杂费和伙食费。报到后，我就被早先到校的同学领着去寝室，然后带着去熟悉上课的教室。当我们赶到时，六年级甲班的班主任傅以道老师正巧在教室里，这是一个瘦高个子、斯文稳重的饱学之士，浑身透着书卷气。简单地同我交代了几句后，傅老师就非常热情地同我父亲聊了起来。他了解到我家世代贫农，父亲从小就外出帮别人放牛当长工，解放后才回到老家。回到老家后，父亲参加了农会，投身土地改革，入了党，当上了农村干部，现在担任生产大队的党支部书记。了解到我的家庭情况后，傅老师认为我根正苗红，对我格外关照。开学后，不知怎么回事，由老师提名，同学们举手表决选班干部，我一下子被选为班长。这大大出乎我的意料。按理说能考上江中，大家的成绩都是不错的，因为当时江中初中只招两个班 108 个学生，是从全县所有小学的尖子中选拔出来的。在我们班上，我的成绩充其量只是中等偏上，绝不是最好的，班上有考了全县第一、二名的毛寿德、戴心明。不管怎么说，这六年级甲班的班长我算是当定了。接着，我们还选出了其余的班干部和各科课代表，初中的学习生活慢慢地步入了轨道。

当年，我才十三岁，离开老家，远离父母，来到陌生的县城读书，一股越来越压抑的孤独感，逼得自己喘不过气来。当时粮食和物资奇缺，正在长身体的我，经常为蒸饭的米发愁。读了个把月以后，我做出了平生第一次胆大妄为的举措，竟自作主张，卷了铺盖，偷偷离开了学校，逃回了老家。回到凤林后，父亲把我一顿臭骂，像押解犯人一样，将我重新送回学校，交给班主任。当时傅老师正为班上走失了一位学生，还是一位班长而发愁，看到我在父亲的陪同下回到学校，格外高兴，并当着我父亲的面，再三表示歉意，连连检讨对学生的照顾不周。傅老师代人受过之举，深深地触动了我，我禁不住泪流满面：自己不努力读书，不好好争气，遇到稍有不顺，便当逃兵，现在想想，自己都感到难为情。逃学风波总算过去了，不管怎么样，学习还得继续，日子还得照常过。

当时这种孤独厌学的情况，在农村来的同学中有点普遍性。得到学校领导的同意后，傅老师别出心裁地组织了一次班级活动，让我父亲给全班上一堂忆苦思甜的传统教育课。他征求我父亲的意见时，父亲欣然从命，准备现身说法，配合教育我这个不争气的儿子，顺便启发教育全班同学。在老师和同学们的欢迎下，父亲站在讲台前，将自己的苦水一股脑儿倒了出来。父亲十二岁就外出谋生，在离家20多里路的石门，帮富人家放牛，年龄稍长后又继续当长工，一干就是16年。每天吃的是粗菜淡饭，半饱半饥，出的是牛马力，不管天寒地冻，还是头痛脑热，一年到头除了过年休息几天外，几乎天天都是面朝黄土背朝天，出工出力，用他的话讲，度日如年啊。好在穷人的孩子早当家，除了自己谋生度日，父亲还能赚点长工的微薄工钱补贴家用。直到解放后，父亲才回到老家，过上自己透气的日子，开始当家做主人。

父亲的话语像涓涓细流，点点滴滴浸润我们纯真的心田。我看到许多同学都在认真地作记录，不少女同学还不时地抹着眼角的泪花，课堂上鸦雀无声。当父亲的报告结束时，班上立即响起了热烈的掌声。傅老师在活动结束前，因势利导地讲了几句话，至今我还记忆犹新。傅老师说："同学们，我们今天的学习生活来之不易，这是父辈们做梦都难以企及的，我们应该十分珍惜今天的生活，要努力学习，刻苦钻研，争取都成为有知识、有才干、有理想、有抱负的人才，为服务社会、报效祖国而贡献自己的聪明才智！"

一场难以忘怀的忆苦思甜教育，极大地激发了每个人的学习热情，尤其唤醒了我这个懵懂少年。自此，我便收回了心思，专心致志地投入学习，并以身作则，关心别人，团结全班同学，努力当好班长。整个班级的面貌也发生了根本的变化。

时间如白驹过隙，转眼三年初中毕业，同学们通过中考，各奔东西，而我们班的同学多数上了江中高中，进入人生的又一个重要阶段，继续为知识、为人生而努力。

如今，半个多世纪倏忽而去，而我的父亲，当年在六年级甲班教室的讲台前那个意气风发的报告人，已于十几年前因病故世。我们敬爱的班主任傅以道老师，也于几年前驾鹤西游了。当年的那批年少无知的学子，从人生拼搏的起跑线出发，演绎着各自的风采，书写出不一样的但却都是丰富多彩的璀璨人生！

附录

江山中学赋

周晋光

日月经天，江河行地。玉叶古城，衍千年邹鲁之风；名校江中，迎八十华诞之喜。披红挂彩，共仰高标；轻歌曼舞，同庆佳期。登临览胜，学校傍西山而林木葱郁；闲庭信步，书苑临须水而晴雨相宜。楼阁稠迭，书声管弦不绝于耳；操场空旷，青春活力挥洒如意。文光济美，山城衔仙霞余脉，人文荟萃；懋绩可风，江中润文溪清流，星途迭继。

夫百年大计，本于教育；学海扬帆，倚重春风。百工庶务，皆以菁莪为重；兴邦立国，凭此济世建功。各雄争霸，决于高端科技；四海逐鹿，全仗大小黉宫。昔者朝野尊师重教，遂现尧天舜日；而今万姓旌扬儒风，必将万紫千红。

追忆兴学储才，首推初创诸公。学校滥觞于文溪书院，传承于江山中学堂。

晚清几任知县，以应时需，为育才兴邦，创学计馆。抗战初期，县党部有识之士，广邀贤能，践行厥途，筹措善款，戮力维艰。学校同仁自创办之始，便昼作夜思，筚路蓝缕，耕云播雨，呕心沥血。山连岫而若浮，水无涯而合岸；感斯文而涕零，怀宿志而弥坚。

八秩征途，栉风沐雨；卅年改革，桃李夭夭。虎啸东岳，后昆才俊自为翘楚；凤鸣西岭，文脉书香再领风骚。夕香湖边，小苗拔节，迭见学子蟾宫折桂；仰止亭畔，春雨润花，喜看学府青春不老。梓里繁荣，百姓有幸。今国步具腾飞之势，礼乐涌复兴之潮。改革助推教育更上层楼，名校凭借东风频创新高。超前规划，宏开巨构，多元施教，见招拆招。政府出举鼎之力，地方腾倾囊之资，社会反哺，黎庶捧柴，绘制蓝图，重彩细描。

瞻仰母校，星辉云壤。一方水土，滋养一方天物；几度春秋，派生几任师长。历代名师云集，各科学霸争强。传道授业，良师诲之谆谆，红烛焚膏，照亮五尺讲台；博学慎思，同窗学而孜孜，立志成才，效绩万里江山。两森焕科技之光，驰名中外；郑君捍喉舌之尊，督阵文网。概以数万计之莘莘学子，大多成为各领域之栋梁。或名工巨匠，惠及当世；或循吏硕儒，声闻庙堂。或入伍从军，星珠耀目；或高端探秘，克难攻关。桃李不言，下自成蹊，争奇斗艳，溢彩流芳。笑看春华秋实，满园竞秀；更期腾蛟起凤，永铸辉煌。

注：《江山中学赋》原载于《今日江山》2018年3月28日第3版。

【作者简介】周晋光，1968年江山中学高中毕业。1975年9月参加工作，先后在浙江省第二劳动改造管教队、江山市党史办公室、江山市政协工作。曾任江山市政协专门委员会主任。

我在江中的那两年

王兰英

1968年金秋十月，我们带着渴望，带着期盼，怀着激情，跨进了江山中学的大门，开始为期两年的中学生活。

往事如风，虽是轻轻拂过，却将人生最珍贵的一缕永远吹入我们的心底。那金色的年华，不仅留下了我们青春的足迹和歌声，更有我们在激情燃烧的岁月里镌刻下的许多历练和憧憬，着实令人眷恋。

——笔者题记

1968年9月29日　星期日　晴

自从昨天接到了入学通知书后，心情就一直激动不已，今天就是去学校报到的日子！

上午，我满怀喜悦的心情，去江山中学报到。确切地说，这是我第一次正式跨入江山中学的大门！而以前，只是去过江中大操场而已……一进校大门就看见很多学生，有的是我们原中山路小学的，但更多是其他学校的，所以不认识的人很多。在新生报到处的墙上，张贴着全体新生的名单，我被编排在初一（1）班，班主任是许惠民老师。

我们这些来自城关各个学校的学生，因"文化大革命"运动而停学了两年，今天终于有继续上学的机会了，这是盼望已久、很令我们高兴的事……

1968年9月30日　星期一　晴

今天是入学的第二天。

明天就是十月一日"国庆节"了！各单位、各革命群众组织都在准备国庆节的大游行活动，我们江山中学也在积极准备中。江中 1966 届、1967 届的初中女生为此组织了一支参加游行的腰鼓队，但因人数不够，就把我们新生中会打腰鼓的吸收了进去，我就是其中的一个。

腰鼓是我国古老的民间艺术，它所展示的是劳动人民朴素、豪放的性格和喜庆的心情。今天一天，我们都在江中大操场上一圈圈、一遍遍地练："咚咚巴，咚巴咚！""咚巴咚巴，咚咚巴咚巴！"什么起鼓点、路鼓点、敲小棒、半蹲花、虎跳、双展翅、欢呼跳跃等等，我本来就会。开始还以为是稍稍复习下很简单的，谁知道，自从小学毕业后已有两年没练了，今天全天练下来，两手臂很痛，都快抬不起来了。但我向毛主席保证：一定会下定决心，排除万难，去争取胜利的！

1968 年 11 月 5 日　星期二　晴

我们江中马上要组织一支毛泽东思想宣传队了！

经各班老师和学生的推荐，一支由 35 人组成的宣传队成立，我也在其中。

1969 年 1 月 23 日　星期四　阴

在工宣队、校革委会的领导下，我们以解放军为榜样，向部队学习，把学校原来的班级编制改成为军事化编制的管理模式，即由原来的一个教学班改为一个排，以排为编制又分四个班（就是原来的四个组）。这样的话，我们班就改为五排，原班长改为排长，而原组长改为班长了，真是又奇特、又新鲜！

1969 年 5 月 30 日　星期五　晴

今天是我们来到四都公社抢险救灾的第 5 天。前 4 天我们都是参加割麦子，而今天的劳动任务改变了：是去参加修水库大坝。

我们的具体任务是将水库坝底的大石块抬到坝顶上。天哪！那水库的坝面如同峭壁一样陡，不要说抬石块，就是徒手上、下坝也很吓人。可是那些男同学，他们一到水库坝底就行动起来了，一个个像小老虎似的，而我们女生呢，却怯场了……

看看男生，看看他们的得意劲，我有点被触动了，心想：难道他们能做到的事，我们就不行了吗？不，我一定要试试！我不怕某些男生对我的嘲笑，鼓起勇气，竟然也抬起了大石块上了坝顶。有许多同学向我伸出了大拇指，夸我是大力士。

1969 年 6 月 28 日　星期六　阴

我们将课堂搬到了农村——在陈家安大队接受贫下中农再教育，已有两个多月了！在这两个多月里，除正常的上课外，我们和贫下中农们朝夕相处，生活、劳动在一起，亲如一家人。我们帮房东挑水、扫地，我们参加了割麦子、插秧、耕田等等农活。虽然学农基地的物质条件比较艰苦，但我们过得快快乐乐、无忧无虑。

然而，为了接受工人阶级的再教育，为了不久后江山"五七中学"的创办，我们明天就要撤出陈家安学农基地回校了！晚上，我们和贫下中农们联欢，贫下中农给我们讲了话，给我们作了总结，还提了宝贵意见，并告诫我们：要永远读毛主席的书，听党的话，做毛主席的好孩子……联欢会至很晚才结束。

1969 年 7 月 17 日　星期四　晴

今晚，县解放剧院座无虚席，观众都是参加"县红代会二届代表大会"的代表。为了这次演出，我们天天晚上排练到 11 点左右。所以，在今晚的演出中，等于是亮相。大家的干劲都很足，很认真，也很卖力，从观众的掌声可听出：我们的演出是成功的！

但因为是盛夏，剧院的条件不好，人又多，场内相当闷热。在演出中，完全可以用挥汗如雨、汗流浃背来形容我们。待演出结束时，我们一个个像落汤鸡似的，身上的"军装"全湿透了。但尽管这样，也没听到同学们的抱怨声，真的！

1969 年 11 月 8 日　星期六　晴

"早已森严壁垒，更加众志成城。"

我们盼望已久的一天终于来到了——军事野营在今天举行！这是为迎合

战备的需要而举行的活动，是锻炼我们、考验我们的极好机会。

晚上 8 点，我们排接到了上级的命令：指令我们在 2 小时内，火速赶到大溪滩，全歼"入侵之敌"。命令就是战斗令！我们排以最快的速度集好队伍，指挥员一声令下：目标大溪滩，出发！

在长长的行军路上，夜色很暗，天空中只有星星在眨眼，我们不时地前进、卧倒、跑步……因为能见度太低，稍不注意就会碰到前面的战士，但大家都保持高度的警惕性，睁大眼睛，快速前进。

因为是第一次参加这样的活动，是第一次体验拉练，行进在队伍中的我，内心又兴奋又好奇……但没想到在中途休息的时候，突然接到命令要我去放哨。当时我真的是有点犹豫的，因为放哨必须要离开队伍，而且是一个人，周围什么也看不见啊！我慌兮兮地向黑黑的放哨点走去，腿肚子却在发酸；站在哨位上，一听到什么动静，全身就起鸡皮疙瘩。就这样在惶恐不安中等到队伍重新集合出发。

在急行军中，我们还不断遇到了"敌机"的威胁，但我们都勇敢、机智地躲过了。不到两小时，我们就赶到了目的地，全歼了"入侵之敌"，胜利地完成了上级交给我们的任务。

1968 年 11 月 26 日　星期二　晴

今天下午，我们班原来计划的课程是军体课。所谓的军体课就是请解放军来给我们上课，说明白点就是进行军事训练的课程。但今天因客观原因，解放军没请到，我们白高兴了一场。不过，学校适时改变了计划，即组织一次拔河比赛。

下午的天气很好，阳光很灿烂，我们初中 6 个班的学生集中在学校大操场。我们班的对手是一（4）班。一切准备就绪，随着一声哨响，比赛开始！"一、二、三！""一、二、三！""加油！""加油！"呐喊声响彻大操场上空。

比赛结果：我们两个班旗鼓相当，打了个平局。

1969 年 12 月 10 日　星期三　晴

巍巍虎头山，铮铮磷肥厂；山上红旗展，山下凯歌传！

在磷肥厂党委、驻校工宣队以及全厂工人同志的亲切关怀下，我们二连二排全体战士，到今天为止，在磷肥厂的学工已进行到第 10 天了。

今天晚上，我们班的战士利用休息时间，留下来参加本厂最脏的一项工作——破碎！还没到破碎工场，老远就听到了破碎机震耳欲聋的轰鸣声。那是台很大的机器，进料的口子很大，威力很猛。什么样的大石头投进去，它都能破碎。然而，随之扬起的石头粉尘弥漫着整个工场。据在场的工人们说，这是全厂最脏、最累的一道工序，如果平时不注意，就可能得矽肺……

我们听得心里打鼓，但却很佩服这些任劳任怨、不怕苦、不怕累的工人叔叔。我们参与了工地的劳动，不断地往破碎机里投石头。待到劳动结束时，我们个个都变成"白毛女"了！

1970 年 1 月 16 日　星期五　晴

毛主席教导我们："什么是工作？工作就是斗争。"

这个学期将要结束，下个星期就要举行各课程的期末考试了，我们正在忙于紧张的复习。

但昨天，李老师交给我一个刻钢板的任务。虽说这是李老师对我的信任，但我心里多少有点犹豫：其一，我以前并没刻过蜡纸，怕刻不好；其二，正是期末迎考阶段，这时候……但是，我到底没好意思拒绝李老师，怕他生气。于是，我就利用晚上的时间刻，刻到夜里 12 点才睡；今晚又刻至这个点了，上眼皮和下眼皮在不停地打架，还有，右手的中指第一关节好痛……不过，任务总算完成了！

虽然苦不堪言，但我为自己学会了刻钢板字而暗喜。

1970 年 1 月 21 日　星期三　晴

今天的劳动课，我和张丽莹做了件好事，事情是这样的：

下午的抬粪劳动结束，在我的提议下，张丽莹同意一起去红石桥帮一下运石块的同学。我们在去的途中，见前面有个挑担子的人，看似背很驼，走得很慢。待我们走近挑担人时才发现，原来是个老爷爷，眼是半瞎的。出于一种本能，我便主动上前帮忙挑担了。

我们在与老爷爷交谈时得知，老爷爷是到城里买肥料回来，他家离这里还有 10 里路。我一听顿时愣了一下，原来这么远啊！但看看老爷爷的状况实在困难，也不管丽莹同意不同意，我已下决心送老爷爷回家了。

我在前面挑着担，丽莹陪老爷爷在后面说着话，慢慢地走着。都说远路没轻担，10里路真的有点远了。一路上，我不知流了多少汗，但最终还是把老爷爷送到了家——砩河公社北山大队。

任务圆满完成，老爷爷留我们玩一下，但此时暮色已降临，我们谢绝了，赶紧向后转，快步回城。虽然回家晚了，但我们心情是愉快的，因为我们做了一件该做的事。

1970 年 4 月 5 日　星期日　晴

最近我又有新任务了，即演故事剧《半个脚印》中的班长。

该剧讲述的是东海前哨的战地救护队，突然接到上级命令随突击队行动，之后发生的一系列故事。

人物：班长、小洪、小张。

今天是星期日，所以我们全天都在排练。台词基本会背了，但进入角色有点难，反正排得不顺，尤其是我这班长的"高大形象"一时难以表现。我努力了，也认真了，但排练效果不理想，所以心里有点急，甚至都有点畏难情绪了。可开弓没有回头箭，我得好好琢磨下，认真想想该怎么演。

1970 年 9 月 16 日　星期三　阴

为了形势的需要，我们城中文宣队在临毕业离校前，还有演出几场文艺节目的任务，以赶上紧跟、照办的步伐。

今天晚上，我们宣传队来到了驻江 4341 部队慰问演出。在整场演出中，我们的每一个节目都得到了部队官兵的热烈掌声。我们的情绪因而更高涨，更振奋。

这次演出给我留下的印象很深，不仅是获得如雷般的掌声，还有部队"犒劳"我们的那碗香喷喷的肉丝面……

【作者简介】王兰英，1970年江山中学初中毕业。馆员职称。在江山市总工会工人文化宫长期从事图书馆管理工作。曾先后荣获浙江省总工会"优秀工会文化宫工作者""浙江省先进工会群文工作者""全国工会系统优秀图书馆工作者"等称号。

一段以球结缘的师生情谊

——与李端贞老师的二三事

储武军

　　早春二月，春寒料峭，作为江山中学 1970 届宣传队成员，我有幸参加了"挥之不去的记忆——江山中学宣传队 2016 聚会"。在离别四十多年后再聚首，老师和同学们的喜悦之情溢于言表。此时此刻，一切都显得弥足珍贵。

　　留给我最深刻印象的是，又见到了阔别多年的李端贞老师。李老师虽已八十有二，但久违的面容、熟悉的声音、和蔼的笑貌，却仿佛又让我们回到了学生时代。老师还是那样的认真、那样的严谨、那样的干练，这使我的内心久久不能平静，一件件往事涌上心头。

相识

　　我与李老师的相见初识可以追溯到 1965 年，距今已有半个多世纪了。那时我还是一个 11 岁的小学生，一个偶然的机会，使我们一面相见，终生难忘。

　　我和李老师是通过篮球结识的。那时，邻居陈建军大哥是江山中学 1967 届的高中生，是江山中学篮球队的主力队员。每逢江中篮球队与其他队进行比赛，我总是随同建军大哥前往观看。

　　在江山县灯光球场，我第一次见到了李老师。当时，李老师不仅是江山中学的语文老师，而且还是江山中学篮球队的主教练。虽然江中篮球队以高中同学为主，但在李老师的带领下，水平已与江山的成人篮球队不相上下。赛前动员时，无论对手强弱，李老师都精心准备，树立队员信心，分析对手的特点，布置相应的战略战术。我看到李老师对球队的指点，崇拜之情油然而生。我在想，要是李老师也能教我打篮球，该有多好呀。

在一次比赛后，建军大哥把我介绍给李老师，并对李老师说，别看他年纪小，却非常喜欢打篮球。李老师勉励我，想打好球，要不怕苦，坚持不懈，好好练习。李老师的话至今还深深地印在我的脑海中，篮球也成为我今生的最爱。

相处

1968 年 9 月，我进入江中读初中。由于李老师既不是我的班主任，也不是我的任课老师，所以我几乎没有与李老师见过面。1969 年 1 月，学校按军事化编排，所有班级全部重新编排，班以排为单位，我们班被编为五排，后来在初二年级的第一学期，我们班又被编为二连二排。当时，成立不久的学校宣传队也设在我们排。新的班级成立后，李老师不仅是我们的班主任，而且是我们的语文老师和学校宣传队的指导老师，我又一次能与李老师近距离接触了。

记得第一次李老师给我们上课就进行了点名，当点到"储和平"时，还仔细地望了望我。下课后，李老师见到我，对我说："当我看到姓'储'的，我就知道准是你。"离初次见面已经三年多了，没想到李老师还记得我。再次相见后，我如愿以偿，真正成了李老师的学生。

初一年级第二学期开学后，除课堂教学外，学校还组织同学们开展了许多学工学农活动。在课余时间，宣传队也开始排练节目，李老师全盘负责宣传队工作。

三唱

1969 年 6 月，一场突如其来的暴风雨笼罩着江山大地，连日的大雨，将四都公社苏州塘水库的大堤冲出一个大缺口，毁坏了不少稻田和房屋，一场抗洪救灾的战斗在四都公社打响。洪水过后，学校立即组织我们奔赴救灾现场。全班同学在李老师的带领下，先乘火车到后溪街，后步行来到了四都公社。放下行李，我们就马上投入到紧张的救灾工作中。李老师带领同学们将被大水冲入村庄和稻田的筑堤石块清理收集，再搬运回堤坝，作重筑大堤使用。因为没有工具，大家全靠手搬肩扛。有的同学手磨出血泡，还有的同学肩膀也磨破了，却没有一个同学叫苦叫累的。

为了更好地与贫下中农打成一片，宣传队决定进行一场慰问演出。为了让演出的内容更丰富，队里决定上一个唱现代京剧样板戏选段的节目。那时学唱现代京剧样板戏是个新事物，特别是对一群从来没有接触过京剧的初中生来说，是个全新的概念。我们根本理解不了京剧的内涵，只知道是唱戏，况且当时样板戏的电影还未上映，也没有人教，只能从广播和收音机中听唱和模仿。

演出前夕，李老师把演唱京剧样板戏选段的任务交给了我，当时我既兴奋又很紧张，生怕唱不好。当我感到很为难时，是李老师的不断鼓励，才打消了我的顾虑。

演出是在生产队打谷场上专门搭建的舞台上进行的。为了保证演出效果，特地给舞台安装了两盏煤气灯，照亮整个舞台和场地。演出那天晚上，打谷场上挤满了社员群众，大家兴致勃勃地观看演出。当报幕员报到"下面一个节目，革命现代京剧样板戏《红灯记》选段'临行喝妈一碗酒'"时，我就已经紧张得不行了。

上台后，当我说完"谢谢妈"时，脑海里一片空白，加上连日的疲劳，我只感到嗓子发不出声，唱不出来，嘴上连说"不行、不行"，不由自主地就下台。当时老师和同学们也不知道怎么回事，都在不停地鼓励我，促使我再次登台。当我又一次说完"谢谢妈"时，乐队伴奏响起，我感到调子有些高，唱不上去。当我左右为难想放弃时，担任伴奏的李老师和乐队的同学们果断地调整降低了音调。望着李老师期许的目光，面对同学们的加油鼓劲和台下社员群众的期待，我鼓足了勇气，第三次说"谢谢妈"，最终完成了这次演唱。三唱"谢谢妈"是我一生中刻骨铭心的记忆，如果没有李老师的信任，没有同学们的热情支持，我肯定完不成任务，那将成为我终生的遗憾。

同场

1969 年暑假后，我们迎来了初中二年级的学习。我们班到厂矿去接受工人阶级再教育，被安排在江山磷肥厂学工，李老师仍然是我们的带班老师。

在磷肥厂与工人们同吃同劳动的日子里，除了学习外，同学们都被分配在劳动生产第一线的各个岗位上。磷肥厂的许多工种都属于重体力劳动，对我们初中生来说挺吃力的。为了能让我们正确地对待工作，李老师经常穿梭在各个岗位，了解情况，掌握动态，鼓励大家克服困难，多向工人师傅们学习。

为更好地与工人师傅们打成一片，利用工余休息时间，我们班与磷肥厂职工篮球队进行了一场篮球友谊赛。

磷肥厂上场的是厂篮球队的主力队员，他们身强力壮，配合默契，技术熟练，而我们则仅仅是一群喜欢打篮球的爱好者，双方在年龄、身高和体力上都有很大的差距。我们参加比赛的有李老师、武善华、李义、杨利龙、马新荣、我，还有其他几个同学。面对强大的对手，我们有些胆怯。李老师不愧为江山中学篮球队的主教练，他先是不断地鼓励大家，为我们树立了必胜的信心。接着根据每个队员的特点，精心地为我们排兵布阵，武善华同学的身高体格都不错，被安排在中锋位置；我和李义为前锋；杨利龙个子高，就当后卫，争抢篮板球；马新荣等同学为替补。更难能可贵的是李老师还亲自上场，担任组织控球后卫。

上半场，在同学们的呐喊助威下，我们不断向对手发起冲击。李老师不断地来回运球穿插，向中锋和前锋传球，为我们多次创造了投篮得分的机会。在对手的严防死守下，他不时地突然带球上篮得分，使对手措手不及，展现了精湛的球技，使我们在上半场的对抗中，始终与对方势均力敌，难分高低。

下半场，对方加强了防守，再加上我们的体力和耐力都不如对手，渐渐地处于下风，最终我们输了这场比赛。

比赛虽然输了，但大家还是感到挺欣慰的。比赛不仅拉近了我们与工人师傅之间的距离，增进了友谊，更重要的是让我们懂得了"胜不骄，败不馁"的道理。

光阴似箭，岁月如歌。离开校园和老师已有 49 年了，溜走的是悠悠岁月，留下的是浓浓情谊。当我再次回到阔别的母校，跨入校门的那一刻，"浙江省江山中学"的校名，使我倍感亲切，肃然起敬；当我走进校史馆，看到那教师墙上一张张熟悉的面孔，仿佛又回到了当年的课堂，聆听老师在三尺讲台上的谆谆教导。几十年的风风雨雨，有许多东西可能已渐渐淡忘，但老师的恩情却难以忘怀。当年老师的亲切教诲，如今依然是那么记忆犹新，那么让人心动，那么让人深深怀念……

注：本文在写作过程中得到了李端贞老师的指正。本文得到江山中学1970届初中校友王兰英、江山中学1972届高中校友邱照华的大力支持。

【作者简介】储武军，原名储和平，1968年9月入读江山中学初中。1969年11月应征入伍。1976年转入江山市多家企业及市经委、市政协工作。1988年8月，调入无锡轻工业学院（今江南大学），从事部门管理工作。

我们的那些年

潘楚琴

犹记得"少年不识愁滋味"的峥嵘岁月，转眼已是"却道天凉好个秋"的年华。每忆往昔，总有一番惆怅，然于黯淡中却始终有一片亮色挥之不去，念起就不禁聊发少年狂，对同学、对恩师、对母校的感念如泉般涌起。

心心念念之处

我读初中时的江山中学，是一段青春岁月的"同义词"。她坐落在西山脚下的县河西路。印象中，校园是那么宽广，或许是因为学校是当年未谙世事的我们心中最大的世界吧！两幢教学楼相依在大操场南侧，在楼上观看大操场上进行的县里的各种大型活动，总会带给我得天独厚的优越感，仿佛这座楼就是我的私人"碉堡"。踩着铃声冲下教学楼，就像弹琴一样跳跃在通往食堂的石子路上，心里冀望午饭的香味，心情永远都是雀跃的。路边除了一棵粗壮的桂花树，还有两棵高大的柿子树。从光秃秃的冬天盼望到挂满红彤彤果实的秋天，最初我们只是回味柿子甜蜜的滋味，现在想来，闻着随风扑鼻而来的桂花香，听着风吹过柿子树的枝丫带来的沙沙低语，想方设法只为摸一下生涩的青柿，这才是最美好温馨的体验……

最忆歌舞青春

加入文宣队的体验是江中生活的精华。每当我翻开珍藏的相册，1970届文宣队的合影总是占据我最多留恋的目光。看！这是李端贞老师，年轻、帅气，戴一副眼镜，文质彬彬的。他教我们语文，又是班主任，同时也是文宣队的带队老师，会打篮球，还会拉二胡。他沉着内敛，比较严肃，我们不管"疯"成什么样，一旦看到他，便马上会安静下来。那是濮阳春老师，他教音乐，会作曲，是我们文宣队的导演。梳大背头，穿白衬衣，走起路来总是从容不迫，有艺术家风范。记得有一次我们排练舞蹈《大刀进行曲》，大家分四排手拿大刀随音乐舞动。当唱到"大刀向鬼子们的头上砍去！"的时候，濮阳春老师觉得同学们的动作力度发挥得不够，就大声喝令："砍鬼子要狠！你们朝我砍过来！"紧接着就做了个被砍倒状，顺势躺在地上，根本就没顾及他的白衬衣！同学们见状，忍不住捧腹大笑，濮阳春老师却仍然一本正经地给我们示范。瞧，还有邱照华，我们的连长兼宣传队队长，擅长画画，组织能力很强，对班级工作很负责，为同学服务很热心；可别忘了王兰英，我们文宣队的门面——节目主持人，她落落大方的台风羡煞我们；坐在第一排右侧第一个的是宣传排排长徐敏华；照片上还有武国庆、张丽莹、蔡春芬、周东红、姜献敏……

我们文宣队员确实比其他同学辛苦很多。除了白天要上好文化课，晚上和星期天，甚至连寒暑假也不休息，不是在学校排练节目就是参加演出。当时，江中文宣队的足迹遍布城乡，不管到哪里演出，来看我们演出的观众总是场场爆满！我们演出的节目内容丰富、形式多样，京剧《红灯记》选段《智取威虎山》选场、组歌《毛主席的建党路线放光辉》、话剧《唐官信》、舞蹈《唱支山歌给党听》……我们全身心的投入也很快地感染了观众们，他们的脸上、眼中尽是享受和赞许。有一次，我们到部队慰问演出，部队首长赠送给每人一枚圆圆的、带齿边的毛主席像章，我把它佩戴在胸前，心中是满满的骄傲和自豪。在那个年代，这是一份相当珍贵的礼物。

没有演出任务的晚上，通常我们都在学校排练。偶尔空闲的时候，我们几个女生会在校园边县河的八角亭里或站或坐，三两组队，亮嗓子秀一回……但更多的时候，我们还是在学校排练室里排节目。排练室西傍县河，每当夜幕降临，华灯初上，我们的排练才开始，嘹亮的歌声、悦耳的器乐声，不时飘荡在县河上空……

说到唱歌，那曾是我的最爱。但文宣队里不乏能歌善舞的好手，和他们在一起，我总是感到羞怯，特别放不开，老是担心自己表现不好会拖了大家后腿，为此曾非常苦恼。细心的李老师发现后，就鼓励我多尝试几次，同学们也不断地给我加油。有一次,李老师安排我担任《不忘阶级苦》节目的幕后领唱。演唱前,我暗暗给自己打气:你行的,你行的,你行的……一曲终了,当观众热烈的掌声响起来时,我知道,我成功了!兰英同学后来悄悄告诉我,李老师对同学们说,今天的潘楚琴真不错,这么有激情,这么奔放啊!我的脸"唰"地红了……现在回想起来,激昂青春,勇敢无畏,能和这么多同伴共同歌颂岁月,这才是少年独有的浪漫之事啊!

友谊天长地久

除了文宣队的活动,日常学习生活也是弥足珍贵的经历。那时除文化课学习外,兼有学工、学农活动,许多时间是在社会实践中度过的。记得在电机厂学工时,上午的课堂就在食堂餐桌上,下午则下车间钉打稻机的齿轮。在陈家安学农,教室是农户的泥瓦屋,七八个同学住宿在一户农家,睡的是从学校运来的上下铺。我和徐敏华、张丽莹、姜献敏等成为临时舍友。我们一起下农田,一起收割,一起学做各种农活,真正是"做中学"。李老师带班有方,同学们都能自觉遵守组织纪律。房东门前有桃树、李树,熟透的果子挂满枝头,色香诱人,也绝没有一个人偷摘,嘴馋了想吃就向房东买。呵呵,体验艰苦生活的过程也有大饱口福的时候。有一次曹建华、郑建生等男同学从城里带回一斤蝴蝶酥,来找我们商量宣传队的事情,就慷慨地拿出来分享了。七八个同学围坐在一起,谈着,笑着,不知不觉地就把它吃了个精光。在那个糕点品种极少的年代,蝴蝶酥可是稀罕物哦!舌尖上的记忆无比香甜。

唯一的一次夜行发生在军训时,那是一次全校师生共同参与的夜行军拉练。晚上七点,同学们在学校操场集合,目标是步行到大溪滩,路程有十多里。出发前大家都被告知口令,半道上不断有同学传来口令"阳光",我们争先恐后地回应"普照"!压抑着的声音掩盖不住高涨的情绪,新鲜的刺激让大家都激动无比。突然,听到前面有同学在尖叫,一番打听才知道原来他卧倒时竟扑在牛粪上了!大家都觉得又好笑又同情,最后还是连长邱照华脱下了外衣给这位同学换上,这才解了他的尴尬。之后,行军路线改往山坡上行走。顶着漆黑的夜空,走着,走着,山道两旁不时有绿悠悠、蓝莹莹的亮光出现,有同学说这里有坟堆,是鬼火。原本就胆小的我听后毛骨悚然,把并排的张丽莹的手抓得紧紧的。丽莹安慰我说："你不用怕，哪里是鬼火啊？这亮光肯定是坟地里的尸骨腐烂后，从骨头里跑出来的磷，遇到空气而发生的自燃……"听了丽莹的话，我慢慢地鼓足了勇气，不停给自己暗示，这不是鬼火，这是萤火虫发出的亮光！这次夜行军直到深夜 12 点才折返，回家的路上，老同学、老邻居何迎建一直护送我安全到家。我一生中唯一的夜行军，那份好奇又刺激的心情和迎着微醺的山风而行的感觉，成了我一生最难忘的回忆。

50 年光阴倏忽，留下人生最大的财富是年轻时的经历。我们共同在江山中学走过的那些年，用激情吟诵青春，这是我人生的珍宝，是我永远挥之不去的记忆！

谨以此文纪念我们的那些年！

【作者简介】潘楚琴，1970年江山中学初中毕业。曾担任江西南昌铁路局生活段第五幼儿园老师。

第一件白衬衫
——忆在江中文宣队的一次演出

刘懿扬

1973 年，我有幸成为江山最高学府——江山中学的一名高中生。在此期间，我还非常光荣地成为学校文艺宣传队的一名队员。

成立于 1968 年 11 月的江中文宣队，当时已经可以演出独唱、歌舞、大合唱、小话剧、相声等不少节目。为了配合演出，还组织了一支阵容整齐的乐队。这对我这个农村孩子来说，一切都那么陌生，一切都那么新鲜，一切都让我惊喜！

在文宣队里，我参加了大合唱、三句半等节目的演出。在平时的排练中，我还对乐器非常感兴趣。在李端贞老师的指导和教诲下，我还成了乐队的板鼓手。

一天，早练结束时，李老师对我们说，下个星期，我们要在县人民大会堂举行一场汇报演出，要求《向黄土丘陵进军》大合唱的队员们统一着装，男队员为白衬衫和黑裤子，女队员是白衬衫和裙子。希望同学们好好准备一下。

白衬衫？这可是当时最时髦的衣服啊。听完李老师的话，我顿时滋生了一份彷徨。

当天下午放学，我赶了二十多里路，回到家里。见父母还在忙农活，便赶紧上去帮忙。

母亲问我："明天不读书？"

"明天要上课。"我答道。

"这就奇怪了，好好的不住在学校，跑回家帮忙？"母亲有些疑惑。我一时不知所答。

一旁的父亲似乎猜出我的心思，说："不会又要钱了吧？"我只好把要做一件白衬衫的事向父母如实诉说。听完我的话，父母一直保持着沉默。

晚饭时，父亲对母亲说："明早我拉车柴去卖，你就把家里的那些鸡蛋也卖了吧。"

父亲又对我说："你明天去上课，不要迟到，星期天回家拿衣服。你可要争气哟！"

那夜，我躺在床上，偷偷地流了泪。

汇报演出来到的那一天，化好妆后，从包扎整齐的纸包中，我小心翼翼地取出一件崭新的白衬衫，慢慢地穿上，扣上纽扣，扎好腰带，对着镜子细细地瞅着自己。哇，镜子里的人是我吗？稚气中充满着帅气！我终于穿上了人生中的第一件白衬衫，在拥有千余名观众的人民大会堂亮相了！

当天演出的第一个节目就是大合唱《向黄土丘陵进军》。站在合唱队伍中，只见大幕徐徐拉开，台下黑压压的一片观众，目光都聚集在台上，我下意识地瞟了一眼身上的白衬衫，顿时增添了自信和勇气。接下来的演唱，我始终在"心中有观众，目中无观众"的状态中，与队友们一起，自豪、坚定地唱完了《向黄土丘陵进军》。刚一结束，台下立即爆发出雷鸣般的掌声，这令我终生难忘。

我的第一件白衬衫，不仅来之不易，而且寄托了父母的鼓励和期待。江中文宣队这个大熔炉，让一个"下里巴人"接触到"阳春白雪"，使我在后来的工作生活中爱上了音乐，这何尝不是为我的人生穿上了一件亮丽的"白衬衫"！

注：感谢江山中学李端贞老师对本文的指导。

【作者简介】刘懿扬，1975年江山中学高中毕业。1978年参加工作，曾获江山先进教师、优秀班主任和优秀团干等荣誉。在江山市教育局担任过多个岗位的中层领导职务。

蜡纸二胡梦缘

戴小岩

　　匆促的岁月犹如流水，总会裹挟去很多记忆，但也总会在不期然间，以某种特殊的方式席卷而来，冲开你思绪的闸门。临近退休，我开始思考培养自己的兴趣，调整节奏，在追逐欲望和知足常乐间找到一种平衡。翻开相册，发现一件趣事，我留存母校的痕迹都和文艺相切。1965 年六一国际儿童节，江山第一幼儿园演出"丰收节"合影，我是在旁边看热闹、因凑数被摄影师拉进去的；1976 年六一国际儿童节，江山县城西小学（江山实验小学）文艺队表演《都有一颗红亮的心》，我是在旁边拉二胡伴奏、因场景需要被摄影师拍进去的；1975 年 6 月江山中学文艺宣传队的合影，这一张是正儿八经的。

　　说来话长，进入江中文宣队纯属偶然。20 世纪 70 年代初期在江山中学读初中，周五下午劳动课，我和同桌负责清洗全组的桌椅。在小操场的水井旁，周晖影老师说："国庆节，班里要向校文宣队提供曲谱，你能不能试试刻蜡纸？刻钢板我不行，我看你的字体蛮好的，刻出来看看。"周老师总是用捧哏的方式，鼓励学生去做事情。说着，她便将一块旧钢板、一支铁笔、两张蜡纸塞到我手里。

　　1969 年处于"文革"时期，父亲因站错队被扣上帽子打倒，经过一段时间"思想改造"，被认为是"可以教育好的人"，属于"人民内部矛盾"，月发 35 元生活费，然后被派到山区塘源口公社下青石战备仓库管工地。工地上的进出材料、劳动力的出勤登记、劳动简报等资料都是手工刻写的。山区没电，煤油、蜡烛、电池限量配给，因此许多工作都要赶在白天完成。

当时班车只通张村公社，下车还需要步行 15 里的山路。1970 年暑假，我也到了下青石工地，做完作业除了抓知了、在水潭里来几下"狗刨式"尽情地玩耍，便参加社会生活，也和钢板、铁笔、蜡纸这"三兄弟"结下了不解之缘。刻钢板，听起来简单，但是个技术活，我第一次笨拙地握起铁笔，像刚拿笔的孩子一样写不出工整的字，费了九牛二虎之力才刻好十几行，握笔的中指却觉得疼痛了。用纸板、图钉将蜡纸固定在桌子上，垫上毛边纸却刻不出来字。后来用废弃的蜡纸，经过多次练习，我才逐渐掌握了刻字的简单要领，蜡纸要对准钢板的纹路，铁笔用力要均匀。半月之后，我也能印一些领料单之类的作品了。

记得又刻了一张歌曲和一张群口词之后，我在高中语文组见到了李端贞老师。经过短暂的交谈，李老师让我刻《洗衣歌》。新华书店发行的《战地新歌》上没有此曲子，我父亲通过关系，弄到《文艺节目》杂志。当时县图书馆规定外部借书证借二小时，内部专业人员可借阅一天，我请了一天假在家刻谱。我的姑父是上海人民艺术团的话剧演员，姑妈是上海越剧团的演员。考虑到今后的生计，父亲让他俩培养我的艺术细胞。1972 年的寒假，我在上海住了两个月。他们分别带我去排练场，看年轻的演员练功；晚上又到大光明剧院、大舞台剧院看演出。戏看多了，上海样板戏《海港》《龙江颂》《智取威虎山》的台词，我基本上都会背，特别是《奇袭白虎团》中群众演员的表演动作，我也基本能模仿下来。当时我个子矮小，只有 130 厘米（高中毕业时也只有 158 厘米），他们为我编排诗朗诵《安哥拉的小战士》（发表在上海《朝霞》杂志上的作品）。因为乡下人熟悉农村生活，他们又为我编排了小品《钓鱼》，还为我编排了小品《澡堂见闻》。我天天练习，等待剧团表演艺术班的招生消息。由于相关手续不全，转不了户粮关系，我失去了当少年演员的梦想。回江山后，我开始学二胡，因此也非常想进宣传队锻炼一下。借交蜡纸的机会，我问李老师能否参加宣传队。"不行，"李老师一口拒绝，"宣传队不是什么人都可以进的，你只限于帮助刻钢板，不参加宣传队的任何活动。"

语文老师病休，李端贞老师来上课，班里组织朗诵比赛，同学们踊跃参加，我从学校编印的《阅读》书中选取《英特纳雄耐尔就一定要实现》一文，站在座位上念了一遍。很意外，下午活动课时，李老师带我到大礼堂宣传队活动室，让张川山同学辅导我朗诵。第二天，川山中途有事，委托冯丽霞同学辅导。在初中组的普通话比赛中，因部队子弟属于外地人，评委商定川山、丽霞同学代表班级比赛不计名次，我的江山普通话从第三名替补为第一名。同时，我书写的一段《国际歌》歌词也获得初中组的毛笔书法第一名。从此，我便成了学校初中组每月一期大批判宣传栏和黑板报的抄写员。濮阳春、徐育才、何英豹、王梅芬、戴双娣、王朝林等老师，他们都没有怎么教过我，但他们无疑都是愿意为学生付出的好老师。待他们定期将专栏编排好后，我便把李端贞、许惠民老师审阅过的稿子抄写上去。

1973年7月，我初中毕业。那时读高中需层层推荐，父亲的工作单位勉强通过对我的推荐。有一天晚上，我在院子里纳凉，凌晨时分，等到了推荐上高中的名额被县商业局革委会否决了的消息。1971年1月，上初中的通知书被父亲单位造反派头头扣留，我跑到江中传达室，在余其本老师的帮助下，查到录取的班次，直接找班主任老师，撒谎说通知书不慎遗失了。老师认识我，她儿子和我是小学的同班同学，经常在一起玩乐，她同意我进班，只是没有录取通知书不接纳报名。尽管造反派来干涉、阻止过，父亲被限制自由、母亲被暂停做家属工，强大的压力让我的文化课受到影响，特别是数学课成绩二次单元测试红灯，我倔强地赖在江中读书，熬过了第一学期。两年半后，读高中又遇上难题了。虽然是炎夏，我望着星空沮丧，心里冷极了。8月中旬的一天，在糖烟酒仓库参加洗酒坛劳动的我，接到通知说学校要迎接参观团，让我帮助出大批判宣传栏。一个礼拜后，学校的几位领导祝日光、祝春和、夏妙根来到会议室，冯发高老师给我一个信封，里面是"江山中学高中录取通知书"，原来学校以特长生的名义给了我读书的机会。因害怕造反派干扰，增添不必要的麻烦，我就在糖烟酒仓库安心劳动赚学费。还没开学，校文宣队便开始集训了，当我把江山中学文宣队改词配曲的《妇女顶起半边天》蜡纸交给李老师时，他便发给我一把中胡，从此我便混进了文宣队乐队，每天早晨也能在排练室内练琴了。

为保证《一只菜盘》和《一只钱包》的演出质量，大合唱《向黄土丘陵进军》的朗诵就临时让我上台顶替川山同学。可我一句歌词都不会，合唱时就是张着嘴唇装样子。在大礼堂高低杠边，我和上台朗诵的女同学对朗诵词，被一位路过打开水的同学听到，他不知是排戏，怀疑我们谈情说爱，校团委因此暂缓了我的入团申请。文宣队中，侯新明、陈肖强是校团委委员，他们对此大惑不解，不少同学也对此幸灾乐祸。卢淑芳老师是校团委书记，她知道交谈的内容纯属台词后，指出"江山儿女多奇志，绣山、绣水、绣地球"，挺好，有机会可以绣。根据卢老师的建议，我草拟了"到农村去、到边疆去、到祖国最需要的地方去"的申请书，经过侯新明修改后，一起联名送给校团委。坏事变为好事，打那以后，我和班上同学的关系逐渐变得融洽起来。

1974 年暑假，宣传队抽调部分同学参加江山县革委会安全用电宣传队下乡巡回演出，按节目定人，名单宣布后我便离队。不久，已经做小工的我，又临时接到召唤。为营造宣传氛围，我的任务是每到一地书写十条以上标语，毛立强同学负责红纸、墨汁和浆糊。我买了几支排笔，找些旧报纸在家练习黑体字。三句半《安全用电就是好》要求用江山话表演，换了两个人之后，李老师决定让我上阵。经过一个月的在农村演出，我既学会了敲锣，又展示了表演才艺，其中许多动作还都来自当初的小品。能上县人民大会堂、能上新安江演出，想起来也是蛮开心的。1975 年 7 月高中毕业后，经过侯新明的努力，我俩在供电局任竹林师傅的带领下，背着扩音机，抬着喇叭，继续进行下乡安全用电宣传。

高中的最后一个学期，我提前离开了校文宣队。每当经过县河顶附近，听见排练室传出熟悉的琴声，我心里总觉得空落极了，生活里好像一下少了许多东西，这里曾是我的另一个窝儿——精神的巢。走上社会后，我经历过当代课老师刻试卷、当粮站职工刻简报、当学生刻校刊。1981 年 10 月，我调入县委宣传部工作，又在李老师的关爱中，延续着刻蜡纸的故事。

42 年中，我搬家 9 次，放弃了许多东西，但仍保存着《喜晒战备粮》《妇女顶起半边天》《洗衣歌》《纳军鞋》曲谱的笔记本和《国际歌》歌词的大楷字帖。

有一天晚上，我们在茅坂公社礼堂演出，电压不足，灯光时隐时现，窗外雷电交加，化妆室漆黑一团，一位队员要换演出服装，让我站在帘子旁壮胆。她打开盒子让我吃点心，我一眼认出那是上海糕点，婉言谢绝。散场时她跑过来，拽着我的胳膊，塞上糕点。那时候，买糕点要粮票，所以很少能吃到。喜悦的成果不敢独享，我约了二位好友一起品尝。信任的蓓蕾让我一直眷念她的细节，她的线条，她的青春；酥脆的点心让我一直眷恋她的细腻，她的圆润，她的芳香。2006 年 9 月，我到学校检查工作，故地重游，礼堂依旧，我站在台阶上回味着昨夜的灯光，不经意中的一次关怀，使我幸福了一个夏天。

【作者简介】戴小岩，1975年江山中学高中毕业。曾任江山县文化局副局长、教育局党委委员，江山市教育工会主席，浙江省教育工会第六届、七届、八届委员。

我的第一堂音乐课

解幸东

在我的案头，有一张泛黄的黑白老照片，那是 1977 年我在江山中学文艺班音乐舞蹈教室（也叫练功房）拍的。那时的我，扎着马尾辫，一脸的稚气，身穿黑色毛衣、蓝色练功裤，端坐在钢琴前，有模有样地弹奏着……

迎难而上

秋日金色的斜阳，折射在后背上，浑身洋溢着一股青春的气息。记得那是刚下了文艺班的舞蹈基训排练课，我正紧张地为我的第一堂音乐课做准备。

这天上午，我接到了祝日光书记交给的任务：由于学校的音乐教师奇缺，除了文艺班的基础训练与舞蹈排练工作外，我要兼一下初一年级几个班的音乐课。顺便说一下，同学们可能有点儿"活泼"，这学期音乐课本里有"五线谱"。

啊！初一年级？五线谱？我一下子傻眼了，急得直摇头，结结巴巴地说："祝书记，音乐课……五线谱，我怕不行的。"

他笑着点点头："我看你教的文艺班基训与舞蹈很不错，上音乐课应该没什么问题。"

1977 年秋，长着一张娃娃脸的我，结束了在驻闽某基建工程兵部队文艺队的编导与巡回演出任务，由江山剧团调入江山中学执教。我的主要任务是文艺班的艺术老师，为培养专业文艺演出人才贡献自己的一份力量。

我没接受过严格的音乐专业训练，既没学过五线谱，也没学过钢琴，能帮助初一年级那帮十二三岁的"小淘气"们学好音乐吗？

望着祝书记期待而又信任的眼神，我艰难地点了点头，扭头就往学校图书室跑。那年月，文艺类的书籍非常匮乏，费了半天劲，我总算找到了一本薄薄的《怎样识五线谱》普及本。

有了这本书，再加上我在原单位自学的"简谱基础知识"，然后结合新学期音乐课本，生吞活剥了一番，自己是明白了，教案也写好了。

可怎样让同学们更快地理解这枯燥的"舶来品"呢？我找来几张大白纸，先用铅笔和尺子打好样稿，再拿出毛笔与墨汁，趴在小床上写写画画，描描填填，弄得浑身上下都是墨汁，总算把五线谱的示意图组画好了。我还借来了钢板和蜡纸，用漂亮的仿宋体刻出了"五线谱翻成简谱"的练习……就这样，我完成了教具的准备工作。哦，还有最重要的音阶键盘练习！我跑进了练功房，在江中唯一的一架钢琴前，搬出琴凳，坐下。活动了一下手指，长舒一口气，闭上眼睛，把双手轻轻提起，弹出了第一个音……

是储武军，被琴声吸引进来，拿着海鸥120照相机，为我留下了这难忘的瞬间。

因势利导

终于要上课了。即便上过舞台，但是面对这么多同学，我还是紧张得不行。踏着铃声，捧着精心准备的教案，我惴惴不安地走进了教室——

"起立！"

"老师好！"

"同学们好！"

教室里寂静极了，我屏住呼吸，看着讲台下一个个毛茸茸的小脑袋，一双双瞪得圆溜溜的大眼睛，一张张渴求的苹果脸，心中暖暖的。

自我介绍后，我便和同学们谈起了音乐。由原始的"劳动号子"讲起，从河姆渡的骨哨到"宫商角徵羽"。讲了《四面楚歌》的故事，让孩子们认识到音乐的神奇与作用；说了"国歌"——《义勇军进行曲》的由来，让孩子们感受到音乐的情感、精神和力量……孩子们听得津津有味，个个挺直了脊背。

下半节课，开始讲五线谱了。我用粉笔在黑板上画了几个"小蝌蚪"——五线谱音符。

"咦！这是什么？""豆芽菜""小蝌蚪"……教室里一片诧异声。

我拍拍手上的粉笔灰，笑着说：在小学阶段，同学们已经学过了简谱，认识了七个快乐的小音符。今天，我请来了一群新客人——五线谱，欢迎同学们来到五线谱家来做客！这里不仅是一个学习的世界，同时也是一个游戏和创造的世界！

我拿出了精心准备的那张五线谱示意图，先用图钉把它钉在小黑板上，然后站到凳子上，把它挂在大黑板顶端的木框上。"用来记载音符的五条平行横线叫作五线谱。"我用教鞭指着大白纸上的示意图，缓缓地告诉他们：五线谱是目前世界上通用的一种记谱法，通过在五根等距离的平行横线上标以不同时值的音符及其他记号来记载音乐，属于运用最广泛的乐谱之一。发源地是希腊，它的历史要比数字形的简谱早得多。熟识五线谱是歌唱者和键盘手进行出色演唱演奏的基础。

"哎呦——好难啊！"一双双眼睛瞪得大大的，一张张小嘴张成了"O"状。

看到同学们有点迷惑，在教室的水泥地上画了五条平行线后，我请了九位同学分别踩在线与间上，从下向上、由低到高轮流发出音阶之声。同时，我用教鞭在示意图上指出了五线谱音阶……

我还搬出了他们已掌握的简谱，在示意图上指出了五线谱与简谱的唱名对照图。

"哦——原来是一回事啊！"孩子们恍然大悟，得意地摇晃起了小脑袋。

"当然，要熟练地掌握五线谱，还需要长时间的反复训练。下面要做个练习作业，看看谁做得又快又正确。"

我趁热打铁，让他们做"五线谱翻成简谱"的练习。孩子们激动得摩拳擦掌，很快就完成了习题。我在黑板上公布答案，同学们在作业上对照、纠错。结果出乎意料，全体通过！

在一片歌声中，下课铃响了。孩子们似乎仍意犹未尽地在纸上点点画画、哼哼唱唱。

教学相长

孩子们簇拥着我刚出教室，祝书记便笑眯眯地迎了上来，爽朗地对我说："我在窗外听了你的音乐课，上得真好。你喜欢孩子，孩子们也喜欢你，喜欢音乐课！你适合做老师。"

我……行吗？

我自愧读书少，学历低，只敢做自己会做的事，不会做的事儿，就不敢沾边。是祝书记的信赖与鼓励让我懂得了：做事，可以边学边做，在实践中学习，在学习中实践。

回忆在江中的那段日子，清纯又青涩。我与文艺班、文宣队的同学们亲如兄弟姐妹，结下了犹如家人一般深厚的情谊。同学们是边读书，边训练，边排练，边演出。我呢，边学习，边教学，边创作，边排练，边读书。在祝日光书记、周仪贞老师、李端贞老师、黄昌明老师、陈仙芝老师等许多老师的关心与支持下，在同学们的共同努力下，我们创作演出的节目获得了丰收。

1979年，我为文艺班创作编排的舞蹈《兰草谣》在江山县汇演中脱颖而出，代表金华地区参加省汇演。1980年，由我担任编导并领舞的群舞《月下编席寄深情》在省汇演中获得了二等奖。同年，我加入了浙江省舞蹈家协会。

1982年，我由江中调往江山县总工会工人文化宫，带领毕业后在基层工作的文艺班和宣传队的同学们，把江山的群众文化活动开展得有声有色，红红火火！1988年调到江苏无锡南长区文化馆后，我的工作面更宽了。遵循"有教无类，因材施教"的初心，沿袭在江中的边学习、边工作、边实践的办法，无论是舞蹈、音乐比赛的创作编导和表演，还是业余文艺团队的培训辅导，我都能得心应手，出色地完成教学。创作辅导的众多作品和培养的一大批文艺人才在全国多次获奖，我也多次受到上级领导的嘉奖与表彰，并荣获"全国少儿音乐舞蹈素质教育优秀工作者"称号。

每每回忆起我的第一堂音乐课，都会打心底里腾涌起一股暖流：要不是当年江中领导"不拘一格"大胆启用，给我锻炼实践的机会；要不是各位老师的关照与鼓励，帮助我克服困难、勇敢前行，哪会有我今天的自信与成就啊！

感恩江中，感恩老书记，怀念在江中度过的青春岁月和幸福时光……

注：本文得到李端贞老师和1968年到1969年在江山中学读初中的校友储武军的大力支持。

【作者简介】解幸东，1977年9月到1982年在江山中学任教。副研究馆员。江南大学纺织服装学院服装表演专业客座教授。江苏省无锡市南长区文化馆文艺部兼少儿文艺部主任。2006年获"全国少儿音乐舞蹈素质教育优秀工作者"称号。曾出版专著《绕太阳》。

徐伦先生二三事

应日旺

徐伦（1908—2005），大溪滩航头人。1930 年毕业于厦门大学国学系。1948 年 8 月至 1949 年 1 月，任江山县立中学校长。

徐伦与戴笠

1926 年暑假，徐伦从家乡辗转来到上海，乘坐英商太古轮船公司"新疆号"客轮投考厦门大学，同船的还有江山赴广州投考黄埔军校的青年才俊多人。徐伦因为年龄最小，又没有旅行经验，途中得到一位江山老大哥的照顾。到厦门上岸作别，方知大哥姓戴。

1945 年，时任志澄中学城关分部主任（本部在茅坂）的徐伦先生，因困扰多时的校舍被国军占用之事，怀着忐忑的心情，求见恰好回江山的志澄中学董事长戴笠。名刺投入之后，戴笠很快就亲自到门口迎接。一边握手一边热情地说："老朋友又会面了。"弄得徐伦一头雾水。戴笠随即谈起了当年"新疆号"上的往事，虽历时近二十年，却记得非常清晰。徐伦这才知道，当年那位对自己照顾有加的春风大哥，就是面前这位大名鼎鼎的戴笠先生。老板出面，校舍难题迎刃而解。此后，志澄中学的办学规模得以扩大。

徐伦先生晚年仍然对戴先生超凡的记忆力，赞叹不已。

徐伦与鲁迅

1926 年，徐伦考入厦门大学国学系。当时，陈嘉庚先生从全国各地高薪延请名师，厦大一时冠盖云集、声名鹊起。其时的大学教授或西装革履，风度翩翩；或绸裳缎鞋，温文尔雅。其中一位中等身材，清癯的面孔，唇上留着一抹短髭，穿一件灰布长衫，脚穿嘉庚胶鞋，卓尔不群，特立独行，他就是国学系新来的教授周树人（鲁迅）先生。

周先生为高年级学生讲授《中国小说史略》，徐伦也想修这门课，文科主任林语堂不同意，认为一年级学生程度达不到。经徐伦再三请求，主任让步，同意徐伦与开课老师自行沟通。

初次到集美楼拜见鲁迅先生，徐伦有些紧张。先生的房间陈设极为简单，书架上、写字台上堆满书籍。先生对徐伦的造访颇感纳罕，随即微笑让座。徐伦站着说明来意，先生颔首，接过徐伦的选课卡，在上面用毛笔写上一个"周"字，递还给徐伦。徐伦高兴地九十度鞠躬致谢退出。先生目送徐伦离开，又埋头工作。

破格成为鲁迅的学生，自然免不了登门请教。有一次和同学结伴拜访，先生正忙于案头，便让同学们自己到床底下拿文旦吃。厦门的文旦颇有名气，徐伦尝了，觉得味道不怎么样，还不如家乡的香泡。先生见他皱眉头，笑着说："盛名之下，常有赝品。果子这样，人也如此。"这话给了徐伦很大的启发，迷信权威的思想观念大为破除，求真唯实的精神贯穿一生。

徐伦与江中

1948 年暑假，因与管理层意见不合受到排挤，徐伦在衢州雨农中学的教职合约到期后没有续聘，暂时赋闲在家。

一天晚上，徐伦先生在毛善力先生家乘凉聊天，得知县中校长郑中奎辞职，县参议会秘书徐承道鼓励徐伦先生参与第二天举行的校长遴选。于是，徐伦先生连夜写好履历，由徐承道交给县长。

翌日，各界商讨校长人选：县党部推张传黻，参议会推王道，徐伦由青年党推选。因为人选都是当时人中俊杰，难以取舍，会议决定将三人同时上报，请省教育厅遴选委任。教育厅初委张传黻，但张电复已接受台湾台南女子中学校长之委，不能回江，而王道已受委为省立衢州中学校长。这样，徐伦被委任为江山县立中学校长。

徐伦甫一上任，正逢学校建校十年。学生自治会编辑同学录，请校长作序，徐伦校长欣然命笔。序文简要回顾了学校筚路蓝缕、艰苦创业的历史，表达了对"社会贤达，指导以方；校内师生，夙夜匪懈"的感怀。虽天时不逮、地利不济，但人和之效，产生了巨大的能量："兵荒马乱之秋，弦歌日盛；榛莽荆棘之区，英才薮聚。"就德、智、体三个方面，徐伦校长对同学们提出了殷切期望，与同学共勉："德性之未纯者日修矣，术业之未精者日进矣，体力之未强者日健矣。"展望未来，徐伦校长信心满满："继今以后，我全校师生，自强不息；地方人士，辅翼无亏。则校舍之未建者，行见其巍巍峨峨耸于前矣；设备之未充者，行见其琳琳琅琅耀于目矣。""矧我千百余同学之学校，三十万同胞之县邑，苟能同心同德，悉力以赴，其何不济！"在短短三百字的序言中，《诗经》《孟子》信手拈来，排比、对偶天衣无缝，遣兴、抒怀情深意切。展现了先生深厚的国学素养和对教书育人、尊师兴校方略的深刻诠释。

然而在江中任职仅半年，徐伦校长就因为一件事情愤而辞职。

一天，学校训育处转来查扣的衢州中学何某寄来的可疑双挂号信六封。徐伦校长看过，觉得行文晦涩，难解其意。便和毛善力一起，约了训育员一道去收信人的住处查看，也没有发现可疑之处。事务主任蔡某也来看信，看完，徐伦校长把信锁进抽屉，叮嘱大家不要扩散。谁知蔡某私自截留了一封信带回家研究，被他家的房客看到。这个租客是个特务，他疑心信件是共产党的秘密文件，把它交到县政府。县政府来人让徐伦校长交出了其余信件。几天后，收信学生被捕，然后发信人也被抓。徐校长知道后，立即到县政府请愿，要求释放学生，并且表示，如果不放，自己将辞去校长一职以示抗议。谁知此举正中当局下怀，很快做出将江山县立简易师范学校和江山县立中学合并、由简师校长毛皋虔出任校长的决定。无奈之下，徐伦接受了衢州中学的邀请，到衢中当教员去了。

1979年，先生以七十二岁高龄返聘江山中学短期任教；1986年受聘为《江山县志》义务审稿员；1990年被聘为江山市政协文史委特聘委员。先生晚年，心境恬淡，自嘲"学无专长，只好读书"，自勉"能助人者尽我之力"。先生享龄九十八，真仁者也。

【作者简介】应日旺，1978年江山中学高中毕业。徐伦先生孙女婿。江山市保安乡财政所所长。

最忆文艺班

陈伟

前几天整理旧物，不经意间翻出来几张泛黄的旧照：十多位稚气刚脱的男女学生，手执乐器，在操场一隅吹拉弹拨——这是我们乐队器乐小合奏排练；一位满是幸福笑颜的长者，伸出慈爱的双臂，将几位活泼可爱的少年纳入怀抱，迎风拥坐在江水拍击出浅浅浪花的礁石上——这是班主任老师带我们踏青郊游；一张张阳光灿烂的笑脸，围簇在英气的老师周围，定格在学校大操场上——这是我们毕业那年的一张合影；还有毕业十周年、二十周年、三十周年同学聚会活动留影……

望着这些照片，40 多年前，在江中文艺班三年多学习生活中的那人，那事，那景，那情，像一幕老电影，一帧一帧在眼前映现，让我思绪万千，仿佛又回到了当年……

各就各位

1974 年末，成为初一新生才两三个月的我，莫名其妙地被通知参加组建文艺班的选拔考试。从小就懦弱胆小的我，内向木讷，不善言辞，五音不全，不知当年的班主任老师凭哪一点推荐了我。我涨红了脸登台，声音颤抖着，勉强唱完一段样板戏选段，竟然通过了县剧团请来的专业老师的评审，稀里糊涂地被文艺班录取了。

初一的第二学期，我和从全县各中学选拔而来的 44 名同学一道，怀揣梦想，也怀揣好奇，怯生生地来到了江山中学本部，转入了新组建的文艺班。

文艺班被特别照顾地安置在了江山中学本部的第一幢教学楼一楼西侧的

两间教室，成了本部校区唯一的初中班。

后来听说文艺班是县文教局牵头组建的，办班目的是为全县农村基层培养文艺宣传骨干——那年代，上山下乡是我们这些离开校门还必须接受再教育的学生群体中绝大多数人的必然选择。傅春龄局长亲自点将，把县剧团团长余诗海老师调派过来主抓文艺班工作，剧团业务骨干黄宗基老师、陈美君老师、徐竞飞老师分别负责男女演员队和乐队的艺术专业教学训练。江山中学则在教学场地、训练器材、经费物资和文化课教学上全力支持，提供了全员住宿条件，比其他普通班级多配了一间练功排演专用教室，给艺术指导老师也安排了独立的办公教研用房，为学员置办了训练服和各种乐器，还有戏装道具等等，还特地派许惠民老师担任班主任。

文艺班早晨练功，上午上文化课，下午和晚上练功排演，相当于专业艺校的教学模式。

入班时，我参加的是演员队集训。只记得大家第一次穿上新发下来的练功运动服时，个个像过年穿上了新衣，既兴奋又神气，宽大的裤脚拖地，胸脯挺得老高，趾高气昂地穿行于宿舍与教室，身上落满了其他班级同学艳羡的眼光。可惜，我这浑身上下找不出一个艺术细胞的骨坯，撑架不住这身神气的新衣。天生手脚僵硬，腰弯不下，腿又不开，在黄宗基老师两只大手的有力帮助下，我又痛得哇哇大叫，黄老师摇头："真要命。"没几天，我就和另外五六位同学被重新编入乐队学习。至此，文艺班同学都分编到位，男演员队、女演员队、乐队各 15 名学员。

谆谆教诲

乐队指导老师徐竞飞是两个孩子的妈妈，个子不高，但水平不低，才艺不凡。吹笛拉琴，中西乐器样样拿手；编词作曲，戏剧歌舞全都涵盖。她开设的乐理课程，启蒙了我们对"宫商角徵羽"古典五音的认知，教会了我们识读简谱、五线谱，练就了我们见谱就唱、听曲能写的读记乐谱本领。她是位特别温柔善良、特别有责任心的老师，敬业乐教，爱生如子。丈夫远在四川工作，她只身照料一个小学一年级、一个还在幼儿园的两个孩子。每天我们开始晨练前，她就撇下还在熟睡的孩子，在晨雾中从县剧团宿舍步行 20 多分钟赶到学校，准时出现在我们身旁。结束一个多小时的晨练指导后，又匆忙回家料理孩子的早餐。后来，孩子们早早学会了自理，她便将更多的身心倾注在教学上，常常为我们的练习排演早来晚归，加班加点。对我们乐队的同学更如慈母，关爱有加。冬日里我们操练乐器，手指头冻得像红萝卜似的，她会把办公室的火盆搬到我们面前，拉上我们烤火暖手；三伏天见我们练得汗流浃背，她会悄声俯近，摇动手上的蒲扇，给我们送来丝丝凉意。

徐老师面善心慈，对专业训练却一丝不苟。器乐的基本功练习十分枯燥乏味，一首练习曲重复几遍就会生厌，我们练着练着，就移花接木转至其他乐曲，调节情性，甚至自我感觉良好地偷偷练上一段独奏曲，以期日后卖弄。徐老师发现后，会和颜悦色批评一句："还没学会走路就想飞？你们现在是打基础阶段，基础扎实了，什么曲子都能得心应手。"我们就又老老实实地重复着练习曲。有时，我们个人练习时下的功夫不够，集体演奏难度大的音节时想滥竽充数混过去，她就会盯住不放，听出谁的演奏抢拍拖音、音节不清或音阶不准，就请出来单独演奏一遍。这种"请"，乐队同学好像大多都领受过，我有幸不止一次。

徐筱娜老师是初二时由县剧团抽调来负责戏曲排演指导的，也一直跟到我们高中毕业。

身材瘦削、操一口诸暨腔普通话的班主任许惠民老师是江山中学教师队伍中的翘楚，知识渊博，学贯古今。许老师是全校最辛苦的班主任，既是老师，也是保姆。清晨叫醒我们的是他，晚上叮嘱我们熄灯睡觉的是他，练功房窗台边关注我们训练情况的是他，排演厅里陪伴我们走台合演的是他，演出活动为我们前后张罗的是他，在三尺讲台上把知识灌输给我们的是他，课余闲暇对我们嘘寒问暖的还是他。那时的语文课本主要内容是毛主席诗词、《毛选》篇章、鲁迅杂文及报刊论评，阅读量少，知识面单一。他就私下里给我们讲古典文学，讲唐诗宋词。文艺人不能是文盲，要有真才实学，做有文化的文艺人，这是他常教诲我们的。课堂上，他拓展知识面，尽量让我们多学点东西。印象深刻的是，他自编自印了厚厚一本有关诗词格律和平仄韵律方面的讲义，教我们掌握基本的曲艺和诗词写作知识。寒暑假，他担心我们放纵自己，心气玩野了，布置我们习书练字，抄写钢笔字帖。好几位同学得益于此，写就了一手好字。

数学老师毛骏满在许老师病休期间代理过班主任，时间不长，但也与同学们打成一片，建立了深厚的感情。在参加往陈家安分校送肥劳动时，他比我们都卖力，我们两个人抬半桶肥，他一个人挑两个桶，裤腿高挽，手搭粪桶挑环，还跟我们比赛谁先送到。毕业后我们同学经常聚会，他每请必到，每次都说："我带过这么多学生，就和文艺班同学感情深，喜欢和你们文艺班的同学在一起，唱唱跳跳，活泼可爱！"

春华秋实

清亮的歌声，优美的舞姿，绕梁的琴音，文艺班独有的元素成了江山中学校园里一道亮丽的风景。在这道风景的背后，我们付出了比其他班级同学更多的汗水。别人早上七点半上学，我们五点半就起床开练；别人下午四点半放学回家，我们晚上九点半才结束练功排演；别人每天放学后尽享父母疼爱，我们天天住校，周末才能回家"取暖"。摔打拉伤，忍饥挨饿，暑炙寒冻，都是家常便饭，初中到高中，概莫若此。"宝剑锋从磨砺出，梅花香自苦寒来。"一分耕耘，才有一分收获。我们文艺班的同学也比其他同学有了更多的体验、经历和乐趣。

县里的各种文艺汇演，我们是主力，节目最多，水平最高，反响最好。每场演出，最后都由我们的节目压轴。

高二那年，占同学、徐同学联袂的双人舞《小花伞》被县里选送参加金华地区文艺汇演，获得了表演一等奖。

每次我们代表学校到各学农联系点专场慰问演出，都引得当地男女老少全村出动，舞台四周人头攒动，像过节一样热闹。有一年冬天，我们在寒风中步行一个多小时，前往离县城较远的墩头山学农点演出。到达时天色已暗，见这个小山村漆黑一片，我们诧异怎么停电了？生产队长告知山村落后，尚未通电。见村民们往一种比普通煤油灯大上好几倍的灯具里注满了汽油，"吱，吱，吱"，打足了气，点亮后挂在临时搭建的舞台上，把舞台照得雪白，我第一次领略了汽灯的神奇。演出结束后，好多村民还在围看我们卸妆、整理服装道具，不愿离去。纯朴的村民用脸盆端上刚煮的热腾腾的玉米、番薯，一定留我们吃了夜宵再走。此景此情，感人至深。

在一个年关将近的寒冷季节，我们代表学校到军工企业红星机械厂慰问演出。军用大卡车满载着我们,沿着崎岖山路,往淳安的大山深处逶迤而行。风夹着雨从卡车的篷布缝隙中刮进来,雨水和泥水溅了我们一身。甫始,我们还一路歌声,与一路颠簸作斗争。伴随着一路呕吐,在四五个小时后抵达目的地时,我们一个个全没了神气,像霜打茄子一般蔫了,半天才缓过劲来。

最令人难忘的是在保安公社开门办学一个月。男老师带领男同学住生产队仓库里,女老师和女同学则被安排在戴笠旧宅的一个地下室内。地板上铺一层稻草,摊上席子,我们的"床"就这样一个挨着一个沿墙脚排开。每天睡觉时,房梁屋柱上都有老鼠出没;蚊蝇昼夜不息,像轰炸机一样嗡嗡作响满天飞,即使裹上长袖衣衫,人人腿上臂上还是收获多多的"红包"。白天,我们或参加石鼓水库建设劳动,或翻山越岭下村宣传演出,或帮助当地小学校的孩子们编排文艺节目;晚上,我们三两人一组,到联系的困难农户家中劈柴担水扫地,送温暖做好事。一日三餐由几位能干的女生轮流做,天天煮芋头、南瓜和豆腐,还加了一顿苦菜米糠的忆苦饭。烧饭用的柴禾是我们自己动手,爬上高高的大山砍来的。砍柴的印记太深了,我们穿过石鼓水库工地,往深处的大山攀爬。茂密的灌木林荆棘丛生,我们好胜勇猛地穿行其间,全然不顾手脚被拉出道道血口,你呼我喊地往高处爬,及至云端,挑粗壮的树干砍,绑扎了一大捆背不动,就伸腿一蹬,成捆的柴禾从半山腰骨碌碌滚下去,待到山脚已经稀里哗啦散落一地,好多同学最后只拣两根大的木棍拄着,一瘸一拐回到伙房。

1977 年邓小平同志复出后,各条战线全面拨乱反正,知识青年上山下乡运动也偃旗息鼓了,文艺班办班的初衷因形势改变而失去了原有的价值和意义。毕业前夕,余诗海老师四处张罗,与省级、县级专业剧团联系,推荐有志向继续从事文艺工作的同学前去应试。经过多年系统扎实的专业训练,许多同学已经具备良好的素质和相当的功底,我们班有不少同学先后被各级剧团录取,尤其有 10 来位同学进入县剧团,撑起了县剧团的半个台面。另外,我们班的王同学、李同学、郑同学在 1978 年高考中金榜题名,走进了大学校门。

流年似水,一晃,走出江山中学校门已 40 个年头;一晃,当年的懵懂少年早已年过知命。回首往事，一生最忆的是江山中学文艺班，怀念的是那时的纯和真，它足比一壶陈酿老酒，年代越久越香醇，抿上一口，回味长久！

作者介绍： 陈伟，1978年江山中学高中毕业。在职考入北京物资学院会计专业。先后担任江山三环物资公司、江山化轻建材公司、江山民爆物资公司等企业总经理。现就职于浙江展兴机电设备有限公司。

花季十六岁

金红莲

1976 年，尽管还是一群懵懵懂懂的孩子，16 岁的我们已成为高中生，到江山中学第三教学点——陈家安农场，边上课，边参加劳动，在那儿当了一学期的住校生。

那年 9 月 9 日，是我们开学后不久的一天，突然广播中播放起哀乐，我们的伟大领袖毛主席病逝。那年已有两位国家领导人（周恩来总理、朱德总司令）先后逝世。对大家来说，当时就像突然塌了天。(1) 班的郑慧敏同学，听到广播后放声大哭，其他同学备受感染，大家哭成一片。那段日子，虽是秋高气爽，却像冬季般乌云密布，阴沉寒冷。

到学校报到时，交的搭伙费是每个学期 3.24 元。星期天，我们从家里把米带到学校。一日三餐前，用铝质饭盒洗好米，再在盒中放上适量的水，最后由食堂集中蒸熟。就餐时，只有家庭经济条件好的同学，才能在食堂买点蔬菜就饭，大部分同学只能用家里自带的梅干菜、咸菜下饭。有的同学还把菜金省下来，跑到几里地外的小代销店买点 5 分钱的小麻花或蝴蝶酥解解馋，这已经算是当时最好的零食了，有的同学甚至用省下的粮票去换蝴蝶酥。还有同学花 2 分钱在食堂买碗白萝卜，留到晚上当点心。如果运气好，遇到有同学从家中带了一茶缸鸡块焖糯米饭，同寝室的同学每人就都能分到一小口，就像是过了个小年。

多年后的同学聚会时，陈建兰同学曾经感慨："谁还记得拿粮票换蝴蝶酥吃的日子吗？当时连菜钱都要省下来买，味道不知有多好呀，现在再也吃不到这么好吃的东西了！"

学校的寝室，是一个大教室，房顶就是人字木梁，上面直接盖瓦片，上下两层的高低床，上铺同学可直接揭瓦上房，一个大教室几乎住了一个半班级的女生。晚上熄灯前，卧谈会也是我们的必修课，当时的禁书《第二次握手》等在部分女同学中悄悄流传。星期六下午放学，几个同学结伴步行回家，星期天晚饭前又回到学校。那年冬天的雪下得特别大，有一个下雪天，从家里返回学校，我们发现雪早已从瓦缝中飘落，洒在宿舍的床上。

每天上午，我们都在教室里上课。记得最牢的是我们的数学课。学三视图时，教数学的祝春和老师拿来一个大螺帽，让我们按比例画出图形……教语文的戴双娣老师还让我们去农村搞调查，我参加了由两位男同学和三位女同学组成的一个调查小组，走出学校，深入到农村，在当地驻了一星期，最后交了什么样的稿子早已忘却。除了数学、语文，还有化学、体育等课程，但学的内容都比较简单。

除了上午的文化课外，每天下午，同学们都在陈家安农场参加劳动。我们种了很多蔬菜，白萝卜、大白菜等等劳动成果往往上了我们的餐桌，这也算是那个年代高中学习生活的额外收获吧。

当年影响最大的课外活动是由李端贞老师组织的《黄河大合唱》排练。学校从我们高一年级中挑选了部分男女同学，充实到高二年级的队伍中一起排练，学姐郑亚民是领唱，乐队也是高二的学长们组成的。每次排练前，我们就从陈家安步行回到江中本部大礼堂参加排练。排练时，我们都被合唱的歌曲所震撼，尤其觉得乐队很厉害，多种乐器协调一致，演奏出了恢宏的乐曲。其中有段小提琴独奏，令人印象特别深刻。我参加工作后，用积攒了好久的工资，委托郑慧敏同学从宁波买了一把小提琴，却始终未能自学成才，小提琴也被搁置高阁。姜建华同学曾经说过，现在听到《黄河大合唱》，必定汹涌澎湃，因为这是我们那时正正规规学的一首歌！孙建军同学记得，当时每天都要写日记，就是写《黄河大合唱》的排练和演出。令祝秀萍同学难忘的是，因为下了一场大雪，在去人民大会堂演出的路上她还摔了一跤。非常遗憾的是，我和金玲、周香爱等许多同学，仅仅是演唱团的候补队员，没有登台参加过正式演出。

那时，学校的体育设施也是非常简陋的，除了一个篮球场，只有一个勉强算得上乒乓球室的教室。每到星期六下午，乒乓球室便成了乒乓球爱好者欢乐的海洋。许多同学从食堂拿了饭盒，打上菜，顾不上吃中饭，就到乒乓球室排队打球。轮到的，放下饭盒打球，打输的捧上饭盒继续吃饭。这时候的男女同学，尽管平时相互不说话，但却非打个你输我赢，直到不得不回家为止。

当时，我们高一年级共有七个班，分两批轮流在陈家安住校。尽管只有短暂的一个学期，尽管已经过去四十多年了，但青春岁月留给我们的回忆，却是最难忘的。

毕业后的我们，会不时回忆起当年的老师和同学，回忆起当年的点点滴滴，回忆起岁月留给我们的痕迹。同学们只要聚在一起，就会陆陆续续地回到那里，寻找当年的往事，寻找当年流逝的岁月……

四十多年的岁月难以磨灭我们的青春岁月——花季十六岁。

【作者简介】金红莲，1978年江山中学高中毕业。1980年到1988年在江山农业银行财务科工作。1988年到1998年就职于衢州市农业银行柯城支行财务科。1999年到2016年就职于衢州市农业银行财务处。

心底的陈家安

金玲

高中毕业 34 年，我应同学之约，重回小时读书的县城，参加高中同学会。

弹指一挥间，34 年倏然而去，大多数同学毕业后还是第一次相见。好多同学仍有旧时的笑貌，但已唤不出名字，也有脑海中已全然忆不起的，还有像李建文、李秋华等不曾有大的变化的，好似漫长的 30 多年只是个数字而已，不曾刻下岁月的年轮……

最不能忘的是当时城郊陈家安印象。1976 年，正处"文化大革命"末期，各地都还在"学工、学农、学军"。我们来到陈家安学农，为了建设陈家安，更为了走"又红又专"的道路，我们半天上课半天劳动，师生同甘共苦，一起种麦子、油菜、大白菜，采蘑菇，晒番薯粉，还养猪、羊、兔子，烧砖瓦，到了寒假，有同学还轮流留下照管小猪……15 岁的莘莘学子挑起生活的重负，重活累活抢着干，肩上磨出泡了不要紧，手起茧了是光荣。

食堂很小，大家自带饭盒蒸饭吃，菜里不仅见不到油水，还常常不够吃。酱油拌饭成了同学们美好的回忆，当然还有的同学为了省菜钱，从家里带了霉干菜蒸着吃……

一天劳累下来，10 多人挤在 10 平方米的小宿舍里，躺在铺了稻草的上下通铺上，黑灯瞎火用唱歌聊天来解乏，美美地睡上一觉后，又开始新的一天。由于宿舍小，又非常潮湿，当时许多同学染上了怪病，全身奇痒，甚至有同学落下了后遗症——坐骨神经痛，成了永远的"痛"。

因为当时没有娱乐活动，生活贫苦，每天强劳动又使我们非常疲惫，男同学们就想方设法从每星期一元的菜钱里抠出一点到小店铺买黄酒喝，而女同学已没有了对"美"的奢望，也记不起吃零食的爱好……青春少年们全然没有苦的感觉，反而干得热火朝天，热闹而愉快地度过了整整一个学期。

34年后，重返陈家安，往日的校舍仍在，只是人去楼空，一片荒凉。走进3米宽的校门，左边是当年的传达室，很小，只能容下一张桌子，看门的老师傅每天按时开、关大门。

大门的正对面是学校的食堂，右边最里是猪圈，中间两间是食堂，左边是摆放劳动工具的杂货间。宿舍与教室之间有一条小小的走廊，走廊左右两边的黑板依然完好，只是镶黑板的墙体上，当年白色整洁的墙粉已完全剥落，古色的青砖暴露无遗。走过没膝的杂草丛，一排教室呈现在眼前，教室门开着，旧时的黑板仍然整齐地贴墙立着，只是空空的教室布满了蛛网。

教室门口做广播操的小操场，堆满了乱石，不知名的花花草草，一丛丛从石缝中冒出来。我探头往住过的宿舍望去，空空的房间中，满目灰尘，斑驳的墙上依稀可见少年时的涂鸦，不平整的砖块让人回想起当年的吵闹声……

陈家安学校的校舍，是第一批进驻陈家安的1970级师兄一砖一瓦建造起来的。学校对面，原来是一大片的学农基地——黄土坡，如今已经改造成了化工厂。周边的面貌都随时代的发展而变迁，唯有这10亩地的学校，青砖红瓦泥墙，没有喧嚣的高楼，贫瘠而破旧地以它原先的面貌"卧"着，与周边环境形成了强烈的反差。

立在旧时的陈家安，不敢想象，这么个破旧不堪的"巴掌地"，当年是如何装下一群十四五岁的风华少年的？

别了，承载着几届人青春与梦想的陈家安！

别了，我心底永远的陈家安！

注：本文原名为《心邸的陈家安》，原载于《今日江山》2012年8月1日第3版。

【作者简介】金玲，1978年江山中学高中毕业。副研究员。现为浙江科技学院校友总会副秘书长，五级职员（正处级）。曾获浙江省"事业家庭兼顾型"先进个人。多篇论文获浙江省档案学会优秀论文奖，著有《应用文写作》等专著。

我的江山中学，我的学生时代

倪景彝

我的老师退休了！

我的江中学生时代远去了！

人到中年的时光，看着十四五岁的少男少女，就会不自觉地想起自己的少年时代。有时，在假日的街上遇到难得一见的同学，就会侃起远去的学生生活；有时，曾经的同窗会在梦中不约而至……如果，人能永远少年，如果，人能青春永在，如果，老师不老，我们就会永聚在同一块天空下，聆听老师的教导，挥洒着少年的浪漫与顽皮。

高一岁月

陈家安

陈家安坐落在小城偏南一角。

出大东门，过东门大桥，沿着乡村小道，穿过几座村落，就上了公路，一直向南，走个把小时路程——当然，也可以一直走公路，如果不怕远的话——就到了江中的陈家安分校。

学校很小，一圈土砖结合的墙把学校圈围在公路一侧，四面是茫茫的黄土地，在初秋的阳光下尽情地散发着让人无法忍受的热情。如果是冬日，凌厉的西北风卷起漫天黄土一路狂叫着肆虐而来，简直要把你卷上半空，简直要冷彻你的心肺。

进了大门，就是一个小篮球场；左边是猪圈和牛栏，正面由左至右是食堂、总务处、工具房，里面堆放着锄头、簸箕、扁担还有粪桶等劳动工具；再往右边是水井。每当早起床铃声或晚就寝铃响起，井边就热闹起来了，男男女女抢着水桶打水刷牙洗脸，有的就乘机用水泼人打闹。

球场的右边是一排女生宿舍。穿过女生宿舍中间的走道，就是教室，容纳四个班级的学生。教室和女生宿舍中间，是一块空地，几株参天泡桐耸立在空地的角上。右边是办公室和小会议室，供老师开会或者我们几个年级专刊组的学生设计出刊。沿着食堂左侧的台阶拾阶而上，就是男生宿舍，高高地建在土坡上，和女生宿舍遥遥相对。男生宿舍后面就是我们的菜地。

每当下午 4 点来钟下课铃起，四个班的同学就涌向工具房，按照人数领走粪桶、粪勺、锄头、扁担，先到粪坑里舀起三分之一桶的粪水，由两个同学抬着到学校后面的水塘里兑满水，抬到分到自己小组名下的菜地，等其他同学松土除草之后，用粪勺一勺一勺顺着根部浇灌下去，不施肥的日子就浇水。

谁谁抬粪浇菜、谁谁松土除草，全由组长安排。我所在的组长每次都安排我和另一个高个同学少君抬粪抬水。黄土地特干渴，一勺水喂下去，转眼就干了，你得大勺大勺地浇。

起初几次倒没事，可后来，我和少君不干了：凭什么总是我们两个抬粪，组里有好几个高个子呢！王侯将相尚且无种，抬粪浇菜难道前生注定？和组长说了几次，组长还是"按既定方针办"。于是我们决定捉弄组长一番：放学后故意拉后一些，等大家把好粪桶挑光了，才慢慢悠悠地来到菜地："组长，粪桶没有了，你给我们找一只来吧！"几次下来，组长觉察出来了，就把我们告到了老师那里。

那天，正好入学过了个把月，劳动结束后，老师召集全班同学选举产生了班委和红卫兵支委，我和少君没有粪桶也就没有上菜地，不知道要开会，组长也不叫我们。

直到晚饭后，一个同学跑到寝室："倪景彝，老师叫你去！"从上铺"腾"地跳下来，刚好看到组长似笑非笑、幸灾乐祸的眼神，我就知道"东窗事发"了。来不及计较，就往老师住处走。刚过食堂，便看见老师站在篮球架下："倪景彝啊，今天班队干部选举，你也没有参加，不好。同学们还是很信任你的，推选你做支队宣传委员。做了干部，要以身作则，协助组长做好工作，好不好？"老师不是一个爱唠叨的人，我也懒得解释，事情就这样过去了。

陈家安的日子是艰苦的，单说住宿吧，一个寝室大约有 30 人，上下铺。没有天花板，又是单层瓦。经常有什么虫子从瓦上落下来，掉在身上，又疼又痒的，手一抓，就是几条红痕杠起，而且是越抓越痒。刚入学时恰是初秋，蚊子大如苍蝇，一咬一个大包。我住的宿舍在最边上，小便处是水泥糊成的，就在窗边，既臭又滋生蚊蝇，所以也不敢开窗。

但是，陈家安的生活是快乐的，嬉戏，玩闹，从不间断。

那一年真的很意外。好像是上天也哀伤中国的天灾人祸：年初周恩来去世；7 月朱德去世；7 月下旬唐山大地震，遇难者 24 万；9 月毛泽东去世……好像一入 12 月，就下起了纷纷扬扬的大雪。

记忆中从来也没有经历过这么大的雪，而且一下好几场，连续十几天，前一场雪还没有化开，下一场雪又纷纷扬扬地飘落下来。下的雪也奇怪，不是成片成片的，而是像米粉状的。

记得正是星期天的夜间下的第一场雪，早上起来才发觉大地白雪皑皑，茫茫一片，很是兴奋，背起米和菜，就兴冲冲地冒雪到学校去了。一路上，遇到很多同学，也不打伞，一路玩着雪，打着雪仗。到了学校才发现，上铺床也铺满了雪——原来风猛雪大，雪粉被大风从单层瓦间吹进，盖满了上铺床。到教室一看也是如此。老师叫大家把教室的雪扫了，可一会儿功夫，雪又从瓦缝间飘落下来。"放假吧！等雪停了再回校！"领导发了话。

放假了，大家却不回家。体育老师从食堂借来了大米筛，在水泥球场扫出一块空地，抓了一把谷子洒在空地上，把米筛盖在谷子上，用捆着一根绳子的木棍把米筛一边顶起，候着饿得发昏的麻雀飞来啄谷子，看麻雀多了，一拉绳子，一群麻雀就罩在米筛下面。

连着几场雪，一层盖着一层，漫山遍野一律白茫茫的，一丛丛茶树、一座座坟墓，都被厚厚的白雪覆盖着。体育老师就问我们想不想到山上抓野兽。那当然是不用说，肯定愿意的。于是，老师带着我们一路寻找野兽的踪迹，倒真的在山坡上发现了一只叫作"白弥豹"（本地土语谐音）的小兽。体育老师带着我们拼命地追赶，眼看着那只"白弥豹"要被合围了，它却"哧溜"一下钻进了一个坟洞。老师叫大家在洞口堆了一大堆柴火，点着了用烟熏。我们给熏得眼泪像庐山瀑布，"白弥豹"却始终没有给熏出来。

雪停了，也就复课了，没上几天课，很快就期末了。大雪还是没有要融化的意思，天冷得出奇，公路上，水田里，甚至水库里，都结上了厚厚的冰，几个人上去滑冰也没有关系。

星期六，各门考试都结束了，我们收拾了东西准备回家过年。老师走过来对我们几个人说："你们几个人迟点回家，把全班同学的品德意见写出来吧！"于是，我们几个班委和支队委就在教室里，琢磨开同学的品德评语了，直到晚上八点来钟。老师说，太迟了，明天回吧！班长说，没关系，沿着马路走，不会迷路的。

在老师千叮咛万嘱咐中，我们回家了。白雪皑皑的，哪里分得出公路和田野，反正向着城里的方向走，班长在前，我们几个断后，女同学在中间。一路上谈着笑话，说着鬼怪事，倒也不恐惧，只是一直走，一直走，似乎还是没有到东门桥，看看四周，高高低低的倒有好多馒头状的土墩，一个同学猛叫一声："我们走到坟堆里了！"知道在乱坟堆，也就不慌了——因为乱坟堆就在东门桥东端附近的山脚下，距桥一里多路。我们认着桥头昏黄的灯走，跌跌撞撞地终于走出了乱坟堆，到家里已经是十点来钟了，一身内衣都被汗湿透了。

半年的陈家安留守岁月就这么过去了。

我的老师

我读书的时代，倒真有几个很有性格的老师。

音乐老师濮阳春

一个叫濮阳春的音乐老师，初中时就教我们音乐。一件中山装，似乎从来没有换洗过，可是教的音乐确实一流。随身带一只小锤子和一块校音用的好像是铁块似的玩意，上课发声前，总是要耳朵靠近铁块，用小铁锤轻轻敲一下，"叮"一声消失后，老师就试音了：哆来咪发嗦啦西，一遍中音，一遍高音，一遍低音，顺着唱一遍，反着唱一遍。接着就着风琴复习老歌，之后开始教唱新歌。

老师教唱歌时很投入，初中的我们喜欢捣乱，上课前就抓一把粉笔头，候老师经过——我们唱歌时他就背着手在教室里一边走着，一边纠正着我们唱走调的地方——有些同学就把粉笔头装进他口袋，有时干脆就把粉笔塞进老师微微蜷起的掌心里，老师也浑然不觉。喜欢老师的课，但不愿意坐在前面和边上，因为老师一唱起歌就唾沫星四溅。

到我们读初二时，老师退休了。不过，退休后的老师还留在学校，因为学校缺音乐老师。1977年元旦，老师还指挥了一场当时轰动江山的江中学生《黄河大合唱》。那次，老师穿得特整洁，打扮得特精神、特神气，拿着一根小棒子，指挥着《黄河大合唱》。此后就再没见过老师。

许多年后，和老师的女儿同校任教，她告诉我，由于出身成分不好，老师一直很压抑，又嗜酒，所以常常遭白眼。不过，在我们学生的眼里，老师始终是一位性格特异、很有本领的好老师。

数学老师兼班主任沈琳敏

沈琳敏，是我高中的第一个班主任，数学老师，高个儿，很沉默。据说年轻时曾是个活跃分子，后来遭了运动，受到了不公正的批判，就成了我读书时的那样子：不喜欢和其他老师凑伴，一个人独来独往，沉浸于半导体收音机的研究，书桌上摆了好几本《无线电》合订本，整日里对着合订本里的电路图，把个收音机拆了装又装了拆。每每进教室前就要干咳一下，当教室外远远传来一声"哈——呸——！"的时候，我们就知道，沈老师要来了。

很佩服沈老师上课的功夫。教三视图，教立体几何，从来不带圆规、尺子、三角板之类的东西。一支粉笔，一本书，一本备课本。面对黑板一举手，中规中矩的几何图形就出现在黑板上。也很少看书或备课本，对着题目，不慌不忙、慢条斯理，解说的解题过程却言简意赅，条理清清楚楚，很少作业，甚至高考恢复，有些老师拼命抢时间，沈老师的作业仍然很少——可惜只教了我们一个学期——我们一直很羡慕后来被他教的同学，因为后来的数学老师上课表述不清，题目越解释我们越糊涂，再后来的数学老师就怕学生题目做不够，拼了老命布置作业。

沈老师不喜欢啰嗦，从不对同学评头论足、求全责备，但是必须有个前提：不能欺负同学，尤其是女同学。那个时候，男女同学是不说话的，尽管少数漂亮的女同学还是被很多男性同学暗暗喜欢着——但不能说话，如果这个游戏规则被某个同学破坏了，那就会引来群体性的"攻击"。然而，极"左"

的教育始终压抑不住青春的冲动和对异性的向往。既然不能说话，就将女同学分配给男同学吧。将王姓女生分配给徐姓男生，把张姓男孩搭配给刘姓女孩，成了男生寝室里一个永远的话题。

班里有一个王姓女生，挺好看的，大约家境不错，所以穿着打扮比一般女生要好一些，就更增几分妩媚漂亮。王姓女生第一次引起我们注意是在开学报到之后。我们报到了好几天之后，有一张课桌始终空着，直到好像是两三个星期之后的一个上午，一位女生出现在教室里，娇滴滴、怯生生的声音："沈老师，我坐哪里？"我们一看，嗬，真漂亮！苗条苗条的，一双眼睛镶嵌在白白的脸上，波光流动。就这样，她成了我们当中的一员，后来成了我们的副班长。

也不知怎么的，半个学期后，一位徐姓男生非常幸运地被分配给了这位漂亮的王姓女同学。就是那场大雪，学校停课了，大家不想回家，都留在学校。晚上，我们聚在教室里，聊天打闹，在黑板上涂涂画画，也不知是谁，在黑板上用歪歪斜斜的箩筐大的字写着"王某某和徐某某"，被推门进来的王姓女生看到，她顿时满脸通红地骂了一声什么，就哭着跑了出去。教室里立即寂静了下来，吵闹声没有了，互相追逐的人不打闹了，有些人还不知道发生了什么事情，反正大家静了下来，一时间，教室里静得出奇。

不一会，沈老师走进教室，把在场的班委、支委都叫了出去。我们解释说，不是我们干的。老师以少有的严肃语气说："你们是班干部，为什么不制止这样的事情？看女同学被人欺负很高兴吗？她是你们的女同学，都是姐妹一样的，怎么可以这样呢？"临了，沈老师嘱咐我们："去，向女同学道个歉！以后不要再欺负女同学了！"

沈老师不骂人，说起话来总是和颜悦色、慢条斯理的，即使是前面那件事情发生后，老师也没有过多的责备。后来，老师退休了，受聘于总工会职业学校教省中专秘书专业数学。冬日里，有些学生起得迟，常常到快上课起床，匆匆料理一下晨务，抓几个夹着油条的馒头，端一杯豆浆，就一边听课一边吃早餐。听说，沈老师总是等他们把早餐吃了才开讲，还说："慢慢吃，慢慢吃，别噎着！"

很多年后，在我们高中毕业二十周年聚会上，坐在我边上的沈老师还是用他那一如既往的语调慢条斯理嘱咐我："倪景彝，我们这个班，只有你教书。你不要骂学生，他们都是很好的孩子……"

高二时光

理科班时光

1977 年 9 月，因为"文化大革命"中断了十年的高考恢复了。

没过几天，学校就作了一个突击测验：语文考听写、句子成分分析、阅读问答……其他还有什么记不清楚了；数学是一份检测卷。我们也不知道为什么要进行检测，反正检测就检测呗。后来，我们才知道这是为组建理科重点班做的准备。检测分数公布出来后，拆分了高二（1）班，7 个班的高二学生按照检测分数，从高到低排列，抽出大概五六十个，组成了新的高二（1）班。

这次的班级重组，我凭借着语文得到的高分，进入理科重点班，从此开始了长达半年炼狱般的生活。

班主任是周希杰老师，教数学的。当时的周老师还不老，30 来岁光景，正是精力旺盛的时候。在江中，周老师是个非常"恐怖"的存在，他原先的学生暗地里送给他一个绰号"杀"。这个"杀"的含义太丰富了，强势、严苛、魔鬼般的训练……从前不知道这个"杀"的深刻内涵，但到他班里第一天就感受到了他身上的腾腾"杀"气。

那天，把全部家当搬到理科班，刚坐下，周老师就来到班里："明天到图书室借以下一些书——《平面三角的解法》《平面几何》《立体几何》《平面解析几何》……"

好家伙，一口气报出十几本书，我们手忙脚乱地记着。

当天晚自修就是数学测验，题目密密麻麻地抄在小黑板上。我坐在最后，0.1 的视力，一点也看不到黑板上的题目，等同学抄好给我，已过去了差不多三分之一的时间。看看那题目，是从来也没有见过的。从来没有想到过，简简单单的平面三角竟然还有这么难解的。我看着题目，就像一个不会剥鸡蛋的弱智儿童，看着圆圆的鸡蛋无从入手。一节课下来，两道题都还没有做完，就到交卷时间了。

第二天试卷发下来：13 分。

奇耻大辱！从小学三年级复学以来从未经历过的奇耻大辱！

接着，周老师以他夹杂着上海腔和江山腔的普通话，开始了耳提面命："什么叫作读书？这就叫作读书。速度，节奏，目的，效果。平时拖拖拉拉，一到考试，手忙脚乱，能够读好书吗？竟然还有人 10 来分 20 来分，就是要叫你们明白，平时不用功，呆乎乎，木笃笃，是读不好的……"

这次测验就此拉开了历时半年炼狱般学习生活的序幕。

周老师借鉴日本女排教练大松博文训练日本女排的经验，采用"低起点，高速度，高密度，高难度"的方法来强化日常的作业训练。

每天一小黑板一小黑板抄写得密密麻麻的题目，几天一本练习本，那个学期，不知道用了多少本练习本，仿佛从读书以来用过的练习本加起来也没有这么多。用完了学校发的本子，就买白纸自己装订本子，厚厚的经用又省钱。每天，晚自修放学之前完成除数学之外的各科所有作业，晚自修结束后，就到邻居同学家里，头碰着头，在昏黄的灯光下埋头在数学作业里，直到头遍鸡鸣，天天如此。冬日的夜晚，真的冷啊：风从瓦缝里、门缝里钻进屋子，寒冷渗过棉袄，渗进皮肤，刺进骨头；手脚冰凉冰凉的，僵硬且疼痛。但尽管如此，还是抑制不住地想睡。每天忍着瞌睡的欲望硬着头皮听课，看得到老师在上面，嘴唇一张一合，却听不清老师在说什么，似乎老师站在虚无缥缈的云端，那声音也是若有似无的。那个学期，捧到小说不肯放手的我，竟然没能碰过小说一个字（运动会除外）。每周一次的数学测验，注定的后六名。一次测验就是一次绝望，看不见一丝丝光明，盼不到一丁点希望。每次测验分数一出来，就要准备对付下一场数学测验，根本没有时间感慨，没有时间忧伤，没有时间去想读书究竟是为什么。

期中考试结束了，我的成绩是可想而知的。除语文给自己争了一点脸面外，理化只在及格线上，数学是差到底了。

不过，炼狱般的生活，魔鬼训练一样的作业，以及最后高考的荣耀，给了我颇多人生的经验，那就是，厄运，挫折，困难，生命中注定要承受的，你都不能逃躲，你无处逃躲，你无法逃躲——如果你不想就此沉沦。即使跌倒了，即使跌得鼻青眼肿，即使跌得头破血流，即使绝望地看不到一丝光亮，你也不能逃躲，因为你无处逃躲，因为你无法逃躲。

但是，我还是感谢我的周老师，毕竟，他那近乎苛刻残酷的高强度训练方式，是那个特定时代的教学理念下形成的。当时，"文化大革命"刚刚结束，高考招生制度刚刚恢复，让学生们考上大学是老师们唯一的目标。后来到了文科班，有一次晚自修离开教室回家，我看到办公室里通明的灯火，想到周老师，回到家里，用这个年龄特有的煽情口吻写了一篇题为《老师办公室的灯光》的散文，被老师大加赞赏，入选了学校专门为我们油印的作文范本选。

进入 11 月，学校要开运动会。运动会前的晚自修上，周老师发话了："有项目的同学及时去参加比赛，赛完就可以回教室啦。没项目的同学不要到操场晃来晃去的，读书读不好，还不利用这个时间做做题目？"我本就对体育不感兴趣，也就非常听话地待在教室里，琢磨着做不来的题目。第二天，因为运动会我们班的投稿数在全年级最少，让样样不服输的周老师发怒了："把倪景彝找来，让他赶快写十几篇稿子出来，他不是语文很好的嘛，这个时候不写写稿子，语文这么好有什么用？"于是，我在教室里也坐不安稳啦，奉命去到操场上晃荡晃荡，想法子凑出那十几篇稿子来。其实，这对我也不是难事，初中做了两年的黑板报主编，高一做了一年的校刊总编，弄个几篇稿子那还不是很简单的事。在操场上晃荡了半天后，即兴发挥并加上那年月时兴的口号——"一不怕苦，二不怕死"，"沿着毛主席指引的光辉大道奋勇前进"等等，十几篇稿子就弄出来了。趁着这个机会，我跑到图书室看了半天书。图书室老师叫余欣，一口的龙游腔，初中时教过我历史。高一时，我经常跑到图书室看书，和他很熟。

这几天是在理科重点班难得的自由开心的日子。

文科班岁月

临近期末，学校决定组建三个文科班。

我惴惴不安地找到周老师："老师，我想去读文科班。"周老师站在教室外的走廊上，眼睛透过厚厚的镜片看着我："你这半个学期来数学有点进步起来了，为什么要退出理科班呢？要不要再考虑一下？"我不敢看周老师，低着头说："我本就不喜欢理科，成绩又不好，读文科可能还有点希望。"周老师停了一会，说："那你写个申请吧。"

春节过后，我如愿地进入了文科重点班。

文科班半年，最认真的课还是数学。离开了理科班，不再有做不完的数学，理科班半年炼狱般的训练，让我的数学在文科班里一直处于领先的地位，课上的题目也没有理科班难，无形中也不再害怕数学了。我喜欢上了解析几何那种严密的推理——这种推理的解析法加上大学的逻辑，就形成了我后来解读文本，尤其是教材的方法。于是，数学就成了我最好的休闲方式，空闲时就找出一两道解析几何钻研钻研。最用功的时候是早上到学校一直到上课前的那段时间。那时，教育局考虑到我们复习时间太短，就把政史地三门课抽出重点，编成题目，合成一本厚厚的 16 开本的复习用书。我就拿着那本复习用书，躲在操场的角落里，一题一题地背过去。第一遍，把几百道题一字不落地背下来，第二遍把题目答案分析出要点层次并背熟，第三遍根据要点还原题目答案。

那时，高考似乎还是和我不搭界，我也没有意识到大学对于我的人生究竟有什么意义，还是一如高一时没心没肺地玩。

西山是我们几个同学经常去玩的地方。我经常和要好的同学相约到西山，在月光下登上小山包，看着山下灯火昏黄的小城，沐浴着春末夏初的晚风，谈各自的人生设计，谈对社会的看法，谈对大学生活的遐想，直到夜深人静，我们才踏着月色走下小山。

1978 年初开学后的一天，忽然下起了大雪。雪花纷纷扬扬，铺天盖地地卷向小城。傍晚，我坐在教室里，同学们背诵题目的声音时不时地钻进耳朵，嗡嗡地响。看窗外的大雪，还不见要停下来的意思，便情不自禁地想，西山上的雪该很厚了吧！于是，约上蔡雄飞等人，出了学校，沿着青石板山道，登上西山。站在山顶上，风使劲地刮过脸颊，让人感到生疼。江南特有的柔和线条的丘陵，身披白白的雪绒衫，向远处绵延，消失在风雪苍茫之中。小城隐在漫天风雪中，只剩模模糊糊的轮廓。眼光所到之处，只有雪花在飞，在飘，在撒，漫无边际。偶尔一列火车从山脚经过，就很快隐没在风雪之中，只剩轰轰隆隆的声音隐隐约约地从远处传过来。忆起毛泽东的《沁园春·雪》中"北国风光，千里冰封，万里雪飘。望长城内外，惟余莽莽；大河上下，顿失滔滔。山舞银蛇，原驰蜡象，欲与天公试比高"的句子，当时毛泽东不正是屹立在黄土高原上，望北国万里飘雪，观黄河蜿蜒曲折，思路纵横古今，思绪万千吗？现在，我们不也是站在山顶赏大雪纷飞，眺大地苍茫吗？这样一想，好像我们三个人都有了一些伟人的气概。

1978 年的高考终于来临啦。

7 月 20 号的早上，喝了几小碗泡饭，吃了一枚母亲为我煮的鸡蛋，我兴冲冲地赶到学校。学校里东一簇西一堆的都是考生，我在人堆里找到几个同学，聊了一阵子，入场铃声就响了。

一场语文考下来，说不上很难考，就是好几道语法修辞题好像没有什么把握，作文是缩写一篇社论。考地理的时候，开始还顺畅，但到倒数第二题时，思维突然发生了短路，与此题有关的知识全忘在家里了，似乎应该会做的，但又摸不着头绪，想放弃吧，又不甘心，总共才100分的试卷，这道题就占了15分呐，放弃了多可惜。回过神来，排除得分把握不大的题目，算算分数也就五六十来分，我真后悔平时没把时间充分利用起来。看看距离收卷时间还很长，我努力地让自己平静下来，坐在座位上，闭着眼睛回忆着地图和相关的知识。憋了老半天还是想不起来，于是，就暂时放弃了努力，开始做最后一道题，做着做着，猛然想起来一点什么，于是，短路的思维很快就恢复了正常，我怕最后一题完成后，又忘记了刚才想起来的答案，就放下已做了一半的最后一道题，把刚刚想起的倒数第二题的答案写了下来，然后继续完成最后一道题。

走出试场，阳光正灿烂。

最有趣的是考数学。那时，数学试卷没有分文理科，好像文科考生就是比理科考生少做一两道题。我那个试场的考生，在规定可以交卷的时间一到，就纷纷交卷出了试场，只剩下我和另外一个同班的同学一直考到最后。出来后，和原先理科重点班的同学一对答案，感觉这题好像是错的，那题也有问题，一张试卷没有几道题是对的。懊丧了一会，想想反正最难考的数学已经过去了，真好！这样一想，晃晃脑袋，心情立马就好了起来，踩着中山路路面上的树影，回家啦。

高考就这样过去了。然后，就是漫长的等待。好像也没有对自己的高考有什么期盼——数学也没考好，其他似乎也没有值得骄傲的成绩——也就没有紧张感。每天，不是到同学家串门，就是邀约几个同学爬西山。

直到一天傍晚，班主任王朝林老师突然来到家里，告诉我出成绩啦，录取线280分，我考了315.5分，江中文科班的最高分。我一下惊呆了：我考上了！我竟然考上啦！我竟然拿了第一名！

然后就是体检，填报志愿。记得第一志愿我填报的是杭州大学中文专业，第二志愿是上海海运学院财贸会计专业，第三志愿是西安公路学院财贸会计专业，第四志愿是浙江师范学院中文专业，结果，前三个志愿全部落空，被浙江师范学院中文专业录取了。

当年国庆节过后，浙师院开学了，四年的大学生活开始了！

【**作者简介**】倪景彝， 1978年江山中学高中毕业。中学语文高级教师。1987年开始执教于江山中学。

千载风流八面春

——江中的前世今生

王石良

江山有代谢，往来成古今。

漫步在江中校园，仿佛漫步在绿叶扶疏、姹紫嫣红的大花园，又仿佛徜徉在弥漫着深邃历史感的博物馆，随处可以遇见她的前世今生。

叶茂枝繁绿荫肥

这一刻，我正徜徉在江中图书馆北面的"杏灵广场"上，陶醉于眼前的杏林春色。那一棵棵枝繁叶茂的银杏树一身翠绿，亭亭玉立，像歌德笔下的少年维特，风度翩翩，风情万种。

有人告诉我，这些苗壮成长的银杏树，其祖辈父辈在市人武部大院里——当年的文庙所在地。那里矗立着十多棵银杏树，棵棵高耸入云，遮天蔽日，带来绿色，带来清凉，带来八百年的今古遐想。

1288年的一天上午，江山县衙门西边，锣鼓喧天，歌舞升平，这里即将举行新文庙落成典礼。这时一辆马车风尘仆仆地驶入院子，有人马上迎上前去，小心翼翼地从车厢里抱出一捆用黄布包扎着的物品，恭恭敬敬地送到县官马合马身边。什么宝贝？啊，是一大捆银杏树苗。

原来山东曲阜孔子家庙前，曾"除地为坛,环植以杏(银杏)",故名"杏坛"。后来"杏坛"就象征着教育圣地，后来其他地方有文庙落成，也开始流行种些银杏，这就是马合马典礼前安排人去遥远的地方购买银杏苗的原因。

马合马是元朝江山第一任县官。元朝县官不叫县令，叫达鲁花赤，掌印官的意思。马合马在那些百废待兴的日子里，为江山人民做了哪些好事实事，

229

市志上语焉不详。今天有人会提起他，因为他崇学兴学，重建文庙——旧文庙在县衙之东，毁灭于一场没有预兆、无法扑灭的大火。文庙又叫"学庙"，前"庙"后"学"，"庙"以祭孔，"学"以育人：祭孔是仪式，育人是根本。

今天有人记得马合马，还因为这些银杏树。马合马安排种下的十多棵银杏树，经历了将近八百年风霜雷电的考验，目睹了 1737 年知县宋云会主持的官办文溪书院的开学典礼，目睹了 1906 年清知县李钟岳改文溪书院为县立江山中学堂的隆重热烈，目睹了 1938 年抗战烽火中江山县中学生补习学校初创时的筚路蓝缕，目睹了 1942 年日本鬼子火烧江山城的冲天火光，目睹了 2005 年江山中学整体搬迁到城北新校园的留恋和不舍。改变的是岁月，老去的是面貌，不老的是银杏。有人说银杏树是活化石，我说它更是一部无言的校史，一部无言的市志。

那十多棵饱经沧桑的银杏树没有随同搬迁的大军来到新校区。我理解。这世界上需要有走出去的，寻找新天地，寻找新发展，也需要有留下来的，留给人们欣赏怀念，留作今生今世的证据。

突然，我被一阵清脆甜蜜的笑声惊醒，转身望去，"杏灵广场"的北端，有三四个小女生正围着一块大石头欢呼雀跃。我信步走去，听她们朗读上面镌刻着的文字："杏灵广场——这个广场以古老的树种银杏为特色。银杏充满着灵性，浸润着文化，漫步其中，会增添自身的书生气息。"

这里银杏成林，适合心灵散步；这里诗情洋溢，适合和江中的前世今生来一次美丽的约会。

天香云外飘

江中艺术楼的南面，有一棵饱经沧桑的桂花树，树下立着一块标志碑，碑上镌刻着一首四言诗：

与菊同季，不争俏妍；清高独赏，芳香四溢；金风送幽，沁人心脾。

与校同庚，阅历颇丰；独占三秋，气夺群芳；默默无言，下自成蹊。

这棵桂花树从老校区迁移而来。当年，它生长在总务处旁边，高大挺拔，张开的树冠犹如一片绿色的蘑菇云。三十四年前一个中秋的夜晚，走在回寝室的路上，突然，一阵浓郁的桂花香扑面而来，让我全身麻酥酥又轻飘飘的，灵魂似乎也开始脱壳而出，飞离了学校，飞回了家乡，看到了门前的晒谷场屋后的菜地竹林，看到了父亲母亲黑黑的瘦瘦的笑脸。我僵立在那里，只想痛哭一场。

后来，不管身在何处，一到丹桂飘香的季节，我就想回到母校去，回到桂花树下，缅怀那段如歌的岁月、无悔的青春。桂花树下又常常遇到许多热切的面孔，一样是回来寻梦的曾经的江中学子。他们也正在桂花树上寻找"曾经以往"的确凿证据。三年就是一生，走过就是永恒，有谁能够放下往事，放下思念？

如今这棵桂花树已经很老了，特别是经过校园大搬迁的伤筋动骨，原来风华绝代的花样美男，已成了乐天知命的长者，静静地坐在校园"憧憬大道"旁，和老水井为伴，慈祥地看着每一个从他身边走过的人。"桂子月中落，天香云外飘"这样神奇的景象只存在于人们的记忆中、想象里。

据老前辈介绍，这棵桂花树是 1906 年来到江中校园的。1905 年，清政府终于下令"废科举，兴学堂"。次年"文溪书院"改名为"江山中学堂"。1908 年，又更名为"官立文溪高等小学堂"，是浙江乃至全国最早创办的新式学堂之一。

这其中有一个人功不可没，他就是江山县令李钟岳，一个饱读四书五经，却追求进步、向往革命的"新人类"。他以最快的速度，改书院为学堂；他聘请了一些学贯中西、思想新潮的知名学者进入学校，为死气沉沉的学堂送来一股清新的空气。第一任堂长毛云鹏，积极倡导科学文化，扫除科举旧习，开江山新学风气。博学多才的余杭人马叙伦来了，著名书画家、龙游人余绍宋来了，他们都是后来中国教育界、文化界的大家巨擘，马叙伦先生解放后曾任国家高等教育部部长、民进中央主席，余绍宋解放前代理过司法部的总长。他们高举科学与民主的火炬，照亮着人们蒙昧的心灵。

浪漫水精神

水是江中神。因为有水，江中才那么柔美；没有水，江中不成其为江中。

曾经有一条小河蜿蜒穿过江中的腹地，溪水清清，杨柳依依，那条河叫"县河"；河上有座亭和桥，亭叫"仰止亭"；曾经有一潭清水，波光粼粼，静卧在江中前原文庙的大院里，它叫"文明池"。

读高一报到的第一天，我就被教学楼北面那一棵棵高大的柳树吸引。长在须江边，对柳树有一种特别的亲切感，我没想到还能在陌生的县城和她们朝夕相见，所以课间课外最爱往柳树下跑。手上一本书不过是"装饰"，重要的是享受这流水潺潺、柳色青青的诗情画意。我们的毕业晚会第二阶段就转移到这里举行，好有创意的安排！县河的杨柳就这样长入了我们的生命里，永难忘怀。

如今，县河已和江中说拜拜了，流淌在江中新校园的，是一条叫达岭溪的小河，一条同样发源于西山脚下的小河，江中人称之"文溪"，溪上建有文溪桥和柳梦桥。五月的文溪两岸，柳树蓊蓊郁郁，排着整齐的队伍,阳光下、南风中婆娑起舞。不久后的一天，从这里走向远方的孩子们将会怀念这里，怀念这柳树，这迤逦绵延的杨柳岸。有人说，杨柳不只是一种树木，杨柳岸不只是一种风景，也是一种文化，一种胸怀，一种传承。说得好！

"仰止亭"之名，来源于《诗经》"高山仰止，景行行止"，表达了对德艺双馨、无私奉献的老师们的钦敬。"仰止亭"又叫"八角亭"，呈八边形，因形取名。"仰止亭"还有另外两个名字。一是"皆水亭"，因其独立河上，四面皆水。二是"娘子亭"，传说亭内有仙女名"八角小娘"，风清月白之夜，常常临水梳妆，凭栏远眺。美丽的传说为校园增添了几分神秘，几分诗意。

这样浓缩了千年古城、百年校园历史文化的名胜古迹，因为城建的需要在 20 世纪 70 年代被拆了，曾经让多少人为之扼腕叹息！多谢老校友、老领导谢招修、刘毅、祝日光、方岳年等，他们或慷慨解囊，或题写碑文楹联，或鞍前马后，出谋划策；多谢其他许许多多有心人、好心人的支持和坚持，"仰止亭"终于复活了，复活在 2007 年的春天，复活在文溪河畔柳梦桥头的"杏灵广场"上，日日夜夜痴情地守望着校园。

站在仰止亭前，再一次品读"仰止亭"上的楹联："仰慕先贤思齐于志，止观大雅笃学于行。"字里行间，寄托着撰写者刘毅对江中新一代的殷切期望。

复活的还有"文明池"。不过，现在她有一个新名字：夕香湖。中国的园林建筑讲究取法自然，有山有水,这大概就是当年"文溪书院"前开凿"文明池"的原因，也是今天江中新校园开凿"夕香湖"的原因。

夕香湖，这是一个有夕阳和香草的纯美的湖，一个人工而成却尽显和谐之美、生态之气的景观湖。夕香湖很大，仅水面就有四五亩面积。夕香湖很漂亮，从高处俯瞰，呈葫芦形，西面狭窄细小，东面宽大丰满。采用葫芦造型，一则因为"湖""葫"谐音，二则葫芦在中国传统文化中，又是圆满兴旺、幸福安康、吉祥如意等等的象征。夕香湖很年轻，才走过十多个春秋；夕香湖很古老，站在湖的东岸，就可以和江中的前世今生来一次亲密接触。那里呈半月形摆放着六个地碖（柱下基石），五个圆形，一个方形。你可知道，那是很早很早以前，文溪书院涵香楼拆除重建，这些地碖被保存下来，作为历史的见证和永恒的纪念，此湖取名夕香湖。面对这些沉重阔大的地碖，你尽可想象那上面的柱子曾经有多高多粗，想象当年的文溪书院有多庄严多辉煌。如今文溪书院早已不在，但她的生命没有结束，而是在新的生命体上获得了新生。面对这些沉重阔大的地碖，连时间也只能徒唤奈何！

夕香湖很随性。湖里曾有一条竹筏，可以像徐志摩梦想的那样，"撑一支长篙，向青草更青处漫溯"。夕香湖里曾养有一群白鹅灰鸭，再现了骆宾王曾经陶醉的一幕："白毛浮绿水，红掌拨清波。"岸边还有一个钓鱼台，烟雨朦胧的日子，会让你遐想起隆中诸葛亮、建德严子陵。水里自然还遨游着大大小小的鱼儿，从来没有人喂养，都是"自食其力"。唯一让人不如意的，是偌大的水面，竟不见一片荷花，少了点诗意。校长说，计划之中。

江中，是一所富有浪漫情怀的学校。

注：本文原载于《今日江山》2013年9月3日第4版和江山中学官网（http://www.jszx.zj.cn），入选《江中故事》后，作者对文章进行了修改。

【作者简介】王石良，1981年江山中学高中毕业。中学语文高级教师。衢州市作家协会会员，江山市古今文化研究会理事。《徐霞客江山留踪》《清湖之上，灵山花开》等作品先后获得多项征文大赛一、二等奖。

怀念江中

王根钍

有许多事情可以很快淡忘，但江中的三年是没齿难忘的，它让我们知道了做文章以至于做人做事做官的一些道理。许多年过去了，江中学的"本领"还在用。

1979 年秋，按外婆的话说是"考取了功名"——我荣幸地被录取在江山中学高一（六）班。从偏僻、贫穷的出生地横渡走进江山"高等"学府，真有点飘飘然的感觉。按学校安排，我们班为"文科班"。因为我们理、化都不很好，而语文、数学却有许多冒尖之处。我也是"铁拐李"，重文轻理，在横渡中学时班主任毛良田老师注重语文，千方百计要在语文方面加餐，自然而然我语文科成绩进步较快，而对数理化越来越生厌，进入江中第一次考查就洋相百出：语文，特别是作文，成绩突出，而有一次数学只得了 8 分。

读文科吧。张明芳老师鼓励我们把数学补上去，有目标地攻读文科，也说数理化人才重要，但文科人才缺乏，你们不要自卑，或许你们当中有些同学以后考上文科大专，毕业后做大官或写文章当作家，也说不定呢。

那时，我家境清贫，营养不良，长得"亭亭玉立"，智力平平，一副木讷的样子，可偏偏在写作文方面有点灵气。朱云亨、王朝林两位语文老师先后开始注意我，因为偏爱吧，我最崇拜这两位老师。王老师善于解词说字，印象最深的是他对文章构造的理论：把一个一个字（词）连接起来，表达一个意思，形成句子；把一个一个相关的句子连接起来，形成语段；把一个一个语段连接起来，表明一个完整的意思，记叙一件事、说明一个道理，这就是文章——你们要像造房子一样一砖一瓦、一粒沙、一滴水地学会构造，而不是胡乱拼凑、抄袭，要有感而发，顺理成章。在他的引导下，我开始审视自己的文字基础，这才发现其实自己仅有一点灵性，而文字功底浅薄，许多作文竞赛是偶然得的奖。而朱云亨老师呢，对我影响一生的也是那么平时的几句话，文风贵平实！不要追求时髦、华丽、堆砌成语或形容词。朱老师平时不断有文章发表，他写的文章如白开水，平淡自然，但读后你会记住它平实后面的哲理，写记叙文、议论文，他都是这种风格，有几次我刻意追求华丽的作文都被他砍得面目全非。江中三年，在两位老师的教导下，我真正懂得了做文章的基本方法、结构谋篇的基本技巧，后来能当上国家干部，走上领导岗位，很重要的一条是会一点文章表达。

高二时发生的几件事，让我感受到了做人的道理。班上有 50 多个同学，同年级的六个班有 300 多个同学，经一学年相处还没有感觉，第二学年开始"各领风骚"，各色人才性格显露，人品也表现无遗。此时，有些城里的同学，自视血统高贵，瞧不起乡下来的同学，趾高气扬，自命清高，老是找岔子欺负乡下来的同学，哪有乡下孩子的清纯朴素！我们乡下孩子老是吃亏。有几个城里同学嫉妒我作文经常受表扬，心里不舒服，多次故意把我宿舍里的鞋子、衣服丢掉，我胆小怕事但心里明白。班主任张明芳明察秋毫，很注意人品的培养。她说，你们最重要的要学会做人，人品不好的人最终是要倒霉的，还说乡下来的同学不会搬弄是非，同学之间要真诚坦白、朴实、友爱，有个别老是闹地震、耍小聪明的城里同学，如不自觉改进，今后走上社会一定要走邪路、吃苦头的！

王朝林老师则更精辟地分析做人问题：社会是由各色各等人品的人组成的，卑劣的，你不要与他一般见识；虚伪的，你离他远点，做自己的人！宁可人负我，不可我负人，"宁让三分不争一气"，不可能人人都能成名成家，升官发财，但"人"是大家都要做的，人品好的人或能大业成，或能家安康，你们不要去学政治投机之类的小聪明……做事呢，贵在认真、踏实，有的同学小小年纪，学会浮华，求新奇，求轰动效应，而不是认认真真办事，今后走上社会工作怎么了得！任凭外界功名利禄怎么诱惑，我保持一颗平常心！你们同学当中如果今后有人做了官，不要染上官场恶习，要为官清正廉明，为百姓做点事，做官是很难的，学官样，说官话，写官样的文章，还要走"官路"，老师我不倡导同学们去追求这些东西，但真当官了，要做好官，把人做好，把事做好，把官做好！二十年后我已白发苍苍，有当官的来让我看看，看看你的"官样"……

后来，我们这届同学竟应验了老师们的话，人品相对好的、为人诚实的，往往事业有成；有些当时条件优越的，自我感觉特好的，后来大都经不住生活的磨难而落伍了。

一晃已步入中年，江中岁月已模糊，但江中老师的这几句话为我的人生所支起的坐标，却永远矗立在我心头，为人处事做官，成家立业，其实道理就这么平淡的几句话。

【作者简介】王根钲，1981年江山中学高中毕业。笔名王朝。衢州市委政研室原副调研员，现为衢州市创建全国文明城市领导小组推进办干部。浙江省作家协会会员，衢州市作家协会原秘书长。

老江中的回忆

毛武兴

两年多前，为闺女准备成年纪念相册整理家庭照片时，我无意中翻出两张 30 多年前从江山中学高中部毕业时的大头证件照，一下把我的思绪拉回到那青春而又美好的岁月。

由于本人从小先天性左眼睑下垂影响容貌，在为高考准备照片时，虽然班主任施淑琴老师及她先生严振贵老师亲自带我去照相馆拍了两次，但出来的结果还是不能令人满意，最后只得再请照相馆师傅进行技术处理，这两张照片就是补拍后，再进行技术处理过的。高中毕业上大学后，我经常去拜会施老师。有一次她告诉我，这其中幕后的很多工作是方岳年校长亲自安排和布置的，主要考虑让我在高考时让招生录取老师翻阅材料时，有个第一眼的好印象。我当时特别震惊和感动！震惊的是，当时我心目中如天上星星的大校长会关注一个学生如此细致的事，并调动自己的社会资源去关爱学生！感动的是，我一个农家学子也会碰到这样好的校长和这样好的老师！为此我在 1996 年前后有一次回江山时，在 1964 届校友杨权仓学长的陪同下拜见了方校长。那是我第一次面对面和方校长交流，也是目前我仅有的一次当面向他表达我的感恩之意！

"60 后"的我虽是家中长子，因为家庭生活困难，体格瘦小，劳动力不强，加上从小有眼疾，个性内向，不善言辞，父母曾一度非常担心我的人生前途。当 1977 年恢复高考后，我的人生之路才迎来一线希望的曙光。1980 年 9 月，我顺利考入江山中学高中部。只记得当年很多老师都是不会说江山话的"外地老师"，如数学老师施淑琴是金华人，英语老师方耀非、语文老师王梅芬是杭州人，化学老师王清斌是北方人。当时学校的一切都显得那样青春洋溢、生机勃勃！现在尽管青春岁月已飘逝，然心中的如下印象却依然如新：

第一，母校重视数学。当年学校的数学老师可谓人强马壮，据说林敏武、周希杰、沈琳敏、施淑琴等老师都是浙西金华、衢州地区的翘楚。20 世纪 80 年代初，江中的数学学科，无论是学生的高考成绩还是参加全国数学竞赛的成绩，都是与衢州二中和金华一中有一拼的。我本人也被选拔参加过由上面很多老师授课的假期专题训练班，还在当年教导主任姜寒松老师的带领下，代表江山到金华参加过全国数学竞赛。那年去金华，是我人生中第一次踏出江山的地界，我也第一次品尝到美味的金华酥饼，因此记忆特别深刻。

第二，母校重视体育。每天清晨跑步是当年很多同学的头疼事，现在我还能记得黄昌明老师在每天早晨起床铃声过后洪亮的吆喝声，还有班主任施老师有时来检查时的叮咛声。这样常年的坚持晨跑，使我有了健康的体质和坚强的毅力。在当年全校的运动会上，我还代表班级参加过中长跑项目 400 米和 800 米比赛。有一年运动会上，我穿一件既接近嫩绿又接近草绿的背心。由于取得了不错的成绩，体育委员王兴杰同学还为我写过一篇《操场上的苹果绿》的报道文章。从那以后，我才知道世界上有一种绿叫"苹果绿"———一种鼓励我不断奋进的颜色，也是我人生第一次在别人文章中当主人公的颜色。那几年，江中少体班在全省、全国各种大赛中也经常能获奖，比我低两届、号称美女梅花鹿的杨明玉就是当时浙江省中学生运动会的百米金牌选手。家乡江山市最近几年常能争取到举办各种全国性的体育赛事的机会，和母校当初的这些基础以及黄昌明老师等一批体育界人士的努力是分不开的。

第三，母校重视补短板。"文化大革命"结束后，江山的教育事业尽管也迎来了新的生机，但由于外语教学历史欠账太多，绝大部分的初中都开不出英语课。当时江中迎难而上，从高中开始教学生 ABC，恶补英语。面对我们很多拼音都过不了关的高一年级农村新生，方耀非老师耐心十足，信心也超强，高考时我们班的很多同学取得 80 多分，其中当年的全县理科状元祝先潮同学取得 98 分的超高分（那年英语满分为 100 分），大部分同学并没有因为外语拉后腿。其实我们那时就知道，方老师有亲戚在美国请他去，可他仍愿意留在江山当老师。

另外，母校重视绿化，老校园的各种花木绿荫满目，艳丽芬芳。现在一旦有人从微信里传来家乡西山花海的美丽照片时，我就会想起当年学校里各种花草装饰的美丽校园。

三年江中的美好岁月不仅给了我充实的知识、健康的体质，还培养了我向上的精神和顽强的毅力。1983年我以理科江中第二名、全县第三名的成绩跨入大学的校门。没想到入学报到后，高中时期从没有当过学生干部、高考成绩在大学班上排名中游的我，竟然被班主任选定为班级团支部书记。尽管开始很不适应，作为南方人，我普通话讲不好，有时还要人做翻译，口才也很不佳，但凭我的毅力和热忱，我还是赢得了大家的信任。第二年我又转任班长，并加入了党组织。大学快毕业时，我有一次问大一时的班主任吴昆德老师，当时为什么会选我这样一个没有经验的学生当班级干部？这位湖北籍的老师告诉我，他对浙江人有一种天然的好感，主要还是看我在高中三年几乎每学期都被评为学校的"三好学生"标兵。

弹指一挥间，三十多年过去了。如果说邓小平当年以政治家的历史担当和勇气开启了中国的改革开放大门，开始了一个百废待兴、群情奋发的年代，那么当时以方校长为代表的一群富有远见和仁爱之心的教育家和爱校如家、爱生如子的教师们的敬业奉献，则大大推动了江山教育事业的新发展！他们中很多人当年是背井离乡扎根江山，如方岳年校长是龙游人，黄昌明老师是东阳人等，正是由于他们无怨无悔的坚守，成千上万像我这样懵懂的山城学子才开始有梦！正是他们装饰了无数少年学子的梦想！

现在年过半百的我，越来越怀旧，常常感慨，今生遇到这样的好校长和好老师们是这辈子的幸运！去年我通过校友群，看到方校长近照，很高兴天佑善人——他现在依然身体康健、精神矍铄！今年春节期间，我看望了王梅芬老师。最近，我还陆续联系上一些当年的授课老师。记忆的底色越来越清晰，千言万语也道不尽当年的老师们的教导之恩和关爱之情。借此，我想从心底再一次敬祝老校长和恩师们健康长寿、福如东海！再一次祝愿母校各项事业如江郎丹霞秀色历久弥新、享誉神州！

【**作者简介**】毛武兴，1983年江山中学高中毕业。教授级高级工程师。曾经兼任北京大学软件学院客座教授，现兼任杭州电子科技大学客座教授。2004年被授予国务院政府特殊津贴。现任中芯国际集成电路制造有限公司副总裁。

永远的江中，难忘的师恩

毛增余

1980 年秋，我有幸从凤林中学考入江山中学，开启了难忘的三年高中时光。

高中三年，既是处于孔子所言的"志于学"的阶段，也是人生观形成的重要阶段。江中这三年，改变了我，熔铸了我。

三年的高中生活，最难忘的还是那些直接教导过自己的老师。

教过我的江中老师有很多，但陪伴我们从入学到把我们送入高考考场的老师共有三位：班主任兼化学老师王清斌、语文老师王梅芬、英语老师方耀非。

指点迷津——王清斌老师

班主任王清斌老师教学风格很特别，既豪爽又严谨。一次课堂上，我被点名回答问题，说某物质加热后就会失去大量的水，立即被王老师打断：什么"大量"的水？分明是"大部分"的水！简明严谨的一句话，廓清了绝对量与相对量的重大区别。

一天晚自修下课后，王老师突然推开教室的门，脸色很不好看，气愤地说了一通"什么铁榔头？分明是棉花榔头嘛"。第二天我们才知道，原来是中国女排输球了。从此，我们都知道王老师是一位球迷，这一下子拉近了我们与王老师的距离。

"人生的道路虽然漫长，但紧要处往往只有几步，特别是在人年轻的时候。"我很庆幸在这样的时候遇到了王老师。

高二文理科分班时，由于对物理这门课一直不太感兴趣，我就想去文科班。当我征求王老师意见时，王老师仔仔细细地为我分析了学习现状，深情地对我说："在（2）班，对你来说不是能不能考上大学的问题，而是能不能考上重点大学的问题。"此前，对能否考上大学，我并没有十分的把握。王老师的话不仅让我吃了一颗定心丸，而且还极大地增强了我的自信心，我就安心留在了（2）班。

由于高考时发挥得不理想，我考上了一所并不是自己心目中的大学，情绪有些低落。大学一年级时，我还经常与王老师保持书信联系。此时，王老师也离开了江中，回到了河北邯郸的一所职工大学从事教学和领导工作。通信中，王老师传递给我的更多的是对江中的留恋，对没有考上大学的同学的关心。我在信中常常流露出因为自己高考发挥不理想，已经输在起跑线上的"心里话"。了解我的想法后，王老师直言不讳地在信中批评道："人生是长跑，你年纪轻轻的，珍惜当下，走好每一步才是最关键的。没有不理想的学校，只有不努力的学生！"王老师的话如醍醐灌顶，从此，我把抱怨改成感恩，发现原来自己所上的大学是最好最美的学校，安下心学习并取得了好成绩，"优秀学生干部""优秀团员"、奖学金、暑期社会调查一等奖等荣誉纷至沓来。大学毕业后，我还考上了研究生，从此开始了不一样的人生道路。

良师益友——方耀非老师

英语老师方耀非是一个非常喜欢江山话的"外地人"，既是我崇拜的好老师，也是（1）班和（2）班同学心目中的"英雄老师"。我们两个班的大部分同学来自农村，初中都没有接触过英语。当时高考英语试卷的分数已从 70 分提高到 100 分，这既是对英语老师的巨大挑战，也使刚接触 ABC 的我们感受到了一股举步维艰的无形压力。有的同学为了尽快记住英语单词的发音，悄悄地在英语单词边上标注汉字。方老师发现后对大家说，这是错误的学习方法，下次让他发现还有谁这样做，就要撕掉谁的课本。这让我们每一次上课都必须竖起耳朵听方老师纯正的发音。为了让我们尽快进入英语学习的语境，方老师经常在课堂上手舞足蹈，记得在学习"dancing"这个单词时，方老师夸张的动作令全班同学忍俊不禁，让我们牢牢记住了这个单词。也许是刚学英语的缘故，对于字母较多的英语单词，我们往往容易出现拼写错误，但是方老师总是不厌其烦地为每一个同学纠正错误。记得在一次作业中，我漏写了"发音"这个英语单词中的一个字母，要知道，这个单词有 13 个字母，连这也居然没有逃过方老师的"火眼金睛"，被方老师在作业本上钩出来了，这使我对方老师佩服得五体投地，学习英语的积极性也与日俱增，高考时，满分 100 分的英语考了 88 分。据我所知，许多同学高考时英语都取得了八九十分的好成绩，这一成绩的取得应该首先归功于我们的方老师。

上大学后的第一个寒假，过完春节后，我因事提前返校。从县城汽车站下车后，我步行去火车站。因为走得匆忙，我不知道当天已经没有开往省城的火车了。路过江中门口时，正巧碰到了方老师。方老师看见我，很热情地问我上哪里去，我说到火车站买票去杭州。他马上说："今天已经没有去杭州的火车了。"见我不知所措，他就一把拿过我的行李说："今天你就到我家歇一晚，明天再去杭州。"就这样，我稀里糊涂地在方老师家住了一宿，还蹭了两顿饭。那天夜里，我没怎么睡好，一方面为自己给方老师增添了麻烦感到惭愧；另一方面，在高中时，我对方老师更多的是敬和畏，可这一晚，让我感觉自己在县城里有亲戚了。后来，我的脑海中会时常浮现在江中门口"偶遇"方老师的那一幕，并养成了一个好习惯：远行前，对时间表和路线图都会有一个清晰的规划。

因材施教——王梅芬老师

相对而言，各门功课中，我比较喜欢语文，成绩也还过得去。印象里，小学、初中语文老师对我都很偏爱。到江中后，我对语文老师也就有很高的"期待"。但第一次与王梅芬老师的正面接触并不"美好"。开学不久，一次语文课下课后，王老师让我跟她到办公室去。我心想，老师总算"召见"我了。来到办公室，王老师拿出我的作文本，指着封皮上的班级和姓名后的两行字，问是不是我写的。我有些不解地说："是啊。"她又翻开作文本，指着一片潦草的作文问我说："这是不是你写的？"这下我"恍然大悟"了，不好意思说话了，只是点点头。王老师一脸严肃，说："写字和做人是一个道理，都要表里如一，封面上的字能写得很工整，为什么作文中的字就变得潦草了呢？能做好的事而不去做好，是对自己不负责任的表现。"我默默地记下了这句话。

有一次语文考试，交卷铃声响后，我的作文还没有写完，心中非常懊恼。晚自习时，王老师把我叫出教室，让我到她家里去。我心想"完了"，要挨批了。到了王老师家，她就问我为什么作文没有结尾，我如实回答说是时间来不及了。她说："那你现在就把作文写完吧。"我这才明白，为什么不去办公室，而是到王老师家，这样环境安静有利于完成写作……几天后，王老师又让我把这篇作文誊写到作文纸上，张贴到教室后墙的学习园地上……

念念不忘

弹指一挥间，35 年过去了。

2018 年，我们离开母校已经整整 35 周年了，适逢母校 80 周年华诞。在这特殊的日子来临之际，（1）班的毛武兴同学和我相约，到邯郸拜谒王清斌老师。从北京出发，我们来到王老师所在的邯郸市某小区，远远就看到一位身材魁梧的老人站在小区门口。这个身影太熟悉了：一定是王老师怕我们找不到，特意等候我们。瞬间自己的双眼模糊了……

了解到王老师从校长岗位上退休多年，已经 78 岁高龄，身体很硬朗，生活条件不错，家庭幸福，我们很是欣慰。王老师说，当了这多年的老师，最难忘的还是自己带过的江中 1983 届（2）班的同学。他一口气说出了十几位同学的名字，让我惊讶不已。我没有当过老师，无法体会一届届的同学在老师心中到底占有什么样的位置。但我深信，我们班的同学们听到王老师的这个评价该有多么高兴和自豪呀！遗憾的是，王老师没有用微信，我无法把他请到班级微群里。

中午时分，我们想请王老师到餐馆吃饭，但王老师坚持要在家下厨。吃着王老师蒸的馒头和鸡腿，我们又拨通了王老师在江中的好同事方耀非老师的电话。电话这边，王老师神采飞扬，仿佛年轻了 30 岁；电话那头，方老师大嗓门地喊"别吹牛，乒乓球你打不过我的"。我蓦然明白：江中，这个神圣的字眼，不但是属于同学们的，也是属于老师们的，归根结底是属于每一位江中人的……

【**作者简介**】毛增余，1983年江山中学高中毕业。2005年获中国人民大学博士学位（在职）。2012年被授予国务院政府特殊津贴。现任中国经济出版社有限公司总经理兼总编辑、中国石化出版社有限公司总经理兼总编辑、《国资报告》杂志社总编辑。

谆谆教诲心，拳拳哺育情

祝先潮　毛武兴

习近平总书记曾经说过，一个人遇到好老师是人生的幸运。1980 年在江山中学开始读高中时，正好赶上了高中学制从两年变为三年的改革。作为第一届三年制高中部一班的同学，在三年的求学之路上，我们非常幸运地遇到了王梅芬、方耀非、毛骏满、金盟、王清斌、杨明位、陈福炎、何英豹等一大批好老师，其中对我们影响最大、同学们感念最多的是班主任兼数学老师——施淑琴老师。三十余载逝如流水，但是施老师对我们的谆谆教导和悉心培育的情景依然历历在目……

循循善诱

上数学课时，施老师不像有的老师一开始就高屋建瓴，仅仅让接受能力强的同学眉开眼笑，也不像有的老师为照顾理解能力稍弱的同学，在公理和定理之间反反复复。她善于根据大部分同学的学习水平组织教学，恰到好处地控制进度和难度。在课堂上，她将数学原理的讲解和题目练习紧密结合、逻辑推导过程和解题分析细致结合，由表及里、深入浅出地让一个个知识点循序渐进地进入我们的脑海，并让我们逐渐学会运用已学知识干净利落地解决数学问题。

为了达到理想的教学效果，她的备课工作可以说到了夜以继日的地步。记得当时学校的数学教研组办公室在靠近大操场的南面一楼，窗户与南边的教学大楼相对。晚自习下课后，施老师办公桌上的灯，还是那么明亮。等我们回寝室洗漱完毕上床睡觉，有时甚至进入梦乡时，她才从办公室回家休息。

我们之所以知道她这么晚回家，是因为有几次晚上熄灯后聊天，被她从办公室回家路过时听到，当即批评我们不遵守作息规定，不注意爱惜自己身体。

宽严相济

在学习和生活上，施老师对我们班同学要求严格，泾渭分明，所以同学们个个勤于学、厉于行，班里有一个很好的学习氛围，同学们进步都很快。施老师对所有同学尽量一视同仁，对学习中有进步的同学给予特别热情的鼓励。如当年的班长徐正发属于成熟较早的帅男，课余时间会与施老师等任课教师开玩笑，但在学习退步时一样会受到施老师的批评鞭策。记得当时全班一年级时约 60 人，入学时成绩最好的是周水德。印象很深的是第一学期期中考试时入学成绩处于中游的武兴第一次进入前 10 名，成绩处于中下的毛江龙一下跃进中上游，她都马上给予及时的鼓励。武兴在高考前的模拟考试成绩很不理想，当时担心高考时发挥不好，一度非常紧张，她这时倒没怎么批评，而是给予了更多的鼓励。她不断给班里同学鼓劲、加油，她的每一次课堂"训话"，其实是一种无形的鞭策，让懵懂的我们在人生的路上少走弯路，在学业上有更大的进步。

无微不至

施老师对来自城镇和农村的学子一样亲切有加。20 世纪 80 年代初的中国城乡差别无论从物质生活还是在精神面貌，都是实实在在的客观存在，绝大部分农民的生活条件和学识远不如城镇居民。那时无论是偶尔的进城办事还是平常的社会交往，都能感受到城镇居民的优越感。那时班上不管多穷的同学家长找她，善良的施老师都予以热情接待，耐心解答和解决家长提出的各种问题。高一年级第二学期，徐正发的成绩掉到 15 名以外并继续下滑，他就私下请求施老师批准，辞去班长职务。根据当时的情况，施老师没有轻易表态，而是帮他耐心细致地分析问题，还两次和正发父亲书面通信，一起商量妥善的解决方案。那时班上自习时间，偶尔会在教室门口出现某个同学家长来送什么东西或找同学交代事情，这是大家都习以为常的情景。很多常来校的家长，班上同学大都认识。那时江中的这片天，在我们许多农村学子的心里就像"解放区的天是晴朗的天"，是那样的明亮，特别的多彩！这里没有城乡的歧视，更没有校园的暴力，这块当时的精神高地曾给予我们莫大的温暖和深刻的记忆。对我们班大多数同学来说，江中是我们从乡村走向城市、走向社会的第一站。那时老师们经常教导的话就是"今后穿皮鞋还是穿草鞋，就看这三年你们用不用功"。施老师虽然很少说这句话，但她身上那种不屈不挠、自尊自强的精神意志以及学校创造的平等竞争的氛围使我们知道，农村的学子可以通过自身的勤劳和努力去取得好成绩，去赢得别人的尊重。这大大激发了大家自尊、自强、奋进的热情。这种精神基因的养成是我们在高中母校这个精神原乡中最大的收获，也使每个同学受益终身。

水到渠成

正是由于施老师的精心照顾和无微不至的关怀，班上大部分同学都较好地扣好了人生的第一个纽扣。班上同学之间及同学和家长之间关系非常融洽。放假时，三三两两同学之间相互串门也是挺时髦的事，也很受同学及家长们的欢迎。同学们都刻苦努力、团结奋进、朴实善良：班委王兴杰全面发展，善良仗义，懂得照顾别人，激励别人；陆祖军思维敏捷，视野宽广……在施老师的带领下，高考时，我们班上数学成绩超过 100 分的人数全校最多，上本科录取分数线的人数全校最多，江山的理科状元和第三名都在我们班。那时青春懵懂的我们现在已年过半百，能联系上的同学聚会时，大家都其乐融融，全班同学如今都还在沐浴和享受着这个美好世界的阳光，观赏和体验着时间长河里流动的岁月，几乎人人身体健康，家庭幸福。这也许是我们人生幸运的最好见证！

哀思如潮

随着年龄的增长、儿女的成长以及职业工作的稳定发展，同学间、师生间怀旧的情结越来越浓，交流也逐渐增多。2013 年春节，我们在毛江龙的陪同下看望了施老师，重温当年师生情。出国近二十年一直心怀思念，这次如愿见到恩师，不胜感慨，感恩之心难以言表。在此前后，还有陈铮、余娟、应维忠、邱贤顺等同学看望过施老师。

2013 年 7 月，全班同学毕业 30 周年杭州聚会，施老师因为身体不适没有参加，徐正发、王晓蓉等同学专程去她家看望并带上活动的相册向她汇报了相关情况。2013 年 12 月 21 日中午，武兴突然接到电话，得知当天清晨施老师已与世长辞！当时，武兴正驾车前往北京南郊参加悼念毛泽东主席诞辰 120 周年活动，只能将车停在路边，迅速将情况通报给徐正发、应维忠、毛江龙等同学，足足难过了半个多小时后，才敢上车。在一个多月前，施老师在浙江衢州医院住院时，武兴曾告诉她，从 ICU 病房转出后就去看她，没想到竟留下一生都无法弥补的遗憾，永远不能再见到她！12 月 21 日下午及第二天，徐正发、应维忠、王晓蓉、余娟、周水德、毛江龙等同学前往吊唁，武兴也委托在上海的弟弟前往吊唁。第三天，毛江龙从单位请假代表全班同学前往殡仪馆和施老师作最后的告别。

2016 年 12 月 21 日，徐正发和班级微信群主王晓蓉组织能联系上的同学在微信群里举行了"怀念施老师网上追思会"。会上同学们或回忆当年施老师关心和教导我们的可亲可爱的往事，或重温她教诲和影响我们的嘉言懿行。周晶莹特别回忆道，当年高考前夕，施老师邀请先生严振贵老师专门来班上给大家讲高考临战前和答题时的注意事项，为了同学们的前途，她真是竭尽所能。詹剑伟还献上书法作品"莫道琴棋书画皆精通，毕生乐善好施尽贤淑"。大家纷纷表示对施老师生前对教学工作的执着和对我们学生的热爱印象深刻，她在我们心中既是严师，更像是慈母。

天涯海角有尽处，感念师恩无穷期。如今施老师已离开我们四周年多了，但她的音容笑貌依然萦绕我们心间，她的教诲恩情也一直滋养我们一路前行。我们将永远怀念她！

注：本文在写作过程中得到了江山中学 1983 届高中校友王兴杰、徐正发、毛江龙、毛增余的大力帮助。

【作者简介】祝先潮，1983 年江山中学高中毕业。当年考入清华大学化学与化工系。在美国获得硕士及博士学位。上海交通大学客座教授。先后获得浙江省"千人计划"特聘专家和"科学中国人（2016）年度人物"称号，创办浙江博和瑞达生物科技有限公司。

毛武兴，1983 年江山中学高中毕业。教授级高级工程师。曾经兼任北京大学软件学院客座教授，现兼任杭州电子科技大学客座教授。2004 年被授予国务院政府特殊津贴。现任中芯国际集成电路制造有限公司副总裁。

我与开学典礼上的三副对联

毛卓兴

时光沉静无言，倏然间，江山中学迎来了自己的八十华诞。诞生于1938年烽火连天之际的江山中学，从建校之日起一直是这座小城的一个地标，是备受邑人关注的地方，一任须江奔流，岁月递嬗。

为校庆而设的《江中故事》，也编到六十多期了。许多朋友鼓励我，说我从做学生到当老师，后来还兼做了几年校长，应该为江中留下吉光片羽，不然有些对不住江中的八秩风华了。于是，有了三个开学典礼上三副对联的故事。

第一副对联：那是一场风波之后，
对全体师生的郑重嘱托和相互勉励

2012年9月1日，这是一个中小学传统的开学日子，江中校园内弥漫着桂花的馥郁芬芳。早上七点，江山中学新学年开学典礼在悦耳的乐曲声中开始了。这些与以往没有太大区别，但师生和家长们发现，作为露天主席台背景的科技楼硕大门楣上，挂上了一副隶书长联，倒有些引人注目：

江中加油

做一个无忧的魅力学子，

拒绝悲催，不靠不晕，

学海千重看我江中才俊飞舟横渡；

当一名有型的阳光教师，

驱散浮云，为师为范，

书山百仞有我江中师长引领攀登。

在开学典礼上，面对近三千名师生和家长关切的目光，作为新校长的我作了第一次开学致辞。在致辞的最后，我就是以这副长联作为结束语的，让我没想到的是，这竟然赢得了长时间的掌声和欢呼声。

江中人大都知道那年江中的情况。部分教师内心累积多时的想法，在那个春天终于出现了浮动。教师的情绪必然要传导给学生，致使学校长期形成的教学节奏和自身平衡被改变。那一年许多高中学校都不平静，由于实施绩效工资，外地一些学校甚至出现了"集体散步"等现象。江中倒没有休课，但也发生了个别教师"怼上"学校领导的事件。

在这样的背景下，当年六月底，市里决定让我兼任江中校长。我知道，自己这一回是站在悬崖边上没有退路了。作为良师益友，胡君韶良兄得知此事后也为我捏了把汗，以玩笑的口吻警示我：有一个江湖传说，江山唯三个地方的官最难当，即江泥、江中和江医也。

再度回到学校，江中人对江中有一种天生的归属感。7月4日上午，赶在暑假前的全体教师会议上，我与大家作了一次既仓促又诚恳的交流。最后，还用两句诗"智山慧海传真火，愿随前薪作后薪"与大家共勉。或许是故人归来，或许是调子不高，会议气氛总体是温婉平和的，老师们带着"听其言，观其行"的心态，开始了暑期生活。

经过组织调整，江中新的领导班子提前开始了新学年的筹备工作。王彦书记老成持重，肩负着"传帮带"的重任；常务副校长夏飞华老师主持日常工作，开启了负重致远的全面历练；班子成员杨志明、赵春才、郑利明、郑招浩和姜军等老师均进入各自角色，活力满满，学校中层骨干也面貌一新，跃跃欲试。

要开学了，学校准备组织一个别开生面的开学典礼，迎接新老师生的到来。那么问题来了，如何让人感觉形式别致、耳目一新呢？结合典礼的主题和部分师生的情感，开学前两天我突发奇想，做一副抓人眼球的对联，内容要切中肯綮，诙谐幽默接地气，既引人深思，又催人奋进。

琢磨了半天，我拟出了上述这副对联。因为是长联，加上时间紧迫，也没太讲究对仗格律，横批还是后来补上去的，就让校办徐敏老师去安排制作悬挂了。

第二副对联：那是空前大难之后，
来自我们心灵深处的嘶哑呐喊

新学年开学以后，金秋尽展时令的多姿多彩，学校也渐渐地进入了正常轨道。学校厘清了当前的工作思路。在秉承"人文和谐，自主成长"的基础上，着手实施"严谨治校、质量立校、名师强校、科研兴校、文化润校"五项工程。

2013 这一个学年发生了许多故事，难以——细述，这里就说几个教学外的小故事。

故事之一

这一年的春节前夕，回江度假的江中老校友徐先友老师前来看望我，他现在是杭州学军中学"最牛信息学奥赛金牌教练"。我请他为江中好好把脉出点子，他当即表示乐意在信息学教学和学军与江中的合作上竭尽全力。

于是，我马上与飞华联系，请他与徐老师见面并保持常态联系。通过徐老师等的牵线搭桥，两年多后终于水到渠成，成就了学军与江中结缘的一段佳话。这件事，先友、飞华两位老师厥功甚伟。

那一年八月，适逢韶良兄第三部自称"拙著"的《无心栽瓜》问世，为表示对我和江中的支持，向江中师生倾情捐书数百册。我理解其中可能还有些寓意，即希望江中用心栽花，插柳成林，立德树人。

那年的深秋时节，韶良兄还在政协副主席的位置上，"谦逊"了几回后，终于"应邀"前来江中，一方面是赠送书籍，同时为江中全体教师作了一次"交流性讲座"。我明白，这是他用自己的方式来为我呐喊加油来了。他讲座的题目叫"透过麻雀侃乐干"，身份是江中学生家长和"拙著"作者，没有说教，没有"指示"，却让我们江中这些为人师者在"打麻雀"的轻松快意中，明白了什么叫山外有山，什么叫师外有师，什么叫实干乐干。

故事之二

记得有一天与徐敏主任等几位课余去学科组与老师谈心交流，有一位老师直言不讳地说对新班子不满意，因为老师关心的待遇问题，几个月过去了为什么依然涛声依旧？语气颇为不敬，场面很是难堪。在现有机制和条件下，学校管理者在物质问题上是力不从心的。

这个时候，江中的一个"贵人"闪亮登场了，他就是江山虎集团的董事长徐位吉，一位在江山德高望重的资深企业家。他说：你做江中校长了，我要帮帮你。经江中老校友、市慈善总会陆洪涛会长的精心运筹，为期五年、以江中为重点的"振兴杯"助学兴教基金问世了。

后来，国鑫房产尽管当时自身过得也不滋润，但程肖华老总毅然慷慨解囊，专为江中建立了"国鑫杯"兴教助学基金。

一缕缕阳光，一阵阵温暖，江中人感受到了来自社会的尊重和期盼。

故事之三

春夏之交，正是当年高考备战的最关键时期，高三师生枕戈待旦，秣马厉兵。但我从飞华、春才和利明等老师紧锁的眉头上，嗅到了紧张和不安的味道。

当时段齐敏校长正在城南小学探索"挑战30"的实践，据说，一件简单的事坚持三十天，对意志力也是很大的考验，对这个养成探索我是支持的。受此启发，我也给自己定下了一个"小目标"：高考前五十天，无论多么繁忙，每天都抽出时间到学校去。我想，尽管自己来了不一定有什么用，但我要用行动告诉师生：你的辛苦付出，我都看在眼里；你有什么问题，我一直都在这里。说实在的，五十多天能坚持下来，的确不是件容易的事。

这一年，江中人也是蛮拼的，好像一切都在向人们预期的方向前行。然而，唯一能确定的，就是不确定性。说好的付出必有收获，好人一生平安，可那一年的江中严重偏离了正常轨迹，发生了让人猝不及防、犹如五雷轰顶的重大灾难。

先是2013届高考的结果与期望大相径庭，几天后更大的打击接踵而至。7月7日凌晨，"韩亚航空事件"在旧金山不幸发生了。造化弄人，人奈天何？那些日子也不知是怎么过来的，只是按照市领导的安排，没日没夜地处理善后事项。记得当时局办主任叶慧庆、副校长郑利明、校办主任徐敏和李益利老师等一班人，拼了命似地与我一起忙碌着。李益利家中夜里还进了小偷，把一台存储许多资料的手提电脑顺走了。

尽管这是一件非人力所能为的灾难，但这些年来，我还是对涉事师生特别是失去女儿的三个家庭怀有愧疚之心，对指导和参与处理事件的上级领导、兄弟部门和局机关、江中同事心存感激之情。特别是王旭常委、姜励部长、项深主任和飞华校长、毛春燕老师等赴美处置工作组的成员们，他们排除万难，成功平安地带回了滞留的所有师生。在国外处置这类事件，其艰巨性和复杂性非亲历者是难以想象的，这一点王旭常委和旧金山领事馆的袁南生总领事均撰文有详尽的叙述，而且标题不约而同地使用了"日日夜夜"这四个字。

很快开学季又到了。2013 年 9 月 1 日早晨，同样的日子，同样的场所，但是开学典礼换了一种氛围，蒙上了一层伤感、凝重和悲壮的色彩。科技楼的门楣上，也换上了这样一副"平起仄收"的对联：

同一个江中，同一个梦想

惊破了天，感动了地，历尽磨难也从容，

百年老校百折不挠蕴积百代风华；

聚集好人，收拾好心，时不我待莫等闲，

千名师生千钧重负创就千秋伟业。

明天和意外，有时真的不知道是谁会先来临，但诗和远方还要追寻，生活和梦想还得继续。这就是第二副对联故事的要义。

第三副对联：那是取得小成之后，
洋溢在师生心中的喜悦和豪情

多难兴邦，磨难兴校；斯是大难，诚为校殇。事件前后，江中全体师生、海内外江中校友，把团结一心、众志成城、自强不息、大爱无疆的精神体现得淋漓尽致。

又一个学年开始了，江中人爬起来拍拍尘土，继续向前行走。这个学年，有几个片断至今仍记忆犹新。

片断一

2013 年 8 月 19 日，新高三教师暑期学习会如期举行，学校领导全员到场。不用太多的动员，与会的每一个人内心都明白，这次会议的主题是什么，这届高三的分量有多重。

我感觉到了，大家的目光是坚毅的，内心是强大的。事先我个人请慧庆主任帮了个忙，为全体高三教师每人准备了两件小礼物，是一只手电和一把伞。一把伞，撑起头上的一片天；一束光，照亮前行的一段路。

片断二

那一年，教育局大抓校园文化建设，其中要求各校整合"一训三风"，制作校徽，创作校歌。江中由王彦书记主抓这项工作，我们一起对办学理念、办学目标和"一训三风"等作了一次系统的整理阐释。可校歌迟迟没见人动手，他们开玩笑说：这事是局领导部署的，是否就由校长亲自操刀了？

于是，我绞尽脑汁写了名为《梦想的摇篮》的歌词，由艾鹏飞老师精心谱曲。歌词写得一般，但符合江中的历史和当时情况；曲调旋律却优美婉转，听之令人荡气回肠。

片段三

春天的校园，一派姹紫嫣红。50天高考冲刺动员励志活动，在学校艺术楼大厅庄重举行。台上，励志老师激情四射；台下，高三学子一脸茫然。因为，他们实在听不清楚老师们在说些什么。唉，江中的基础设施太简陋了，你看这会场空空荡荡，房屋是钢构梁、水泥地，毫无隔音吸音装置，连音响设备也是老爷式的。

其实，这两年学校想方设法改善办学条件。对教学楼连廊、宿舍楼栏杆、走班教室、教室橱柜以及食堂等进行了大规模的改造。此后，艺术楼修缮、西操场塑胶化等项目相继上马。别的就不说了，一所学校拥有一个大型体育馆、两个400米塑胶运动场，这就足够让从江中走出去的学子炫耀一番了。

六月来了，校园的栀子花欲枯还香。又一批学子离校了，他们是带着微笑、挺着胸脯告别母校的。

他们当中，有300多人超过了家长和社会非常看重的高校一本线，江山中学也兑现了再次突破"三百线"的承诺。揭榜后的6月27日，《今日江山》刊登了姜伟锋、王石良采写的一篇通讯，题目为《致敬，江山中学2014高考》，当中提到了徐秋英、姜式军、毛芝君、余烨斌、周爱娟和姜发水等老师的名字。其实，值得一提的人物何止这些，他们是一个集体群像。

市主要领导来校祝贺慰问；毛副市长有了爽朗的笑声；教师进修学校郑

校长说，江山教育的一口气终于缓过来了。

秋风拂来，9月1日的开学典礼又如约而至，于是，有了还是不完全合乎格律的第三副对联：

学在江山，成于江中

筚路蓝缕，逆袭终有成功日，

几载风雨同舟共济铺就千重锦；

夕厉晨兢，乘势而上正当时，

三千师生众志成城再登万仞山。

风华是一指流沙，苍老是一段年华。江中的重新崛起，不仅仅是指高考的成绩，更是心灵的皈依、文化的传承和学校的全面成长。

这年底，江山中学成功创建省一级特色示范高中。

这年底，我的"暂时"校长生涯终于结束了，飞华接过了这枚沉重的"帅印"。在告别仪式上，我用"桐花万里丹山路，雏凤清于老凤声"两句诗相赠勉励。

江山中学在经历了更多坎坷后，迎来了自己的又一个黄金发展期，学校连续五年顺风顺水，一路凯歌，为八十华诞庆贺平添了许多喜气和底气。

江中的八十年是一条汩汩流淌的河流，我们有幸成为过程中的一朵浪花。是啊，岁月深处，江山中学始终是江中人不舍的眷恋。作为我个人来说，江中的同事和同学，不是在最好的时光我遇见了你们，而是因为有你们在，我才有了最难忘的时光。

【作者简介】毛卓兴，1984年8月进入江山中学，担任语文教师四年。2012年6月到2014年12月，在任江山市教育局长期间，兼任江山中学校长。

触摸母校的影子

邵琳瑛

迎面遇见，胸佩江山中学校徽的学生急急走来，不由让道半步，如同和一个清秀脱俗的女孩撞了个满怀，回首多瞧几眼，这恰似同学少年时的身影且行且远，母校的影子却渐渐拢来。江山中学，我在那里度过了三个春秋，那儿留有我青春时光最美的一段记忆。学校拆迁了，留在记忆深处的梦变得有些支离破碎。难道就没在校址上留下一点影子——哪怕一座亭，一个赛台，一口井，或那棵桂花树……

前不久崴了脚，赋闲在家又幻出母校零零碎碎的影子，奇怪痛脚更喜走路，便拐脚顺着当年的足迹去寻找母校记忆。

差不多十五六岁吧，我曾用一根扁担挑着番薯米菜，从离校二十多里的乡下徒步上学。一脚踏进城里，一路上的劳累，尽抛脑后。左探右瞧路边有无野草和石块，把脚搭到石块上，左一下右一下地擦掉鞋帮上的泥浆，又钟摆似的在草间一脚踢前一脚擦后，直至双脚贴地拖出长长的一排脚印，搓掉鞋底里的泥土才罢；转动扁担，左肩换右肩，抽手捋捋额前发丝；像刘姥姥进大观园拉拉被压皱的衣服，突觉汗衫奇臭。挑着担混在飘飘裙裾间，更勾勒出一个活脱脱的乡下人模样，深恨粗粗笨笨的扁担无金箍棒之魔法，缩成笔状藏于耳中！意识到这身打扮不合时宜，又怕被人闻到汗味，常常拐入小巷。

现在依然能找到那条幽深而宁静的小巷，走进巷子里，宛如隔离了城里人的眼光。巷子又深又长，不论什么时候，那里都是寂寂的，能清晰地听到自己的足音。不高不矮的围墙挡在两边，上面印着斑斑驳驳的苔痕。春来时，墙上挂着一串串苍翠欲滴的藤蔓，简直像古朴的屏风，要是这样一路通到寝室门口，便没人看见我这副模样了。墙里常常是人家的竹园，修竹森森，不时传出孩子的娇嗔声。若是自己的家园，就不必过肩挑手提之劳、翻山越岭之苦了。

走出小巷，步入通往学校的大街，加快脚步跨入校门，避开同学眼光，最怕突然跑出一位女同学，冲我高喊"琳瑛，琳瑛"，在众人前说道："你来了！"可把我吓坏了，于是埋头赶往寝室，随手将扁担撂向床底。

唉！不知当初是咋想的，如今若能遇见肩挑手提的学子，定会投以崇拜的目光，只要对方乐意，还会接过扁担送上一程，真为那时的小肚鸡肠唏嘘不已。若能再次上学，别说扁担，就是根木棍，也能挑出读书人的骨气！

而今坦然闲游在这条大街上，却见街旁停满一辆辆轿车，不见一群群学子身影；声声叫卖，未闻学生清亮嗓音；繁荣的商业街替代了骄傲的学府街。沿街东面是学校，一幢幢崭新的商住楼覆盖在校址上，哪里有八角亭踪影，桂花树踪迹？估摸这座高楼是由学校办公楼改造的，那座别墅是由实验室拆建的，还在猜测这是学校大门，那是教室、宿舍、食堂……

寻寻觅觅，觅觅寻寻，沿街西边有两座熟悉的民宅。一座前墙全是木排门的老房子还在，黝黯的门锁锈迹斑斑，正诉说着岁月的流逝。我驻足观望，倍感亲切，好像正在迎接多年未见的朋友，又似母亲守望远方游子的归来……另一座柴门上留有漆印的土屋还在，瓦砾上青苔一片。忧心阳光洒在老宅上又添荒凉，忧患雨水拍打在老屋上更增沧桑，这阳光雨露、风残雪月像作垂死抚摸似的，不久这两座民宅也要消失了……是脚痛，还是心疼，无力地收回搜寻的余光，不想追寻了。幡然醒悟，同是校友的爱人极想到这儿购房，被我一口拒绝，缘由是想在心中留块完整的校园啊。

一排树，原操场北边的一排树突然映入眼帘，这排树像读书年代躲闪于办公室门外、不敢进去到老师面前认错的学生，蜷缩于高楼间。

远远望去有熟悉的影子，那一棵棵绿树像男生晨操队形，歪歪斜斜里透出俏皮的神情；还有那东高西低的树冠，犹如同年级文科班的高考女状元王霄冰，抬手扶头，若有所思的神韵，"险韵诗成，扶头酒醒"。走近树旁，高于六七层楼的水杉、枫杨树、梧桐树下，似乎又没有那种影子。水杉树还是向南倾斜着，枫杨树的枝干虽变得粗壮些，但分枝的形状依旧，梧桐上的树眼好像还是原样，只是变大了，变淡了……

树荫下原有高低杠、单杠，前面是四百米椭圆形跑道，笔直部分是百米赛场。现在只有几个女人围坐闲聊，没哨子声、加油声，更没有热闹而欢快的场景。

记得每当赛跑结束，跟跟跄跄走到树荫下，靠在铁杠上喘气，平息下来，城里同学轻似燕子，在高低杠间上下翻飞，来自乡下的自己初次见过，顿生羡慕。悄悄走过去，趁人不注意，扶住双杠，与肩齐平，两脚用力一蹬，身体灌铅一般，根本没有翻越的可能，便对城里同学刮目相看了。那时没电视，而今看到电视上的奥运冠军，觉得还没有自己同学那么英姿潇洒。

独自站在原地，触摸不到铁杠，更没法偷偷一试了，便从这棵树走到那棵树，用双脚丈量百米赛场，痴痴地苦笑自己的足下，或许正踏在当年的脚印上……发现周围静静的，她们停止聊天，默默注视着我，才意识到这儿是她们的家园，哪里是我寻找足迹、挖掘记忆的地方？

拆了，拆了，母校拆了，母校真的拆了……

如果你想去重温母校，我提醒你：原学校大门斜对面有两座老房子还在，操场北边的一排树还在。

注：本文原载于《今日江山》2012年10月10日第3版，入选《江中故事》后，作者对文章进行了修改。

【作者简介】邵琳瑛，1984年江山中学高中毕业。现为浙江省辞赋学会会员、衢州市及江山市作家协会会员。《双溪口赋》《鞋的故事》《泉眼里的剪影》等作品获浙江省征文比赛优秀奖。

奉献乃生活的真正意义

——王普成老师小记

徐峻

中等个子，普通得不能再普通的打扮，他从你身边经过时，肯定不会引起你的注意——这就是今年即将退休的江山中学总务处副主任王普成老师，他也是目前江山中学校龄最长的在职老师。在平凡得不能再平凡的学校总务工作岗位上，王老师已经默默奉献了 30 多年。"我没有别的东西奉献给学校和学生，唯有泪水和汗水。"这是他工作的真实写照。

从一窍不通到熟能生巧

王老师在江中的工作是从电工开始的。换灯泡和灯管、装开关和插座、线路维修和保养等，都是他的分内活，他也干得得心应手，受到广大师生的欢迎。

可时间一长，他发现总务工作是为学校办公、教学，为师生的学习和生活需要服务的，光是维修工程这块的任务就很多，比如课桌椅和门窗的维修、自来水管网的维护、校舍的维修、教学用具的维修等等，而这些任务具有很强的时效性，即便有充足的资金，有时也请不到维修人员，往往影响到学校正常的教学秩序。于是，他决定自学相关技能，为学校做出更多贡献。

他购买了各式各样的专业技术书籍，开始自学相关理论知识，并且利用休息时间，向各行各业的专家和能手请教，以提高自己的实践能力。慢慢地，学校里的师生们惊喜地发现，王老师不仅仅是一个出色的电工，还是一个不错的水管工、木匠师傅、泥水师傅、绿化工……他甚至学会了基建工程及维修工程的立项、招标等工作流程，真正成为学校总务工作的行家里手。他还将实践上升为理论，积极参与学校的教科研工作。他参与的课题《食堂管理促进高中学校校园文化建设》，进入了江山市教育科学规划 2011 年度课题结题研究成果获奖名单。

任劳任怨始终如一

作为为全校师生的学习、生活提供后勤保障的"幕后英雄"，王老师的工作是没有掌声和鲜花的。可他从开始工作的第一天就不计名利地脚踏实地、埋头苦干，默默地奉献着自己的青春和汗水。记不清有多少次，已经下班回家休息的他，只要一接到学校的电话，就立即赶到学校，着手解决一个个突然出现的故障和隐患，为教学工作的顺利开展保驾护航。

由于种种客观原因，并非每件事都能立即得到妥善解决。在这种情况下，王老师忙完自己手上的活后，还要耐心地向师生们解释，并落实解决的方案。2005 年学校搬迁新校园，王老师已经记不清自己花了多少时间检查学校各项设施，安排好师生的搬迁工作。

难能可贵的是，走上领导岗位后，王老师仍一如既往地忘我工作。学校师生遇到了什么问题，只要一个电话，王老师总会在第一时间把问题解决好。有一次，学校的一名老师发现厕所的冲水开关坏了，电话打完没多久，王老师就已经把新零件换上了。

由于将所有的精力都倾注在了学校里，对于已经硕士毕业的女儿的成长，王老师付出的关爱少之又少。这也成了他无法弥补的遗憾。然而，他的倾心付出，使全校师生都有了一个舒服安逸的校园大家庭，这又令他倍感幸福。王老师的工作有目共睹，他也先后被评为浙江省教育系统优秀后勤工作者和首届"最美江中人"。

葛登纳说过：当你服务他人的时候，人生不再是毫无意义的。对于王老师来说，学校教学工作的顺利开展和师生的肯定，比任何荣誉都让他感到开心和幸福。而他也在为学校、为师生服务的过程中，充实并快乐着。

【作者简介】徐峻，1985年江山中学高中毕业。中学历史高级教师。1989年开始在江山中学执教至今。

改变我人生的恩师——王兴盛

陈小爱

从 1981 年到 1987 年，我在江山中学度过了六年的中学生涯。回首往事，值得回味的瞬间不胜枚举，其中令我感到最幸运的是在面临人生重大抉择的关键时刻，王兴盛老师指引我走上了一条更为广阔而具有挑战性之路。

三思而行

当时，年仅 14 岁的我，刚刚参加完初中毕业考试，面临着人生的第一个重大选择：是读高中，还是上初中中专？

到学校念书后，我的成绩一直都不错，再加上乖巧懂事，父母就更加喜爱我了。淳朴的父母对我最大的期望就是长大后，不用和他们一样下田种地。由于我的个子不高，力气不够大，妈妈曾经很认真地和我说过，如果没考上中专或大学，那么就让我去学裁缝，至少不用日晒雨淋。对爱我的父母来说，这就是他们心目中我的最好前程。

关键时刻，自己也没了主意。从小学到初中，虽然成绩都很优秀，可是，我还是非常悲观，觉得自己就是大家说的那种小学和初中成绩异常出色，到了高中就一蹶不振的女孩子。那个年代，考大学像千军万马过独木桥，到了高中，我的成绩还能那么拔尖吗？就一定能上大学吗？三年后，如果考不上大学，仍旧要回到农村，还不如现在去读中专，马上就能跳出农门，三年后就有一份"铁饭碗"的工作。

在家里，和父母深思熟虑了半天，我们一致达成共识：考金华卫生学校，将来做个护士。

拨云见日

当年报考初中中专是在普通高中录取之前进行的。那天早上，我拿了两块钱去学校填报初中中专。接待我的是王兴盛老师，当时他是学校的教导主任。令我做梦也想不到的是，王老师得知我的来意后，便斩钉截铁地对我说："小爱同学，你应该上高中，将来读大学。"王老师当时还讲了哪些话，我已经记不清楚了，只知道他的态度不可动摇，就是不让我报考。他还说："叫你家长来，我要和你家长谈一谈。"

我懵懵懂懂地回到家中，和妈妈讲了这个情况，妈妈就和我一起去了学校。见到我妈，王老师语重心长地对我妈说："你的孩子如果去上中专要遗憾终生的，读大学的话前程似锦。"

王老师的信心打动了妈妈，再加上上天的眷顾，那年我的二哥刚好高中中专毕业回江山工作，家中只有我一个孩子读书，家里的负担轻多了，妈妈竟然被王老师说服了，说："好吧，听您的，咱上高中。"

就这样，我上了高中。三年后，经过老师们的谆谆教诲和自己的勤学苦练，我最终考上了北京大学。后来一路拿了硕士、博士学位，并在美国求学、工作，走上了一条小时候从不敢想的生活道路。

令我感到欣慰的是，王老师的这个决定，不仅改变了我的人生轨迹，也让很多家境贫寒，但优秀努力的学弟学妹们有了更美好的未来。此后，王老师用我的例子说服了不少来自农村的孩子和家长，为不少稚嫩的同学和缺乏远见的家长指引了未来的方向。遇到王老师这样具有远见卓识的老师，我是多么的幸运，我们江中的同学是多么的幸福！

水落石出

这么多年来，对王老师除了感恩，其实我还有一个问题始终埋在心里，成为未解之谜。

2008 年我回国探亲，在江山和高中同学聚会的那天晚上，我终于又见到了已从江中校长任上退休的王兴盛恩师，他依旧那么矍铄健谈。他的亲切和热情，让我终于问出了那个一直让我困惑的问题："当年，您劝我放弃中专的时候，我对自己的高中学习都没有信心，为啥您就对我那么信心十足呢？您怎么就知道我高中的成绩会名列前茅，而不是每况愈下呢？这种情况不是屡见不鲜吗？"王老师毫不讳言地给了我答案："其实，你的情况我是非常了解的。你现在也是成年人了，我可以无可讳言地告诉你：女孩子如果发育比较早的话，到高中可能就会三心二意，影响学习，而你当时年纪小，长得也小小的，所以我认定你会专心致志、全神贯注地投入到学习中。"原来，当年的教导主任，比我父母还了解我。

30多年过去了，初中中专已成为历史，现在的孩子们可能都已不知道这回事了。对于王老师而言，我只是他倾注过心血和真情的无数个学生中的一个，但对我来说，是他为我打开通向这个世界的道路。忘不了，我的王老师，我的江山中学。

【**作者简介**】陈小爱，1987年江山中学高中毕业。1991年毕业于北京大学生物系。1994年获得复旦大学硕士学位。1998年获博士学位（复旦大学和美国耶鲁大学联合培养）。发表过10多篇学术论文。2006年开始，在美国康乃尔大学医学院做行政管理和教育工作至今。

师恩是一杯用时光冲泡的红茶

毛素珍

师恩，就像用时光冲泡的红茶，时光只会让它更香，记忆只会让它更醇。在每一个平凡的日子里，那杯红茶，都可细细品味。

徐鹤琴老师

2018 年春节，一个微信群把我和大多 30 多年未见面的初中同学又隔空聚到了一起，一张初二时的合影拉开了记忆的闸门。

学生时代的合照，大都是在毕业之际拍的，而这张初二的合影，缘于当时的班主任徐鹤琴老师，她也是我们的语文老师。

徐老师瘦瘦小小的，性情温和，偶有同学惹她生气，即便换作一副严肃的面孔，依然掩饰不住宽厚和温情。徐老师的家在学校南面生活区的一栋教师公寓的三层，我们都喜欢到徐老师家做客，因为徐老师总是会热情招待我们这些学生，对我们就像家人一样。

徐老师常常在课余组织一些有意思的集体活动。距离江山县城约五里处有座老虎山，因山顶的大石块远看像只趴着的老虎而得名。有一个周末，徐老师带着全班同学去老虎山野炊。同学们从山脚下的河中打了水，一路拎到老虎山顶。我们找到大石块下的一片空地作为野炊基地，徐老师和同学们一起堆灶烧火。

大石块的另一侧有一个山洞，关于这个山洞流传着很多神秘的传说。我叫上两个同学，想去探险一番。我们拿了一根木棍点燃作火把，进入洞口，有一片空地，再往前走，便是狭窄凹凸的山洞，星点火光在一片漆黑中显得分外微弱，往里走了几米，我们几个就恐惧地跑出来了。回到野炊基地，同学们正热火朝天地在做饭，徐老师正好从燃烧的火堆前抬起头，她的嘴角上有一抹黑，显得那么滑稽可爱，我忍不住掩嘴偷笑。至今回想，依然莞尔。那次我们做的饭并不成功，锅底已经焦黄，整锅饭却是夹生的，下饭的菜就是用盐水煮的青菜，虽说简单，却是我吃过的最美味的野餐！

初二快放暑假时，有一天上完语文课，徐老师告诉我们，下学期她不再担任我们的班主任和语文老师。她宣布完这个消息，班里突然出奇地安静，全班同学都舍不得徐老师，这个消息对大家而言，真的挺伤心的。然后，徐老师提议我们大家拍张合影。于是，1984 年的初夏，在江山中学的大操场上，便定格了这张"我们和老师在一起"。

而另一个同学的回忆，让我在时隔三十年后，又多了一份满满的感动，一切仿佛还是昨日……

祝希春同学小学毕业时，从一个小乡村考入江山中学。小学五年，他的成绩一直保持第一，并且担任班长。来到江山中学，一下子遇到了很多优秀的同学，许多同学不仅成绩好，而且见多识广，内向的他自然没能被选作班长。

有一天上语文课，当老师喊"上课"时，希春下意识地脱口而出"起立"，说完，脸一下就红了，而他的位子正靠着讲台，这一切都被徐老师看在了眼里。课后，徐老师找到希春，了解到他小学五年的情况，徐老师鼓励他继续努力，争取当班干部。半个学期后，因为成绩优秀，希春果然被选上了学习委员，并负责管理班费，也因此和徐老师有了更多的接触。

初二年级的那个元旦，我们班排演小舞台剧《皇帝的新装》，大部分男生都被选作演员，女生则负责道具。后来，徐老师征得全班同学的同意，决定从班费中拿出十元钱添置道具。希春取钱后，来到同学们排练的教室，想把钱交给徐老师。徐老师正在指导同学们排练，演皇帝的是个特别活跃、特别搞怪的同学。只见"皇帝"抬着夸张的步子，做着夸张的手势，高昂着头，一副趾高气扬又滑稽的模样。希春看得入了迷，等同学们排练结束，才想起要交钱给徐老师，结果一摸口袋，吓得惊了一身汗——钱没了！十元钱在当时可不是一个小数目。希春赶紧告诉徐老师，教室里还剩几个同学没离开，大家和老师一起在教室里四处搜寻，但没找到。

第二天语文课上，徐老师对同学们说："我们班丢了十元钱，如果哪位同学捡到了，请交到老师的办公室。"希春因满心愧疚，四处打听谁捡到了钱，当然，什么也没打听到。两天后，当希春又去徐老师的办公室时，徐老师对他说："钱找回来了。"希春好奇地问是谁捡到了，徐老师说："不要再提这件事了，让它成为秘密吧。"

多年后，希春成了中国中医科学院的研究人员，并成为首都国医名师朴炳奎教授的学术传承人。希春说，他在工作时，常常会想到徐老师，想到那个秘密，徐老师除了传授知识，也传授了为人处事的道理。而那个秘密，真的成了永远的秘密。

还有很多点点滴滴的故事，同学们一个接一个地回忆。三十多年前，徐老师陪伴我们的两年时光，在记忆中一一再现。青春期，半大不小的孩子最是叛逆，是徐老师用宽厚和温情给予了我们无限包容和关爱。

在写本文时，惊悉徐老师已离开我们，同学们永远没有机会再一次"和老师在一起"，可是很多东西是永远不会离去的。

王石坛老师

最早知道王石坛老师，是在我大哥毛伟的口中。大哥比我年长 10 岁，小时候在外读书，离家较远，所以难得见面。而从我记事起，大哥每次回家，常常会提到的便是王老师。那时大哥正在长台读高中，是王老师的学生。大哥高中时成绩优秀，倍受王老师喜爱。1975 年大哥高中毕业后，到一个农场劳动。没过几个月，王老师专程来到农场找到大哥，把浑身泥土的大哥从田里叫上来。王老师叫大哥和另一个同学，一起回去办工厂，一个生产镇流器外壳的工厂。大哥和同学就这样创办了校办厂。半年后，大哥因招工才离开校办厂。1977 年恢复高考，王老师又找到大哥，鼓励大哥去参加高考。那时书本、复习资料都极为匮乏，王老师想办法找到资料，送给大哥。大哥后来考上了大学，王老师也无比高兴。后来，大哥也不负王老师的厚爱，毕业后到政府部门工作，经过几十年的奋斗，成了一个有一定成就的企业家。而大哥也一直记得王老师曾经给予的教诲，这也成了大哥一直努力前行的动力。

10 多年后，我在江中遇到了王老师。1987 年我在江中高三文科班学习时，王老师任校长，也是我们的语文老师。在我的记忆里，王老师留给我的是一个学者的风范。王老师不苟谈笑，但说话掷地有声，内涵丰富。在曾经的每一堂课上，王老师的博学儒雅都让我们不知不觉地受益匪浅。

记忆最深的是王老师上课从不照本宣科。在课堂上，除了教科书的内容，他还会给我们拓展更深层次的知识。比如在讲到宋词时，王老师也给我们讲王国维，讲王国维的治学三境界："昨夜西风凋碧树，独上高楼，望尽天涯"；"衣带渐宽终不悔，为伊消得人憔悴"；"众里寻他千百度，蓦然回首，那人却在灯火阑珊处"。由此，宋词也成了我的挚爱。王老师还给我们介绍朱光潜、沈从文，以及红学的相关理论，引导我们阅读古今中外的经典著作。在王老师的指引下，我从大量的文学名著中汲取了远胜于教科书的精神营养。

印象特别深的是王老师上过的一堂课。那年冬天，一个下雪的日子，教室外面雪花飞扬，不时飘落在窗玻璃上，就像在玻璃上贴上了窗花。教室里正在上语文课，不记得上课的内容了，只记得王老师和我们讲了他年少时求学的一件事：也是一个下雪的日子，家境贫寒的王老师，从乡下走路到城里上学，因为不舍得鞋子弄湿，他脱了鞋子在雪地上走。他没有觉得寒冷，心里是热乎乎的，因为心里装着求学的梦，只有渴求知识的快乐。那堂课，我听到了一场特别的雪。

多少年过去了，我上过无数的课，听过无数的讲座，却唯有这一堂课让我记忆犹新，就像是烙在记忆里的。

还记得王老师让我们写作文一定要贴近现实。有一次，王老师让我们去菜市场体验生活，然后写一篇作文。那时我对日常的生活琐碎颇为不屑，到菜市场看了两眼，自然写不出什么，然后写了另一个内容。看到我的作文，王老师特意和我谈话，要我关注生活。这件事影响了我一辈子，让我以后总是把目光投向平凡的人和平凡的事。王老师给我的每篇作文都写了不少评语，记得曾写过的一句评语是"诗一般的语言"，那么高的评价给了年少的我莫大的感动和自信。一个文学的梦似乎就那么自然而然地萌发了。

后来，生活的种种让我远离了作文。但是，有些东西你以为忘记了，以为远离了，其实它一直在那儿等你。就像那堂飘雪的语文课，有年少的梦，有年少的热情，永远不会逝去。在某个清晨，或某个黄昏，那个走在雪地的年少的求学形象便唤醒了我的梦，在过了近30年后，我重新捧起书，拿起笔，讲述心中的话。而这时候，我重新拾起的还是《红楼梦》，还是沈从文、朱光潜的著作……当年王老师给予的影响是如此之深！当我的文章被认可时，我最想给王老师看看！

虽然王老师已经离开了我们，但他永远活在我们的心中。一个好的老师，会成为一辈子的精神指导，那份情怀、那种灵魂，如水般，一直会浸润心田到永远。

【作者简介】毛素珍，1988年江山中学高中毕业。曾在江山农商银行工作15年。2011年移居厦门，同年与同为江中毕业生的丈夫创办云计算公司。笔名向日葵、清漾、采瑀、Cello等。2017年开始写作，作品陆续发表。

纪念汪逸羽老师

朱永水

有人说：一个人，在他求学的时候如果碰到一个好老师，那这个人就是个幸福的人。对照这句话，那我是个超幸福的人，因为从上学开蒙到最终毕业，我觉得自己碰到的都是好老师。一个个老师的样子从我脑海里掠过，他们是那么清晰，那么可亲，仿佛我还在这些老师的课堂里聆听他们给我上课。

其中有一个老师，他的人格力量，对我的影响，对我的塑造，是起了决定性作用的，那就是我在江山中学高一时的语文老师汪逸羽。

汪老师教我们班的时候，他已经退休了，是返聘来教我们班语文的。汪老师有个习惯，对所有的同学都给机会面批作文。我记得有一次汪老师在办公室面批完我的作文后，我看没别的老师，就问汪老师："汪老师，您都退休了，为什么不好好在家享受您的退休生活呢？"

汪老师对着我坐正他的身子，很认真地看着我说："能在退休后继续工作我觉得很幸福。'文革'期间耽误了太多时间，所以，趁现在身体健康，再干几年。我很愿意回校任教，也非常珍惜这次重返讲台的机会，我也要努力，要对得起同学们，希望我不要误人子弟。"

一个优秀的老教师，对他的学生做保证要努力教好书，希望自己不耽误他的学生们，这就是我们的汪老师！我之所以会这么问汪老师，也是因为汪老师平时对我们尽心尽力。回忆起这次与汪老师的对话，三十年前与汪老师的师生缘分，便一幕幕清晰地浮现出来。

是的，汪老师教我的时候，已经是三十年前的事了。三十年过去了，我才写纪念汪老师的文字。汪老师，我相信，温和如玉的您，是一定不会责怪您的学生的。

第一次见汪老师，只见他中等瘦削的身材，花白的头发，理着非常齐整的短发，穿着烟灰色的中山装，纽扣包括风纪扣一个不落地都扣着，精神矍铄，笑容满面，是一个严谨、亲和、善良的老教师。我们的班主任是年轻的王勤老师，汪老师不是班主任，但是这个犹如爷爷和孙女般年龄的搭档，对我们思想的关注和爱护，真的是我们全体同学的幸运。

我们班的同学有来自城里的，也有来自乡下的，汪老师一视同仁。记得有一位同学，母亲早逝，父亲又走了。汪老师很着急，要我们班的同学好好照顾他，得知班上的团支书和那位同学的家相距不远，就嘱咐我和团支书到该同学的乡政府问问有没有政策上的照顾。乡里只给了粮食的补助，其他没有了。汪老师说大家捐款吧。从那个时候起，整个学年，每个月我们班都在规定的时间内向这位同学捐款，汪老师每个月也会捐出 5 元钱，凑起 30 多元，有时是 40 多元给这位同学（那时住校生一个月的生活费一般是20 元左右），使那同学不致辍学。我们上高二之后，汪老师真正退休了，还经常来学校找那位同学，一直到那同学考上大学。

在与我们闲聊时，汪老师会谈到他在"文革"时期下放农村劳动的生活片段。他没有抱怨那个时代，相反，他说他很感谢那一段下放的岁月，让他更懂得一箪食一豆羹的不易，他也坚信党会给他一个正确的说法。说起那段艰辛难熬的下放岁月，汪老师没怨天尤人，相反，他笑得很开心，额头的皱纹都会舒展开来。我不会雕刻，如果会，真想雕刻一尊汪老师的雕像，命名为《走过"文革"的汪逸羽老师》。

汪老师真的是个性情中人。每次班里的同学有好的作文写出来，他会兴奋地在班里宣读，高兴处笑容绽放，悲伤处声音哽咽，甚至还会眼含泪花。欣赏完优秀作文，他会让这位同学上讲台把作文本拿走。汪老师每发出一本作文本，都是站直身子，鞠躬 30 度双手递上，好像站在他对面的不是他的学生，而是他的上司，是使臣。这种尊重不仅仅体现在发作文本的时候，有时他觉得自己说错了什么，就会及时向全班同学道歉，并深深地鞠上一躬。

这种对学生的尊重，对我的影响是很深刻的，以致我后来当了老师，也时时提醒自己不误人子弟，要对得起自己的学生，对学生人格要尊重，自已错了要勇敢向学生认错，对学生思想教育不放松，对学生习惯严格培养，应该都是汪老师言传身教的结果。

十五年前，汪老师已经八十多岁了，那年我们几个老同学说要聚一聚，也邀请了汪老师。汪老师不仅高兴而来，还带来了他的《晚归堂文集》，并且带来了我们班文物级资料——当年我们的座位表，夹在书页里，平整如新，让前来聚会的同学们惊喜不已。其间，我们请八十高龄的汪老师叫出我们的名字，他一一叫了出来。汪老师一生桃李满天下，这么多年过去了，他还叫得出我们的名字，这不是记忆力，这是心，他在用心地教我们。也可想象，在多少个黄昏或午后，年迈的汪老师拿出他学生的座位表，看看座位表上学生的名字，然后闭上眼，回忆起和他学生的一幕幕往事，那是一个怎样豁达而又幸福的老人？

汪老师走了，可是，汪老师，您知道吗？您从未离开过我们的心田。

【作者简介】朱永水，1988年江山中学高中毕业。北京师范大学经济学院管理学硕士，企业管理咨询师。

亲亲的校园，亲亲的老师

严秋凤

去年国庆节，我陪同远道而来的老同学回母校江中，寻觅缤纷的回忆，在校园里巧遇林菊老师。谈起江中往事，谈起教过我的那些老师，心头充满了怀念和感恩。

语文老师叫王梅芬，她也是江中语文教研组组长。王老师生就一副娇小玲珑的体型，一想起她，耳边就缭绕起她那婉转悦耳的声音。王老师思维敏捷，雄辩滔滔，不知倾倒了江中多少少男少女。

数学老师叫沈琳敏，高高的个子，颇有大师风范。他从来不用圆规和三角板，就能在黑板上画出各种各样标准规范的几何图。他讲课总是留有余地，边讲边练，讲练结合，放手让学生去探索，去发现。我们的数学在他的悉心指导下，取得了很大进步。

林菊老师是我们高一、高二的英语老师兼班主任。林老师写一手又工整又大方的英文字，很有男子气。她朴实端庄，严肃中透着浓浓的爱意。她工作负责，任劳任怨。最难忘的一次是，有孕在身的林老师上课时突然累倒在讲台上，吓坏了我们这群懵懂的学生。她只是镇定地摆摆手让我们放心，休息片刻，又继续上课。

高三英语老师是周金雅，一口流利的口语让我们领略到学好英语的美妙和高贵。她还是个很爱美的人，每天都换一身靓丽的服装，成了班上女生课余永恒的话题。可在我们高考前三个月，她依依不舍地离开了我们，回家生宝宝了。吴竹平老师来教英语了，他也是市教研室教研员。开始时吴老师低沉的男低音让我们感到有些不习惯，但他总能把英文语法分析得很透彻，使我的英语兴趣与日俱增。

物理老师叫吴江平，瘦瘦的个头，白皙的面庞，音调有点尖细，给人白马王子的感觉，我们女生都很喜欢听他的物理课。

吴老师教了我们两年课后，调到江山教育局去了，王彦老师开始教我们班物理。王老师思维缜密，严肃之外不乏风趣。记得1987年底的一天，窗外飘起了纷纷扬扬的雪花。王老师因为讲课很投入，一直滔滔不绝地讲着，临下课才"突然"发现，于是背靠窗台，斜视窗外，不紧不慢地说了一句："下雪喽！"那造型，那神情，那高高瘦瘦的身形，竟让人想起了风流才子徐志摩。在王老师的指导下，我们觉得物理知识并没那么高深，那么令人望而生畏。

化学老师是陈根清，他的课最后十分钟会让人紧张得心惊肉跳，因为陈老师要出题考我们了，所以陈老师的课上没有人敢放松，滥竽充数混日子。当然课外的陈老师就变成我们最随和最热情的老朋友了。

高三化学老师是祝梅仙，老师变了，要求没变：要求我们这个要记牢，那个要背熟，让我们都觉得好烦！但最后高考我的化学成绩是所有功课中最好的，我们班的化学成绩在年级里名列前茅，我知道应该好好感谢陈老师和祝老师。

高三班主任叫朱茂海，东阳人，还教过我哥哥。朱老师是政治老师，讲课很有水平，枯燥的辩证唯物主义也让他讲得深入浅出，妙趣横生。朱老师特别强调"精神的力量"。他经常向我们宣传"东阳精神"，我们班上贴着"宁可瘦十斤肉，也要闯过高考这一关"这类励志名言。那一年我们班高考上线率达60%，居平行班级第一名。朱老师功不可没。

生物老师邵璀盛来自清湖中学。他兢兢业业、一丝不苟的教学态度让我们不敢懈怠，博大精深的生理知识让我们告别蒙昧，终身受用。

高一历史老师叫何英豹，年近花甲，白发苍苍，戴着一副深度近视眼镜。同学们都说他是江中最有才华的老师，会英语还懂俄语，知识渊博，学贯中西。体育老师叫毛建敏，培养了一批又一批艺术体操爱好者，也使她自己一直保持着青春美丽的好身段。音乐老师叫严肖虹，让我接触了许多美妙的外国经典乐曲，现在我还经常看到她矫健的身影，活跃在"红色曼波"跳操队最前列。还有汪逸羽老师，经常义务为我们"求索文学社"作指导开讲座，他常常说："这辈子很幸运地当了老师，下辈子我还是选择当老师！"

如今汪老师已驾鹤西去，祝他在天国里桃李缤纷。还有外貌体态如郭沫若的楼开华老师，还有美术老师郑涧中老师……

昔日江中的辉煌由老师们铸就，今日江中的发展有待大家的鼎力支持。

【**作者简介**】严秋凤，1988年江山中学高中毕业。中学高级教师。现执教于江山市城北中学。

怀念两位恩师

吴伟

追念王石坛老师

2010 年夏天，我回江山和多年不见的高中同学聚会，得知王石坛老师已于 2004 年驾鹤西去，当时着实讶异，同时觉得非常遗憾、惋惜，深感我们失去了一位好老师。

昨天我看到祝王飞老师和王剑青感人至深的纪念文章，心情久久不能平静，王老师的音容笑貌像放电影般一幕幕闪现。今早六点钟醒来，王老师的形象再次在脑海中出现，我听到自己心底的一个声音：你应该写点什么。是的，我要写下纪念王老师的文章。

记得王老师第一次和我单独谈话是 1986 年，我在江山中学高一（1）班。那时王老师是校长，没有直接教我们课。我傻乎乎地写了一篇《假如我是校长》的作文，中心思想是校长应该关心教师的生活，和教师交朋友。不久，我就被通知去见校长。我怀着忐忑不安的心情进了校长办公室，出乎我意料的是，王老师平易近人，他那和蔼的微笑和磁性的声音让我不再紧张。王老师具体对我说些什么，现在当然忘了，但他慈祥的笑脸却深深地印在我心里。有人可能会觉得王老师古板、不苟言笑，但自这次见面后我却认为他很亲切。从此，我对写作更有兴趣了。

没想到在我们高二时，王老师担任了语文课老师，一直到我们高三毕业。高三整个学期的十篇作文中，我的八篇作文被当作了范文：我印象深刻的有两篇，一篇是《峡里龙的腾飞》，一篇是《50 亿的遐想》。那是 1988 年，农历龙年，全球人口达到了 50 亿。我原来的作文题目是《龙的腾飞》，王老师改为《峡里龙的腾飞》，将一个大而空的题目改得非常确切，令我心悦诚服。他还把我这篇作文油印后发到几个班里，让同学学习。这种无言的教育深深地激励我学好语文、写好作文。事实证明，王老师对我的影响是无形而深远的。在将近 15 年的编辑生涯中，我编辑、修改过无数的书稿、文章，得到了作者的赞赏，并且还参与编辑了原国家领导人的多部著作。我认为，这些都与王老师的教育、鼓励分不开。

还记得当年王老师给我们念过一篇游历敦煌的文章，好像是他在北京念书的侄女发表在《江山报》上的。那时的我孤陋寡闻，听了这篇文章后，我非常渴望能去敦煌看看。20 年后我终于实现了参观敦煌莫高窟的愿望。面对敦煌瑰宝，我还想到王老师念的那篇文章。

最后一次见到王老师大约是在 1994 年。我和一位高中同学去他家，这也是我第一次去他家。当进到客厅时，我发现光线昏暗，家里虽然简陋，但非常整洁。王老师和往常一样和蔼可亲。当时我和那位同学都已经在中学当老师了，我们聊了一些教书育人的事，谈笑风生，王老师的一番话更是让我们如沐春风。王老师这一代人以自己的情操和志节，让我感受到薪火的传承并非摘星的奢望。

作为一位校长，王老师是严厉、严格地要求学生的，他本人也是很严谨、严肃的，但在我看来他也有随和的一面。他当年对我们文科班的期望很高，认为全班 90% 以上能考上大学。我上高中时除了几篇作文得到王老师的赏识外，总的来说成绩中等，身体又不太好，我经常为学习成绩上不去而苦恼。现在回想起来，在我那段青涩、艰难而宝贵的时光中，还好有像王老师这样的众多老师，以他们优秀的人品和卓越的能力教给我很多东西，使我砥砺奋进，考上大学，真是我的幸运。

"不思量，自难忘。"在我们的青春岁月中，那些帮助过我们的老师、同学、朋友总是令人难以忘怀。人到中年的我们在大千世界里忙忙碌碌，很多"坚固的东西都烟消云散了"，我们内心存有更多的柔情，而师生情谊就是人生中饱含脉脉温情的宝石。我要说：王老师，您永远是我们的好老师！我们谢谢您！

附诗：

追念先师王石坛

办报育人忙，芳踪遍两江。

爱心全灌注，硕果耀辉煌。

桃李盈门日，欢歌聚一堂。

严师乘鹤去，掩泪湿衣裳。

缅怀毛东明老师

毛东明老师是我遇到的最好的体育老师。这个"最好"，不仅指他高尚的情操、高超的专业水平，也包括他对教师职业的无限热爱，对同事的关心、帮助，更指他对学生如自己孩子般的指导和关怀。毛老师虽然离开我们很多年了，但他一直活在我的心中，他的音容笑貌不时地浮现在我脑海里，他的精神常常激励和勉励我奋发向上、与人为善。

记得 1992 年我大学毕业后回到母校教书，上班的第一天在校园里遇到毛老师，他轻快地走过来，微笑着，先开口叫出了我的名字。我当时非常感动，毕竟他教过那么多学生，而我从江山中学毕业后有四五年没和他见过面。

如果没有记错，毛老师是教过我们两年高中体育课的。两年时间虽短，但影响是很大的。

首先，毛老师改变了我对体育老师的看法。根据我的经历，20 世纪 70 年代末到 80 年代中期的乡下小学和初中，还存在一些体罚学生的行为。有些孩子上体育课是有恐惧心理的，我就是其中之一。在遇到毛老师之前，我认为体育老师都很凶。记得高一第一次上武术课时，因为有心理障碍，我的武术动作变形了。毛老师目光如炬，一眼就看到我，把我叫出队列。我当时已经做好了被拳打脚踢的准备，没想到毛老师以很温和的口气，耐心地指导我，直到我的动作符合规范为止。我第一次明白，体育老师不等于"打人、骂人和鄙视人的老师"。

其次，毛老师改变了我对体育课的看法。遇到毛老师之前，我认为体育课是可有可无的课，体育老师教课也是随便应付的。毛老师上课是很认真的，除了详细讲解动作要领和亲自示范外，还告诉我们注意事项。由于我那时体弱，有一次体育课，1500 米跑下来，大汗淋漓，感觉头晕恶心，都要呕吐了，细心的毛老师看到我这样，走过来问我要不要紧，还让我继续慢跑一下，不要站着不动。毛老师的示范动作常常是力量和柔韧性的完美结合，能给学生一种美的享受。正是在毛老师（后来还有班主任林敏武老师）的影响下，我喜欢上了体育课，尤其是喜欢练习双杠和跑步。后来我参加校运会100米比赛，小组赛还出线了，最终为班级赢得了分数。像我这样原来对体育老师和体育课没有好感的学生，这已经是很大的改变了。

最后，毛东明老师以自己的行动告诉我，在艰难的处境中人的精神也不应被打垮。毛老师住院后，师生都牵挂着他的病情。当年，从王兴盛校长处得知，毛老师在病重期间，还坚持记录与疾病抗争的过程，始终保持着乐观积极的精神状态。这件事我也一直铭记在心中，在遇到艰难困苦时经常以毛老师为榜样，不轻易屈服和放弃。

毛老师有位双胞胎哥哥毛东高老师，他俩很像。当年我们在街上遇到，几乎无法区分他们。但是我知道一个方法，或许很多学生也知道这个方法：如果迎面走过来，笑眯眯的，一定是毛东明老师，因为他记得他的每一位学生。

毛老师虽然离开我们了，但他的精神永远伴随着我们。毛老师，您深爱每一位学生，每一位学生也永远记得您，永远缅怀您！

【作者简介】吴伟，1988年江山中学高中毕业。1992年至1997年任江山中学高中政治教师。2000年获中国人民大学哲学硕士学位。现为高等教育出版社首席编辑。

经师易遇，人师难求

——忆助我成长的江中老师们

聂哲胜

从 1982 年 9 月开始，整整 6 年，我都在江山中学读书。

考上那年，街坊四邻见面，都对我称道不已，让我第一次体会到江山中学在人们的心目中是如此的神圣。能进入江中，让家境不好的父母也因此开朗了几分。

回首校园往事，陪伴过我的老师们的身影都会一个个浮现在眼前，仿佛又让我回到了 30 多年前……

细心的徐鹤琴老师

第一次到校报到那天，怀着忐忑、激动还有点光荣的心情，我几乎全程跑着完成了报到手续，然后早早坐在初一（2）班教室的座位上，准备一睹班主任的风采。

在盼望中，班主任和我们见面了。她自我介绍叫徐鹤琴，教我们语文。随后，徐老师对我们进行了始业教育，只记得她说了很多勉励的话。看着这位身材不高、略显单薄、已经有些上年纪的女老师，我暗暗地对未来三年的学业有些担心。

很快，徐老师就用"以文载道，以文育人"的教学理念打消了我的顾虑。

当发现我的日记写得还不错时，她就趁热打铁，鼓励同学们一天写一篇日记，比一比谁的日记写得好，这极大地提高了我们的写作水平。记得最多的时候，我竟然一天写了 3 篇日记。徐老师还别出心裁地给我安排了"每日一词"的任务——每天推荐一个好词，将其解释和例句抄写在教室后边的黑板上。这项工作我坚持了至少两个学期。毕业多年后，谈及此事，不少同学认为这使他们受益匪浅。当然，最大的受益者毫无疑问是我自己。

当年初中语文课本有一篇课文叫《皇帝的新装》。徐老师很早就提议按照这篇课文排练一台话剧。除了挑选演员、准备道具和联系场地外，徐老师还耐心地帮助每一个担任演员的同学设计对白和动作，甚至示范表演。我有幸被选中扮演骗子甲。为了演好这个与现实反差较大的角色，在徐老师的指导下，我一遍遍比画，一段段念词，一次次练习，慢慢地找到了感觉。演出那天，我心里上下打鼓，有点怯场。但老师那镇定的目光、自若的指挥和其他同学有条不紊的表演，让我很快进入了角色。演出的效果是轰动的，也帮我治好了怯场的毛病。

初二那年，发生了一件大快人心的事，徐老师派我和另三位同学代表学校参加全县初中学科竞赛。我们不负众望，获得五个一等奖中的四个。除了在橱窗正中贴出大红喜报，学校特意在操场上集会，为我们隆重颁奖，奖品是每人一个崭新的铁皮热水壶，这在当时是很贵重的奖品。这大大增强了我们的自信心和自豪感。多年以后，还听到同学家长说起，可见影响还是蛮大的。

和蔼的王亦表老师

为了准备参加学校组织的初中物理实验选拔赛，作为物理课代表的我，壮着胆，找到物理老师王亦表。本以为要一段艰难的"软磨硬泡"才会得到帮助，没想到，王老师听后，很爽快地答应了我晚自习进入实验室的请求，这让我有机会苦练了几晚上的天平称量操作。王老师还特意来实验室看我练习，指出我加减砝码中存在的几个细节问题，又叮嘱我别练得太晚了，这让我至今回想起来都感觉心里暖洋洋的。原以为功夫不负有心人，自己应该已经胜券在握，没想到比赛时，实验整体步骤和关键细节没把握准，加上比赛心态不稳，造成顾此失彼，忙中出错，遗憾地与参加江山比赛的机会失之交臂。对此我一度自责不已，甚至害怕遇见一向对我和蔼的王老师。是王老师主动找到我，跟我聊了实验比赛的情况，给予了我莫大的鼓舞。这次失利促使我逐步转变思考问题的方式，学会了坦然面对得失。

热情的林菊老师

进入高中，我的第一位班主任是年轻的英语老师林菊。我们是林老师当班主任带的第一批学生，这其实是我们最幸运的一件事。

林老师很有亲和力，几乎把全身心都交给了我们班。她充满活力，很快地与我们结下了深厚情谊。

开学不久，林老师宣布了班团干部的组成，我做梦也没想到会成为团支部宣传委员。为了不辜负这份信任，我全力以赴地投入到工作中。每到周末，我都要完成一项雷打不动的工作，那就是策划更新黑板报内容，再请有美工特长的同学美化版面和绘制插图。

高二时，林老师安排我接替健康出现意外的团支部书记继续开展工作，并给我选派了一个新的宣传委员。令我非常开心的是，新的宣传委员工作很主动，经常会主动跟我讨论团支部工作，不少别具一格的决定都经过我们的精心策划，比如为迎接学校的联欢晚会，我们决定自编自排相声。我们几个男同学，放学后一有空，就去学校对面宣传委员的家里排练。功夫不负有心人，在学校体育馆举行的联欢晚会上，我们的表演活灵活现，惟妙惟肖，受到很多同学的追捧，晚会散场后，依然被同学们津津乐道。虽已记不清当年相声的具体内容，但在微信群里，至今还有同学念念不忘当年的相声。不久，年级团总支在其油印刊物上登载了一篇介绍我们班团支部工作的文章，特意表扬了我们的宣传委员。

在我们即将迈入高三时，林老师的小宝宝也快降生了，她暂时离开了我们。尽管林老师再也没有教过我们，但她与我们的联系一直没有中断。在杨利伟成功遨游太空的那年，我特意带回一个飞船模型赠送给林老师，以表达多年来一个学子的感激之情。

知我的王梅芬老师

每逢学校运动会，我总是义不容辞地成为本班通讯员的排头兵，是写广播稿最积极的同学。一从广播里听到我的稿件，同学们就会兴奋地告诉我，这对我是个不小的鼓舞。这里有个小秘密，负责审核运动会广播稿的王梅芬老师曾当面对我的稿件予以肯定，鼓励我坚持写作。有了语文教研组组长的肯定和鼓励，我不仅写稿的劲头更足，而且学习语文的兴趣也更加浓厚了。在王老师的倡议下，向运动会投稿多、质量高的同学也有机会像优秀运动员那样获奖，这多少也弥补了我不能与优秀运动员同台竞技的缺憾。记得有一次奖品是一支造型新颖的圆珠笔，我放了很长时间也舍不得用。

公正的朱茂海老师

高三新班主任是政治老师朱茂海。这是一位在政治教学方面享有盛名的优秀老师，虽然说话带点口音，但课堂语言幽默风趣，教学理念深刻独到，分析起试题还经常旁征博引，让我们对政治考试的态度从"雾里看花"变为志在必得。

朱老师有时是很严厉的。他规定我们每天必须坚持长跑，说长跑是一项能锻炼身体，更能锻炼意志的运动，并亲自督促一些长跑基础较差的同学行动起来。经过不懈的努力，同学们不仅长跑成绩都有不小的提高，而且也拥有了更充沛的精力投入到高三艰苦的学习之中。

朱老师也是一个非常公正的人。有一次推选市级三好学生，朱老师在黑板上写了两个候选人名字，让我们当场无记名投票，当场统计票数。那次投票，凭着体育课相对稳定的良好成绩，我非常幸运地成为江山市三好学生。这次经历，也让我领悟到了"一枝独秀不是春，百花齐放春满园"。

朱老师从不保留对学生的爱。临近高考的一天，他主动找到我，推荐我报考国防科大。征得我同意后，马上带我接受了国防科大招生老师的面试。高考成绩出来后，我很快收到国防科大的入学通知书，从此顺利地踏上了有些豪迈的崭新征程。

每次回想这次宝贵的推荐，我都会想念尊敬的朱老师，感激他像父亲一样，在我还是懵懂彷徨的时候，扶我走上了梦想中的人生道路。只是不谙世事的我，竟没有和朱老师保持联系。这个遗憾直到 2008 年高三（2）班举行 1988 届毕业 20 周年师生聚会时才得到弥补。那一天，我一次次为精神矍铄的朱老师深情地斟酒，一幕幕情景至今还深深定格在脑海里。

离开母校，从国防科大毕业后，我义无反顾地背着行囊来到位于甘肃与内蒙古交界、巴丹吉林沙漠边缘的中国酒泉卫星发射中心工作。在那片被形容为"地上不长草，风吹石头跑"的戈壁滩上，初来乍到的我，不怕挑战、敢于吃苦，在几次大型任务中经受了锻炼，终于站到为杨利伟们建设的新发射场的第一线，也因此有机会到国防科工委机关和北京航天指挥控制中心工作了四年，为祖国载人航天事业做出了力所能及的贡献。

在江中的六年里，老师们的不断鼓励和鞭策一直是我前进的力量源泉。是老师们的谆谆教诲和悉心培养，造就了积极向上、勇于挑战的我。无论身在何处，老师们永远在我的心中。

注：感谢江山中学王石良老师对本文的大力支持。

【作者简介】聂哲胜， 1988年江山中学高中毕业。国防科大毕业后，从事航天试验和建设工作近十三年。2005年转业到北京，现为顺义区新城办工作人员。

砥砺前行不言老，精进不休领风骚

——严肖虹老师小记

王芝芳

严肖虹老师是我的老师，也是我最尊敬的人。与严老师几十年的交往中，我一直被严老师身上的耀眼光芒笼罩着，被她奋发上进的刻苦精神激励着，被她无私奉献的高尚情怀感动着。

不畏浮云遮望眼，只缘身在最高层

离开严老师的课堂近三十年了。一个秋天的下午，我有幸与我的学生们一起，聆听了严老师的一堂音乐课。课堂上，严老师目光炯炯、字正腔圆，把握课堂驾轻就熟、沉稳大气。短短四十分钟，我和孩子们沉浸在音乐的海洋里，特别享受。课后，很多学生在随笔里表达了自己对音乐课的感受、对严老师的崇拜。

祝涌峰同学在《享受音乐》中这样写道——"我认为，每个人的生命中都必须有音乐的影子，都应该热爱音乐……"我望着在昏暗的教室里侃侃而谈的音乐老师，心中不由自主地掠过几个音符的影子。音乐中总能找到作曲者的思想。"你们听懂过音乐吗？"我凝望着音乐老师那藏匿着智慧的双眼，内心不断反问着："我，听懂过音乐吗？"教室里瞬间像真空了一般。显然，大家躲进自己的内心，开始了深思……"其实，无论是否听懂了音乐，享受音乐所带给你的，才是最重要的。"音乐老师笑着说道。我的疑惑与不确定瞬间一扫而光，再次凝望音乐老师的眼睛，我看到了幸福的光芒。它穿透我的瞳孔，直达我的内心。

严老师不仅课堂教学魅力无穷，而且教科研也是成果卓著。严老师撰写的论文《优化高中音乐欣赏教学实践与研究》获衢州市课题研究成果一等奖，《高中学生音乐欣赏学习效率的调查和相关因素的数理分析》获第三届全国音乐美术优秀论文评比一等奖，《"问题"即目标，"问题"即策略》等十多篇文章获浙江省和衢州市论文评比一等奖。另外，她还有多篇论文在国家级权威刊物发表，并且参与编写了《高中音乐课程标准解读》《浙江省普通高中课程实验学科指导意见》等著作。

在严老师的不懈努力下，许多荣誉也随之而来：浙江省普通高中新课程专业指导委员会成员，衢州市音乐学科带头人，衢州市第三届名师，衢州市第二届教坛新秀，衢州市"115"工程入选人员，衢州市第五届人大代表，江山市第六、七批拔尖人才，江山市第一届名师和学科带头人……

"不畏浮云遮望眼，只缘身在最高层。"严老师在学术上精进不休的精神、追求卓越的气概、高瞻远瞩的胆略，使她最终占领了音乐学术界的高峰。

不是一番寒彻骨，怎得梅花扑鼻香

熟悉严老师的人都知道她是一个"拼命三郎"，身上总有一股子不服输的劲儿。她常挂在嘴边的一句话是："要么不做，要做就要做到最好！"然而，"最好"二字又谈何容易，"最好"的背后就是最努力、最辛苦、最寂寞！

20 世纪 90 年代中期，严老师担任初中班的班主任。那时候，她的女儿还小，为了工作，她总是把女儿丢在家里，说是让孩子"学会独立"。女儿闹着要跟妈妈，实在拗不过，就带到学校，丢在办公室里，而严老师自己却整天泡在教室，陪着一群别人家的孩子学习。也正是凭着这种敬业的精神、无私的情怀，她所带的班级总是在全年级乃至全校表现卓著，德智体全面丰收。

严老师头上有很多光环，教坛新秀、名师、学科带头人、拔尖人才……而这每一个光环，哪一个不凝结着泪水与汗水，甚至血水呢？严老师常对我说，她其实很孤独，不过她又说，她喜欢这份孤独。她的办公室在艺术楼，并且办公室里只有她一个人。这就使她远离了喧闹，也远离了闲聊，把所有的时间和精力都投到她所热爱的音乐教学与音乐教研之中。她说，工作着是快乐的！走过艺术楼，我们常常听到里面传出悠扬的琴声，而我们看不到的是，她家的书房里无数个深夜不眠的灯光，多少灵感在这智慧的灯光下闪现，多少作品在这不倦的灯光下圆满。

不是一番寒彻骨，怎得梅花扑鼻香。苦尽甘来应有时，狂沙吹尽始到金。一辈子的播种、浇灌、耕耘，终于换来如今的粮食满仓。事业丰收，家庭幸福，是对严老师勤勉进取的最好回报。严老师的女儿19岁只身前往美国求学，在霍普金斯大学毕业后，进入世界一流的公司工作。如今，严老师已经当上了外婆，外孙女活泼聪明可爱，还有什么比这更让人感到幸福和欣慰的呢？

壮心不已不服老，音体兼长施惠多

我们都知道严老师学的是音乐专业，可很多人大概不知道严老师还有个"第二专业"——体育，这个专业虽不是科班出身，但堪与科班相较。她笑称自己是"音乐老师中的体育第一"和"体育老师中的音乐第一"。多年来，她一直有一个凤愿，就是发挥自己音乐与体育兼长的优势，施惠于身边的人。

这个愿望终于得到了实现，在她遇到了"佳木斯快乐舞步"健身操时。2012年5月，对严老师来说，是一个具有特殊意义的时期。她一人担纲，创立了"红色曼波"健身队。五年多来，健身队从几十人发展到几百人，从游击队变身为正规军，从"三无"组织升级为有队旗、队徽、队花、队训、队歌、队规、队服、队委的"八有"社团，并且每年都举行"曼波节""迎新春文艺晚会"。衢州市誉之为"最美民政集体"；江山市称之为"优秀文艺团体"，并列入"江山市首批十支授旗志愿者服务队"。"红色曼波"健身队，确乎为一个神一样的存在！

严老师是健身队的队长，也是健身队的总组阁、总策划、总教练。特别值得一提的是，严老师还是健身队的口令音乐编辑。她发挥自己的音乐专长，钻研音乐软件，解决了专业电脑老师都没能解决的难题，自发编辑了十四套佳木斯健身操的音乐口令。音乐常换常新，队员们享受其中，不仅锻炼了身体，而且熏染着音乐艺术，陶冶着情操，真可谓一举多得！

不仅如此，严老师还组建了红色曼波毛竹园微信读书群。严老师每天带领100多名队员在群里朝吟夜诵《诗经》等国学经典，至今已诵读完《三字经》《弟子规》《千字文》《大学》《论语》《道德经》等10多本书籍，传递满满的正能量！

"说实在的，我们现在还没有具备奉献财力的能力，但我们有能力送健康、送快乐。把健康与快乐带给更多的市民是我们红色曼波姐妹们的共同心愿与追求。"这是严老师最朴实又最动人的语言。

莫道桑榆晚，为霞尚满天。今年1月，严老师正式退休了，然而，另一段更为精彩的人生开始了。最近，严老师参加了"浙江省'她组织'成长导航公益培训班"，并在会上作为唯一一个社会团体代表作经验交流！严老师的影响不仅遍及江山，且正辐射至全省乃至全国。"红色曼波"成了江山的新名片，严老师成了江山品牌的代言人，为严老师骄傲！

最后，以我的一首写给严老师的小诗结束此篇吧。

你是最娇艳的千日红

有一种花，叫千日红

早生，耐寒，喜阳光

不凋，不枯，常开不断

有一种药，叫千日红

性平，微咸，味甘

清肝，散结，止咳定喘

千日红，红千日

染红了半边天

延长了火热生命的线

亲爱的严老师

你就是那最娇艳的千日红

红色曼波的灵魂

我们心中的——女神

【作者简介】王芝芳，1989年江山中学高中毕业。中学语文高级教师。1992年开始在江山中学任教至今。

你看那足球是不是小心脏飞起的样子？

赵　晖

早在 1987 年四五月间的一个下午，我就见识了这辈子最为惊心动魄的一场足球赛。赛事发生在当时的江山中学操场，其在江山城区的位置，和希区柯克的一部电影名不谋而合：西北偏北。

我先把球赛的交战双方给剧透一下，一支是咱们的江中队，另一支则是威风凛凛的江山水泥厂职工球队。

记忆中的水泥厂职工队，好像有五颜六色的专业运动服。在 1987 年春天和煦的风里，他们质地柔和的短裤飘扬成许多面光彩照人的旗子。除此之外，有几个球员竟然还配备了令人羡慕的带有掌钉的球鞋，这让我非常震惊。如此的装备，再加上他们浑圆粗壮的胳膊大腿，以及如同一包未拆封的水泥一样结实的胸大肌，让我和一众叽叽喳喳的同学顿时沉默得有点伤感。尤其是看见他们胜券在握的眼神时，我们都把少年时期的牙关给咬紧，额头和掌心处油然而生的，是河流一样的汗水。

那年春天，我上高一，瘦弱的身体正紧锣密鼓地做好长个子的准备。江中宿舍狭窄的单人床，像我这样的个头，挤一挤的话，宿管徐增熠老师可以一股脑儿把我们塞进去三个。说了床，再说江中的操场。大体上，它那时的场地面积在整个江山已经最为接近一个标准的足球场。球场的南北端，站立了两个硕大的锈迹斑斑的球门。球门很孤单，一年四季基本就没有挂过网。凌乱在风中的，只是几根脏兮兮的网带，垂头丧气地拖挂在地上。那年你要是站在球场中央，放眼望去，找不出一棵草。草在哪呢？都很不像话地长在球场外面，稀稀拉拉，自暴自弃，生死由命的样子。

那场球赛，究竟是水泥厂球队桀骜不驯地前来挑战，还是我们的球队年轻气盛主动向他们邀战，这个我还真不清楚。总之，我们是主场，而主场里铺满的，是漫漫的黄沙碎石，以及雨季里用畚斗车拉来填补坑洼的煤零渣。煤零渣歪瓜裂枣，灰不溜秋，有着愤青一样坚硬的棱角。

一声哨子吹响，激烈的球赛开场。球场南端高低台阶的水泥看台上，我们急不可待地站起来，只见黑白相间的足球带着一把泥沙和煤零渣飞了出去，同时也把我们的眼珠子给提了出去。

江中球队里是清一色的 1987 届学长。我现在想想，仅仅是两三个月后，他们就要面对当时真正可以称得上是千军万马过独木桥的高考，却一个个在风沙漫漫的煤零渣球场上跑得跟疯子一样。这骁勇的气势要是放到现在，老师说不定就问你：高考试卷已经确定是你们家自己出的了？

奔跑的学长里，我能记得起名字的是这样几个：柴建忠、姜滔、老汤、吴军。还有一个，我们叫他济科。你知道的，世界级球星，和马拉多纳一个档次的。1986 年的世界杯，那时结束还不到一年。

那真是一场惊心动魄的球赛。足球在场上飞来飞去，我感觉小心脏也给踢了出去，此后便是一路颠簸。

我们把嗓子喊哑了，悬在球场上的眼珠子也是片刻不得安宁。而场上的学长，那叫一个初生牛犊不怕虎：汗流浃背地左冲右突，想方设法要把皮球往门里送，实在是技艺非凡。

可是球踢到一半，产生了两个问题。首先是下雨了，冷冷的冰雨在脸上胡乱地拍，真是急死人。再一个更烦，转眼就到了我们这帮住宿生的晚饭时间，这的确让人左右为难。吃饭还是看球？眼睛和肚子协商了很久。最后我们灵感迸发，就在中场休息的时间里，以洪水般的速度倾泻进了女生宿舍楼后的食堂，然后一窝蜂地抓起铝饭盒，再次哇啦哇啦冲向球场。那天手里的饭盒，我现在还觉得很烫。

球当然还是被压着踢。记忆中，好像数学组年青俊美的徐德雄老师是那天的裁判。他后来虎着一张脸，不按常理出牌，直接把哨子扔给了别人，自己也揉揉腿骨上场去了。也正由于此，到了高二，当徐老师执教我们文科班的数学时，我就拼着命想把数学学好，以求报答他在球场上的大义凛然。

这边的徐老师朝着足球冲了过去，那边的我们胡乱嚼着掺杂了雨水的饭菜，举起调羹，声音含糊地猛喊加油，一门心思期望落后的比分能就此改写。

1987 年的这群江中菜鸟球迷，来自高一（5）班，班主任是数学组的陈彦颖老师。和专门敲着教鞭出现在走廊上的周希杰老师有所不同，陈老师上几何课从来不带圆规。他画圆的时候，提着根粉笔直接在黑板上"吱"的一声一转，你在听觉上以为是跑过了一只老鼠，但他粉笔头敲敲时，一个浑圆如足球的几何形就令人叹为观止地出现在学生的视野里了。陈老师的普通话也很有特色，讲解证明题时，最后一句结论，他的发音不是"矛盾"，而是"煤凳"。

说"煤凳"的陈老师带我们这个班后，好像是第一学期的首次班会，同学们群龙无主地争论班费该如何使用，男生的一大半都举手说要买足球。为什么会这样？因为很多学生来自乡下，第一次进城就目睹了滚动在操场上的足球，一帮人抓贼一样追赶着球，各种胡踢，那叫新鲜。

陈老师那次望着男生盼星星盼月亮的饥渴状，点点头说，那就买吧。于是，他后面说的那句"不要耽误了学习"，我们就在一片沸腾声中一个字都没有听进去了。

在后来高一（5）班轰轰烈烈的足球运动发展史中，为首的有高高瘦瘦的姜健勇，来自新塘边，我们叫他"活佛"。还有来自和睦的徐小洪，这家伙数学特别牛，雅号却低了一级，叫"和尚"。另外一个是宋卫国，语文好得一塌糊涂。文学知识抢答赛，他差不多承包了现场一半的考题，几乎每次都是他叮咚一声先按铃。班里观战的女生瞠目结舌时，语文老师何蔚萍也对他刮目相看。

何老师名如其人，一到夏天，衬衫和裙子大多是蔚蓝色和青草色。我们的化学老师吴桂花，身材小巧，偶尔在教室门口碰见何老师时，就把鼻梁上的小眼镜稍微往下按一按，斜着眼睛笑眯眯地问同学：你们的何老师，漂亮吧？

漂亮！

我们喊得异口同声。

吴老师于是把眼镜给推正了，细声软语地说：那就准备上课吧。要上厕所的，赶紧了啊！

随即又盯了男生一眼：你们几个，课间休息，球就不用踢了啊。

回头再去说说那场球赛。比赛结果呢，我们当然还是输了。怎么可能有意外？

差不多是等到教室里晚自习的灯亮起时，水泥厂队甩着胳膊骄傲地走到场外，嘴巴上却都客气得不行：啊呀，你们踢得不错啊。

我那时的心情，空落落的，犹如手里空空的饭盒。

高一过后就是高二和高三。读书照旧，踢球照旧。江中的煤渣球场也还是风烟滚滚，球来球往，兵来将挡。记得有一次踢球，我把眼角给撞破了。后来去医院，缝针的医生在头顶处语重心长：再往下一厘米，你这眼珠子就没了。

1989届有太多的男生钟爱足球，现在都珠子一样散落在了天南地北。估计他们和我一样，偶尔也会想起江中的足球场。想起我们没有足球时，只能踢篮球。可是即便这样，也还敢于头顶球。想起就那么一个操场，我们平常的踢球区域一般只能是半场。想起从球场上下来时，脸和手都是乌漆嘛黑的。也想起一个个在球场上鱼龙混杂，为了搞清楚什么是越位，可以从清晨一直面红耳赤地辩论到日落。

回想起这些时，我不知道大家有没有这样的感觉：就好像眼见着一颗红彤彤的小心脏，从许多年前的老江中足球场上，笔直飞了出去。

【作者简介】赵晖，1989年江山中学高中毕业，现就职于江山市广电总台新媒体中心。浙江省作家协会会员、鲁迅文学院浙江作家班学员。已在《小说月报》《青年文学》《中篇小说选刊》《文学港》《东海》等发表中短篇小说若干，部分作品正在被改编成电视剧。

朱伟老师二三事

毛瑾红

离开江中校园已经 25 年了。回首往事，还记得军训时在老江中操场的煤渣路上认真踢着正步；还记得每日穿行在弯弯曲曲的十八曲巷，用脚步丈量求学的路；还记得运动会时挤在人群中，为班里的运动健儿加油助威；还记得在光荣榜上看到自己名字时的欣喜……每个曾经在江中就读过的学子，都有着自己关于母校的回忆。而对于 1990 年进入江中读高一的（5）班学子而言，每个人最难以忘怀的，是班主任兼任化学老师朱伟老师。

谆谆教诲

提起朱老师，当年（5）班的同学没有不怕他的。周末晚自修的上课铃之前，教室里仍然热闹非凡，同学们都在兴奋地聊天或打闹。此时，朱老师已从楼梯拐弯处走到教室外长长的走廊上，耳朵灵敏的同学捕捉到了他的脚步声，便大叫一声"主任来了"，于是，本来要震翻天的教室瞬间安静了下来，大家都乖乖地坐在自己的座位上，翻开课本，做起作业。有些时候，因为实在太投入了，热闹的教室里谁也没有注意到朱老师已经悄悄地站在教室外面，透过后门上方的玻璃窗，瞪着那几个带头捣蛋的"淘气包"。往往是有人猛一回头，和朱老师的眼神对接上了，顿时魂飞魄散，赶紧"恢复原形"，周边的同学不明就里，也回头看，马上一个个地开始认真学习了，整个班级顿时恢复平静。

是的，我们背后都叫他"主任"。这个称谓里掺杂了许多情感，总结起来就是四个字：又爱又怕。

其实主任的长相一点都不可怕。他个头不高，身形微宽，五官显得敦厚，浓眉下一双炯炯有神的眼睛是最大亮点。的确,当年的淘气男生们最为畏惧的就是主任那如炬的目光。

我们怕主任,主要是因为他严而有法。

高一新生报到当天下午,新书还没发下来,主任就要求大家安静下来,在教室里自习。在教室的黑板上,主任写下了十二个大字:"禁止闲聊!禁止闲思!禁止闲事!"就此定下了(5)班的基调。主任非常敬业,在班级里不停走动巡逻。我们都只好努力静下心来,有的掏出初中的课本,没有准备的只好坐着发呆。第一次期中考试,我们班就取得了好成绩,尝到了严格要求带来的甜头,从此,主任严而有序的管理方式逐渐得到了同学们的认可。

主任的细致入微也有不少例证。高一第一个周六的下午,有些住校的同学想早点开溜,就和主任说"我必须几点之前回去,要不然就没车了",没想到主任竟然能说出每个住校生家在哪里,几点能赶上车。工作做到如此细致的地步,让每个同学都真切地感受到了做任何事都必须认认真真。

每次期中、期末考试前,主任都会把全班同学逐个叫到走廊或办公室谈话,了解每个人的复习进展,针对每个同学的不同情况提出相应的建议。因此,大家在学习上不敢有丝毫懈怠,我们班在年级里的整体成绩总是名列前茅,获得的奖状贴满了教室后面的墙,以至于同学们都担心,那面墙贴满了该怎么办。

春风化雨

虽然在我们面前严肃的时候居多,但是我们也常常发现主任可亲的一面,感受到他慈父一般的温暖。有一次,一个男生在自习课时折纸鹤玩,不小心被主任看到了,此男生心一横,准备迎接狂风暴雨的"洗礼",没想到主任不但没有批评他浪费时间,反而问能不能折几个送给他的年纪尚小的女儿,还饶有兴趣地看这位男生又折了一个。

高二的时候,班里的男生们特别迷恋足球,带头的一位男生还发动全班募集资金买了一个足球。然而,为了让同学们专注于学习,下午的自习课时间,主任一脸严肃地站在教室门口,不让脚痒痒的男生们出去踢球。但是,当那位带头的男生某次因为足球"闯祸",被带去政教处写检讨时,主任又第一时间前去"搭救"。

虽然严格督促我们学习，但下午的体育活动课，主任一定会把大家都赶到操场上去锻炼。班里有一个男生，学习成绩不错，但是体育一直不达标。为了鼓励他锻炼，主任还给他指定了一个班里的运动健将，每天陪他在操场上跑圈。

有一次，我们班在期中考试取得了不错的成绩。为了奖励我们，主任决定带领大家游览江郎山。当时大部分同学是坐车去的，有几位调皮的男生却偷偷地骑车去，让主任一直都在担心。看到他们安全抵达，主任才松了一口气。

关爱永远

我在（5）班，成绩平平，尤其对数理化发怵，因此对于担任化学老师的主任，一直心怀惴惴。高二学年结束，文理科分班时，我经过多番思虑，忍痛告别了心爱的（5）班。但是，我没有想到，即便不再担任我的班主任，主任仍旧非常关心我。主任在我脑海中的印象，定格在1993年夏天高考分数下来的那天。我母亲在街上遇到了刚刚从学校看好成绩骑车出来的主任，他看到我母亲，兴奋地跳下自行车，说："双胞胎姐妹俩都发挥得不错，超过本科线蛮多分，太棒了！太棒了！"当母亲向我转述的时候，我仿佛看到了主任那兴奋的神情，感受到了他那发自内心的喜悦。主任对学生的关爱，至今让我铭记在心。

当时的我们，是不是都能理解主任的一片苦心？说实话，正处于青春期叛逆期的我们，被主任管头管脚，心中是会有抵触的。但是，现在的我们都已经成长了，我们的年龄早已超过了主任当年的年纪。我们的心里，对主任多了一分感激。如果主任当年对我们疏于管束，让我们像树木一样自由生长，那么，最终收获的将不是一片成材的树林，而是参差不齐的杂木丛。我们要感谢主任，他的宽严相济，让我们在需要奋斗的时候不会想着安逸，让我们在他的推动下不知不觉地前进，我们才会成长为今天的自己。

在2015年年初的毕业22周年同学会上，当一个个事业有成的同学们向年过半百的主任感谢教育之恩时，主任却出人意料地拿起酒杯，向同学们致歉。他说："教你们时我刚三十出头，那时的我也在跟着你们一起成长。现在想想，当时对你们太严格了，让你们的青春少了很多学习以外的乐趣，也许还压制了你们个性的发展。对此，我感到非常抱歉！"一席话，说得在座的同学热泪盈眶。已是桃李满天下的主任，不但没有居功自傲，反而以如此谦逊的方式在反思自己，这让我们在无言感激之余又感动不已。其实不仅是主任，当年和主任一起共事的老师们都是这样，心中装满了学生们的成长和未来，默默耕耘，不求回报，就如同我们的父母一样，全身心地关怀着我们。

2014年，本已从学校教务主任岗位退下来的主任，又被学校领导邀请出任江元中学常务副校长，全面负责学校的日常事务。主任将全部心血倾注到江元的建设和发展当中，近几年来，学校的教育教学质量快速提升，展现出独特的育人风采，有主任这么认真负责的老师带队，江元一定会更加辉煌！

朱老师，我们亲爱的主任，在庞大的教师队伍中，也许不是一个带有耀眼光环的老师，他踏踏实实地教了一辈子书，仅此而已。但是，通过他的言传身教，我们看到了一个兢兢业业、严谨教学的师者，也看到了一个睿智谦和、宽厚仁爱的长者。一届又一届学生从主任带的班级毕业，走进大学校园，走向社会。主任所传递给我们的正能量，就像湖面上的涟漪，一圈一圈地荡漾开去。

赠朱伟老师（七律平水韵）

何海平

旧思无限聚毫端，
欲颂朱公落纸难。
电目迟知师训永，
低眉早觉父心宽。
执鞭卅载醒桃李，
抱朴平生雪肺肝。
试问德音谁可拟？
榴红未若此衷丹。

注：感谢江山中学1993届高中校友龚连军、何海平、徐燕、汪蕾、何鑫、徐汶、郑新宇、郑哲华、廖帅军、熊晓辉、徐东君等对本文的贡献。

【作者简介】毛瑾红，1993年江山中学高中毕业。现居于上海，担任美国安泰保险中国区运营总监。

不该被遗忘的人

周蓝蓝

二十世纪八九十年代在江山中学读书的同学，应该都知道学校里有个"无所不包、无所不能"的勤杂工，他负责学校的垃圾清运、厕所管道疏通等后勤保障工作，是学校保持环境整洁的功臣。当时也不知道他姓甚名谁，因为年纪大的缘故，同学们都叫他"老大爷"。

以校为家

老人无家无业，操场东南一隅的两层小楼就是他的窝。虽然小楼有上下两层，但从楼上堆到楼下的体育器械，把老人硬挤到楼梯口的一个小房间。房里摆了一床、一桌、一椅后，就连转个圈都困难。老人的锅碗瓢盆，不得不像小孩子过家家一样，长年累月地散乱堆放在房外带檐的走廊上。其实，也不是不可以找一间大房间住着，可是，在老人的心里，学校能把这么多体育器械交给他一人来打理，那就是对他的绝对信任。在老人眼中，自己住得逼仄一点并不要紧，只要确保体育器械们"住"得舒适和宽敞，让学生们来借用器械时既方便又整洁，他就觉得心满意足了。

其实，自20世纪70年代末来学校工作后，老人早在1991年就结束了与学校的劳动合同。考虑到老人无家无业，学校就破例让他在操场边的两层小楼找个房间，安顿了下来。感恩戴德的老人念着学校对他的好，自觉自愿地一手揽下了垃圾清运、管道疏通等一系列的后勤保障工作，可以说是非常感人的。

不留死角

每天下午第四节课外活动课，是老人出动清理教室垃圾的辰光。因为这个时段整栋教学楼都没有课。要说整个教室里哪里最脏，那绝对是讲台下的垃圾篓了。尤其是夏天，同学们没喝光的饮料瓶扔得七七八八，瓶里甜得发腻的饮料残渣，招引来一堆的苍蝇蚊子，围绕着垃圾篓"嘤嘤嗡嗡"。

可是，心里眼里只有垃圾的老人却完全不顾及这些。每次，他都带上自制的铁钩子，肩上背个十几年后曾经在欧美掀起一股流行风尚的破花格子饲料袋，走楼串室。他总是进门就直扑垃圾篓，用铁钩子往垃圾篓的镂空处熟练地一钩，再自然而然地歪一歪肩头，往背上顺势滑落的袋口轻轻一倒，整套动作不亚于体操运动员拿奥运冠军一样的娴熟完美。这些垃圾，大爷并不直接倒掉，回去后他还要挑挑拣拣一番，里面的废纸、易拉罐、纸杯都是他搜罗的宝贝。虽然他一人吃饱全家不饿，但据说家里还有两个弟弟要贴补，垃圾回收转卖的钱呀，应该也没几个子儿剩下的。

忘年之交

中学时，我曾经连续六年担任广播员，同时也不得不连续六年都住在操场边的广播室里。住在操场边的唯一好处是，可以十分便利地在下课后去操场进行晚间锻炼。那时的操场没有路灯，只有一墙之隔的马路路灯隐隐透些光亮。我就在这微弱得几乎可以忽略的昏黄灯光中，像条随处游荡的池塘野鱼，在 400 米标准跑道上练出标志性的周式倒数 50 米冲刺。

我这样漫无目地在操场游荡时，突然发现了老人一个鲜为人知的秘密。不知何时起，大爷居然领养了一个女儿，两三岁光景，每天跟着大爷摸爬滚打，把小身板儿锤炼得可结实着呢！

这之前，在学校的很多人眼里，老人似乎是一个可有可无的存在。他就像夜晚街边的路灯，所有人都沉沉进入自己的梦乡时，只剩他高悬杆头，普照大地，孤单而清冷。他佝偻的背、蹒跚的腿、沧桑的脸，无一不揭示着他过往的凄苦。但是，突然从某一天起，他的小房间里开始传出孩子的欢笑和哭泣，他的像过家家般的纯露天厨房里开始充满了烟火气，他那蔫黄瓜般黝黑粗糙的脸开始有些许难得的生气。也是从那时起，我开始敢于时不时地造访大爷的拥挤小楼，帮小女孩洗洗澡，在他烧饭时搭把手，晚间锻炼时，带小孩出来遛遛弯。虽然那时，我们已经井水不犯河水地做了五年操场邻居。

我想，小姑娘的意外出现，就像给本不会发生化学反应的两种化学物质投放了一种催化剂，催生出老、中、青三代人间的无数温情。每次家里送来吃的，我总第一时间想着给老人送点去，而老人每次煮点什么好吃的，也会叫住晚练的我，喝口热乎的，哪怕那所谓好吃的也只不过是一碗青菜碎骨汤。小姑娘没事就会跑到我的广播室，对着话筒自己主持自己表演，不亦乐乎。一同待在廊下看雨的时候，我也会和老人探讨小姑娘的未来。老人似乎想得很明白，"能养活就行了，不想那啥的"。他盯着开心玩耍着的小姑娘悠悠地说。生活对于老人来说，本就太苦太累太忙碌，现在又多出一张嗷嗷待哺的小嘴，而且这张嘴随着岁月的延绵还会越长越大。摆在老人面前的路啊，注定是一条不可能平坦的路。但是，在老人眼里，能够给生活带来些许亮色和期盼，自己再怎么辛苦都是值得的。

柳暗花明

我们的忘年交没持续多久，我就考上大学离校了。毕业的时候，忙着谢师宴，忙着与同学"生离死别"，忙着背包游山玩水，我再也没有走进操场东南那个被人遗忘的角落。

时光匆匆走过二十年，小姑娘应该已经结婚生子了吧！真心希望小姑娘能够让孤苦无依的老人老有所养，虽然他们的踪迹早已无处可寻。因为就在我离校八年后，母校原有的校址已经实现自己的华丽转身，摇身一变成为老家县城的高档住宅区。

就在我放弃了对老人的寻找时，我那在江中任职的三舅舅得知这个消息后，不费吹灰之力就帮我问来了大爷的下落。

原来，老人家住双塔街道坳里村，就在火车站附近。他今年已经80多岁，仍然安康健在。在我离开江中后不多久，老人就因年事已高，离开了学校，回家养老。而当初那个蹦蹦跳跳的小女儿，也已经长大成人，大学毕业工作好几年了。真心希望守得云开见日月的老人，可以在女儿的陪伴下，开心过好每一天。

对了，我终于知道了老人的名字，他叫毛继业。

注：本文得到江山中学徐爱君老师、郑水菊老师及双塔街道和贤村村支书黄春林、双塔街道坳里村村支书祝小献的大力支持。

【作者简介】周蓝蓝，1997年江山中学高中毕业。东南大学经济法专业学士，西南政法大学刑法学专业硕士。2003年获得法律职业资格证， 2005年获得律师执业证。现为宁波海关关员，同时兼任公职律师、法律顾问、杂志编辑等职。

红魔历史流变考

徐小川

世界杯热

20 世纪 90 年代的江中足坛，是江山这个略显沉闷的小城一种激动人心的存在。领风气之先的弄潮儿，无疑是江山中学的球迷们。他们不仅在县城西北角那块著名的煤渣地球场上奔跑腾挪，在校园里掀起阵阵风雷，更把对足球的热爱辐射到校门之外。如果从一种更宽广的眼光来看，毋宁说，在高考重压之下坚持开展校园足球运动，乃是一所名牌高中应有的风格。和那些埋头读书、四肢羸弱、嗫嗫嚅嚅的孩子们相比，身怀球技的江中学子，进入大学校园以后，显然更自信奔放，也更容易找到同伴，迅速融入新群体。

彼时，美国世界杯的热潮尚未散去，职业化的甲 A 联赛方兴未艾。老师们透过厚厚的镜片一眼望去，铺着细灰煤渣的场地上，每一阵黑烟飘过，都伴随着一群疯狂奔跑的学生。他们穿的是廉价的光板球衣——当时只有江山体育馆门口的一个体育用品商店有五颜六色的球衣出售。哪位球员如果穿着一件 AC 米兰的红黑间条衫，无疑是球场上最引人注目的焦点。每一学期足球赛，总是男同学们最激动人心的期待。校园门口那几间歪歪扭扭的小吃店，每当足球赛上演的时候，屏幕前总会挤满了前来蹭球看的同学们，甚至酷暑和严寒也不能阻止他们。唯一能阻止他们的，或许只有班主任前来拿人的急促脚步声。

足球时代

红魔 Since95 足球队，正是崛起于这样的时代。他们当中的骨干球员，20 世纪 90 年代初就进入江中初中部读书，受整个校园浓郁足球氛围的影响，很早就喜欢上足球。美国世界杯以 40 度以上的热浪席卷全球，连浙西边陲小山城也被她的裙裾扫过。

1994 年秋天的某一日，两支初中球队，初三（3）班和初三（1）班居然开局布阵，在煤渣地球场正式上演了江中历史上第一场初中学生的足球对决。后世读史至此，应该浓圈密点才对。

历史转折中的 1995 年很快到来。高一开学，全市选拔的精英尽入彀中，校园里穿行着来自不同学校的美丽迷人的女同学，亭亭如盖的枇杷树下，迎来了一群群新的男女，初秋凉爽的气息伴随着对未来的无限憧憬，在晚风中令人沉醉。1995 年的江中足坛终于气势一变，迎来了它的强盛期。

出自江中初中部的孩子们此刻身怀球技，成熟老练，很快占据了各班球队的主力位置，其中一些人的"球霸"地位自此无法撼动，比如（3）班的刘华海、（4）班的何小华。但也有一些人的命运随着高二文理分班而改变。比如曾率领高一（1）班勇夺当季足球赛冠军的张勇鹏，如今这名优秀的脊柱外科医生重如泰山，早已不复昔日连过数人的蹁跹舞步，但在 1995 年他却是江中足坛最炙手可热的明星，他率领的球队名叫"十三剑客"，直接继承了初三（3）班的纯正血统，并且恰如其分地大杀四方。然而 1996 年夏天，他选择远走理科班，最后去了一个足球土壤贫瘠的班级，从此再也没有重建当年的霸业。

红魔溯源

高二开学，文理分班，作为唯一的文科班，（1）班教室里挤满了来自全年级的新同学，比如原（2）班的郑立奇、杨剑峰、刘珂，（3）班的姜庚申，（4）班的高见，（5）班的毛明华、徐旭水、祝利荣，（6）班的王鑫。班主任是一位优秀的历史教师，同时也是一位资深球迷。新鲜血液的不断注入，使这个新组建的文科班在一片忙乱中生机勃勃。面对男女生 1∶1 这个令人艳羡的比例，如何恰当引导同学们日益旺盛的荷尔蒙分泌，显然是令老师们头疼的问题。在素来学风严谨的江山中学，男孩子们对足球的热爱，或许在无意之中帮了老师们的大忙。

尽管有班主任"严防死守"，但是依靠全班女同学的支持和掩护，新组建的文科班足球队仍然创下了许多第一：第一次拥有了统一的队服，一身质朴的大红色球衣，"红魔"的称呼由此而来。在高二第一学期的足球赛上，红魔第一次登上江中足坛这一宏大的舞台，小组赛第一场的对手是脚法华丽的（2）班，比赛过程远没有想象中那么简单，志存高远的红魔被对手偷袭得手，长时间 0：1 落后，直到比赛临近结束时，才借着微弱的天光奇迹般地连扳两球，实现逆转。在日后成为江山足球 MVP 的 11 号高见完成绝杀的瞬间，球员们脸上混合着汗水、泪水和煤灰，紧紧拥抱。

艰难取得第一场胜利之后，红色飓风势不可挡，席卷江中足坛，三战三捷，闯入决赛，最后在一场跌宕起伏的进球大战中 3:2 再度战胜高二（2）班，成就了江中校史上并不多见的文科班足球夺冠。值得一提的是，在这场决赛中闪光的球星，大多有初三（3）班的背景。威灵顿公爵曾经说过，滑铁卢的胜利是在伊顿公学的操场上决定的。是否可以说，这场载入史册的决赛，是在初三（3）班的课外活动中挥就的？

差之毫厘

此后的江中足坛呈现一超多强、群雄并起的格局。文科班足球队的强势仍在继续，但（3）班在刘华海、卢坚的带领下悄然崛起，偏居一隅的（6）班十年生聚，羽翼渐丰，徐轶和毛剑是他们的领军人物。在这一时期，江中足球还勇敢地走出校门，跟三中、四中开展校际交流，翻开江山业余足球界跨校交流新的一页。到了高二下学期，高考的压力已经雷声隐隐，足球赛能否按期举行成为众人关注的焦点。幸亏校学生会体育部副部长、杰出的体育管理者陈驰同学折冲樽俎，巧妙周旋，她以缩短赛制换来了足球赛的如期举行。

再次出发的红魔气壮如牛，目空一切，他们在小组赛中轻松战胜了（3）班和（4）班，半决赛 1 球小胜已渐露峥嵘的（6）班，决赛对手是从小组跌跌撞撞出线的昔日手下败将——（3）班。决赛之前，作为资深球迷的文科班班主任借着给（3）班上历史课的机会，意味深长地谈起 1990 年德国与阿根廷的世界杯决赛。他不断向台下学生们暗示,（3）班能闯进决赛实属侥幸，他治下的文科班有如德国队不可撼动，必将轻取（3）班。然而，作为一名历史教师，他也许犯了一个错误，德国和阿根廷历史上曾经两次在决赛相遇，1990 年固然是德国队捧杯，但 1986 年却是马拉多纳的阿根廷笑到了最后。

不可一世的红魔心浮气躁，居然没有以最强阵容出战，首发名单中出现多名年轻的替补球员，比如 18 号徐旭水，他在决赛场上表现紧张，很快就被换下。不知道这段苦涩的经历，对于如今身为金华市足协副主席的他而言，是否记忆犹新，从而成为他重视青训的理由。种种因素预示着决赛的天平在一开场就发生陡转。

红魔大举压上，被（3）班连打反击，如今已移居美国西海岸的卢坚打进一粒贝克汉姆式的进球，彻底浇灭红魔反扑的希望，最后红魔以 0：3 完败。兴奋的（3）班球员们将足球赛第一名的奖状贴在班级荣誉榜的最高处。尽管足球在这个时期屡遭打压，但它依然是少年们心中最崇高的图腾。

小世界杯

高三开始之后，高考的压力之下，踢球的环境就像青藏高原一样空气稀薄，已经列入学期计划的足球赛临时被取消。面对无球可踢的窘境，喜欢折腾的文科班同学们在体制上搞创新，把本班球员按通学生、住校生分为红星队和快速队，通过比赛积分，以先达到预定分数者为冠军。每场比赛前，双方队员各出 1 块钱，谁赢归谁，赛后可以买一瓶 2 块钱的可乐。这种车轮战被定名为"高甲联赛"。为此，两队积极整合人员、调整阵容，7 号梅献良等年轻球员脱颖而出。两队还引进了外班球星。一时，高甲联赛有如意甲的"小世界杯"，可谓盛况空前。

1998 年的夏天，在风吹过书页的沙沙声中，过得有些匆忙，高考和随后到来的别离，就像一列疾驶而来的列车，以不由分说的威严，把小城的孩子们迅速打包装箱，送往遥远的他乡，只留下站台上的满地纸屑、忙乱和迷惘。毕竟，一段青春是永远地过去了。作为 1998 届江中足坛壮怀激烈的袅袅余音，1999 年寒假，在阔别多日的江中校园里，回乡过年的红魔球员们举行了第一届"贺岁杯"足球赛，不仅邀请了最渴望见到的女同学出席观赛，而且专门请班主任为获胜的球队颁发了奖杯——一只从解放路新华书店匆匆买来的廉价玻璃瓶。当初信誓旦旦的球员们并不知道，下一次这样的聚会，居然要等将近 20 年。

时光如梦

2015 年，从 1995 年江中高一联赛的赛场上小伙子们奋力踢出第一脚球算起，已经过去了 20 年。少年子弟江湖老，昔日的少年逐渐步入中年，个别着急的已经开始掉头发了。这一年的 5 月 16 日，1995 级的江中足球精英们重新走到一起，他们来自北上广等一线城市和杭州、宁波等省内城市，以杭州为主；所从事的包括医疗、法律、教育、金融、房地产、互联网、能源、先进制造业等行业，还有各级机关公务员；他们经历不同的坎坷路径，走过不同的千山万水，却因为一份共同的记忆和热爱，重新捡起球鞋走上绿茵场，去完成梦中的红魔拼图。从那以后，以杭州为基地，以友情为依托，以健康快乐为目的，红魔 Since95 足球队的集训定期举行，风雨无阻。

2017 年 1 月，红魔"贺岁杯"重回母校。来自全国各地的 20 多名球员拉着横幅：荣耀终归这里。其间的感慨、期许与雄心，自不待言。按照 1999 年那场比赛的分组，球员们再来一局，老同学、老球友、默契的配合、激烈的比赛、咬紧的比分……一切看起来都那么相似。比赛结束后，有幸请出尊敬的班主任为获胜方颁发奖杯——作为传统，这次的奖杯还是一只玻璃花瓶。

红魔 Since95 志存高远，距离百年老店只差了七十多年，这群奔四的"年轻球员"的故事还在继续，犹在书写新的历史。"欲溯河源到星宿"，作为这段传奇的缘起，大江中，荣耀终归这里！

【作者简介】徐小川，1998 年江山中学高中毕业。苏州大学文学硕士。曾任杭州市下城区武林街道办事处副主任、杭州市下城区政府办副主任。现委派在杭州 2022 年第 19 届亚运会组委会工作。

最爱是毛寅

周小荣

江中的老师都很好，最爱是毛寅。

20世纪80年代，"颜值"这个词还没出现，学生们也不像如今这样热衷于评价老师的相貌。现在想想，我们当初是不是有些审美呆滞，因为毛寅老师真的很帅！有八分像央视主播罗京。可是，谁知道呢，也许那些女生已经私下里谈论并爱慕得不得了了呢！

人长得帅也就罢了，他的一些兴趣爱好为他平添了不少人文魅力。打起篮球来，闪挪腾跃，虎虎有朝气；下起围棋来，心凝形释，伸手落子之际，惠风习习。

一座校园不应该只有勤勉刻苦、忙碌学习的氛围。那时候，老师们那种或蓬勃奋发，或宁静雅趣的集体活动感染并引领着我们这些学生的精神与心灵。说句实在话，那些和毛老师打球、下棋的老师们都很不错，但我们最爱的就是毛寅。

直到如今，我们印象最深的或者说让我们最难违逆的是，他那被微笑吹拂的眼神。在清晨的走廊上遇上他，他那样微笑着主动跟我们打招呼，跟我们聊生活日常，我们会觉得当天的阳光特别地清明，一整天的学习都十分有劲。最特别的是，当我们犯了错被叫到办公室去挨批的时候，他也这样微笑地看着你："小家伙，怎么啦，是不是最近心情不好？"那是一种带着七分欣赏、三分宽慰的神情，语言轻松弛缓，有着父爱的磁性。他所有的神态语言都在给我们一种暗示：你真是个很不错的学生，你肯定是遇到了什么麻烦或者是什么困难，所以才不小心犯了这样的错，而这样的错，根本不算什么，只要你认识到了，就没有问题了。以至于我们还没进办公室，就满怀歉疚，还怀揣了一堆的烦恼准备向他倾诉。都说班主任是最小的主任，可是，若说做班主任的能做到他这个境界和层次，又何所谓大，何所谓小呢？

毛寅老师教的是数学，如果你写文章来夸赞他的教学能力，我会觉得太过于老套庸俗。一来江中数学老师的教学能力都很棒，二来在我们心中，这是毛老师的固有属性、常规属性。关于数学，他的一个观点令人振聋发聩，我觉得太多的人需要了解：学数学的意义，不是说你学了对数知识，学了函数知识，将来一定会用得上，更重要的是，我们通过函数、对数这类数学知识的学习，锻炼了我们思维的深度和宽度，还有速度。有了高水平的思维，才会有高水平的工作和生活。他的这个观点，让我们摈弃了数学无用论、数学高考专用论，让我们真正爱上了数学。你如果想说这个观点正好反映了他高超的教学能力，我会十分赞同。在江中，这样高水平的老师挺多的，各个学科的都有，但我们最爱的就是毛寅。

毛老师喜欢喝点小酒，一届一届的学生都希望能逮着个机会请他喝酒。在喝酒的时候，他会像以前在校时那样，用赞赏鼓励的眼光看着我们，我们也乐于让毛老师看到自己所取得的所谓的成就，喜欢看他脸红、声大、脖子粗，坦诚、洒脱、真性情。我们常见到他喝得高兴，但却没见他喝醉过。这其中的原因，许多人不会知道。但对于我们这些理解他、爱他的学生来说，这不是秘密——都说"心里有家的男人不会喝醉"，我们的毛老师就是一个心里有家的男人，而且他的家有两个：一个是家庭，一个是学校。而我们这些学生也都是他的家人，现在是，将来也是。

江中的老师都很好，最爱是毛寅。

其实你不用提醒我忘了介绍毛老师的年龄，因为：你最爱的人，永远年轻！

【作者简介】周小荣，2000年开始执教于江山中学。中学语文高级教师。

我在江中当"编外记者"

徐　姗

人生有许多经历是不会忘记的，特别是学生时代的一些经历，甚至可能成为人生和事业的重要转折点。我于 1994 年夏天从江山解放路小学考入江中初中部，3 年后又考入江中高中部，在江中整整读了 6 年书。我爸爸则在 1993 年到《浙江青年报》当编务室主任。看到父亲发表的一篇又一篇文章，我心里非常羡慕，也想长大后当个记者。在 1999 年江中 60 周年校庆期间，父亲受邀到江中采访校庆活动，他带着我去采访了校庆活动，让我在江中当了一次"编外记者"。

拍了一组珍贵的校庆照片

记得江中举办 60 周年校庆时，校址是在江山市政府后面的县河西路 18 号。当时学校的大门就开在县河西路上，门边有赵朴初先生题写的校名。校庆前几天，学校就派人在校门口和校园内张贴或悬挂了许多如"热烈庆祝江山中学建立 60 周年"等有关校庆活动的大幅标语，还在江中大操场南面搭建了一个比较大的主席台，供校庆时用，整个校园呈现出一派节日的气氛。

我在江中读书时的 3 个班主任——蔡老师、汪老师、徐老师，都对我很好。在教学上他们严格要求我，在生活上他们非常关心我，对我的课外爱好都很支持。因此，当时我在江中的校报、校刊上和《江山报》《衢州日报》等报刊上都发表过文章，参加了江山的少年文学社和学校文学社，还多次获得江中学生会举办的辩论赛"最佳辩手"称号。校庆那天，我向当时的班主任徐老师请了假。徐老师得知我是去采访校庆活动，便同意了。

上午 8 时许，校庆活动开始了，同学们身穿崭新的校服，以班为单位，排着整齐的队伍，在老师的带领下，沿着江中大操场的跑道，雄赳赳，气昂昂地通过主席台接受领导和来宾的检阅，然后迈进指定的区域。看到当时的情景，我的心情非常激动，便拿起爸爸给我的一台"傻瓜相机"，一会儿跑在队伍的前面，一会儿走到队伍的边上，一会儿又溜到队伍的后面，为同学们拍摄了进场的照片。

校庆活动正式开始了！只见主席台中间坐着时任中华全国新闻工作者协会党组书记、常务副主席郑梦熊，中国科学院院士、浙江省医药科学院院长毛江森等著名校友，还有江山市的领导等许多嘉宾。时任江中校长王兴盛主持校庆大会，郑梦熊、毛江森和江山市的领导都在会上讲了话。当我看到江山电视台、《江山报》的摄影记者都上去拍视频和照片时，我也壮着胆子走到台前，给嘉宾们拍摄了一组照片，现在我还珍藏在家中。

见证省委老书记考察江中

校庆那天下午两点多钟，父亲接到学校的一个通知，说省里有位老领导要来参观校史展览。父亲便带着我从当时市委、市政府东边的市政府招待所（现在已变成一个居民小区），赶到江中校史馆等候。

下午 3 时许，一位中等身材、有点胖的老爷爷在江山市领导和时任江中校长王兴盛等陪同下，朝着学校的校史馆走过来。

"爸爸，他是谁？"我轻声地问。

"他是我们省里的老书记李泽民。"爸爸回答说。

"他是浙江省委书记吗？"我又问。

"他刚退下来不久，现在的浙江省委书记是张德江。"

"哦，那也不得了，校庆还有省委老书记来参观校史馆。"

"是的，这是你们江中的骄傲！我采访过多个学校的校庆，像杭二中、学军中学、杭州高级中学、浙大附中等学校的校庆才有省领导出席，一般县市一级的中学校庆，省领导是不可能去的。"

我们父女俩没聊几句，李泽民老书记已经走进了校史馆。爸爸向我使了个眼色，我便走到前面去了，拿起那台"傻瓜照相机"按下快门，"咔嚓、咔嚓"又拍摄了一组照片。爸爸则拿着采访本，认真记录李泽民老书记的讲话。

李泽民老书记边看展览边说:"江山中学建校 60 年来,走过了从无到有、从小到大、从弱到强的发展历程,培养出了郑梦熊、毛江森、范匡夫等一大批优秀人才,在我省乃至我国各行各业做出了突出贡献,我对此表示热烈祝贺。希望你们以建校 60 周年为契机,进一步做好学校教育工作,特别是要在抓好文化教育的同时,深入开展素质教育,让学生德、智、体、美、劳全面发展,在下一个 10 年内能取得更大的成就。"

李泽民老书记的讲话,让在场的江中人深受鼓舞。江山市政府和江中的领导表示:一定要深刻领会李泽民老书记的讲话精神,并认真贯彻到日常的教学工作中去。

大约半个小时后,李泽民老书记的参观结束了,大家把他送到校门口,一辆黑色的小轿车已等在那里。他与送行的人们握手道别后,车子便开走了,我作为一个江中的学生,心里感到热乎乎的。

采访郑梦熊学长

在江中 60 周年校庆期间,学校邀请了一批著名校友回校,他们大多住在江山市政府招待所内。在他们休息时,爸爸带着我采访了其中的几位。因为爸爸搞新闻,我也喜爱新闻工作,所以我们选择采访的第一位校友是郑梦熊学长。

我随爸爸走进郑梦熊学长的房间,他正在看江中校庆的红皮通讯录等资料。我爸爸此前曾在中华全国新闻工作者协会《中华新闻报》担任总编室负责人兼首席记者。听我爸爸说,那份报纸原是一份 8 开 4 版的小报,是郑学长到中华全国新闻工作者协会后,将其扩大成对开 8 版的大报,而且他本人在处理中华全国新闻工作者协会日常繁忙公务时,中午就睡在办公室的沙发上,我爸爸有时送大样过去审,他睡着也会起来审大样,所以彼此比较熟悉。

郑学长听我爸说明来意,特别是得知我是江中的学生,也爱好新闻,便对我爸说:"你是后继有人了。"

郑学长又回过头来对我说:"热爱是最好的老师,我年少时本身是想当老师的,也不知道自己会走上新闻之路的,主要是与后来工作中爱上了写稿有关系。当然,这与我在江中的学习和锻炼是分不开的。"接着,郑学长回忆起他在江中学习前后的一些难忘经历。

1933年8月9日,郑学长出生在江山县(现为市)城关镇市心街的一个知识分子家庭,父亲郑子焕是江山县立中学(江山中学前身)的语文老师。

江山解放前夕,郑学长进入江山县立中学读书。他的班主任林维雁老师是一位地下党员,思想进步,十分重视学生思想教育。有一次她在黑板上出了个作文题目《梦游新中国》,郑学长认真思考后,写出了一篇在梦境中向往新中国的作文,得到林老师的好评。

1949年5月6日,中国人民解放军解放了江山县城。这一年,郑学长已是江山中学高二年级的学生。有一天,江山团县工委的高书记来到江中,给同学们上了一堂团课,鼓励优秀的青年学生向团组织靠拢。听了高书记的团课后,郑学长第一个写了《入团申请书》,交到高书记的手里。由于他平时思想进步,在校表现好,入团的愿望很强烈,江山团县工委经过研究,批准了他的入团申请。1949年10月,郑学长在江中全校500多名学生中,第一个加入了中国新民主主义青年团。不久,他又先后当选为江中第一任团支部书记和学生会主席、江山县人民代表、衢州专区学生联合会副主任,这是相当光荣的事啊!

1951年5月的一天,江山团县工委高书记来到江中找郑学长谈话。因中华人民共和国成立初期缺少有文化的年轻团干部,所以高书记动员他去当团干部。当时他正准备高考,受父亲的影响,他最初也想大学毕业后当一位人民教师。可眼下,他高中文凭还没到手就要去当团干部,大学梦也圆不成了。去还是不去?经过激烈的思想斗争,他很快向高书记表示:坚决听党的话,服从组织上的安排。几天后,他停止了即将毕业的高中学业,告别了父母亲,背着铺盖卷,赶到40公里外的衢州地委报到。第二天,组织就分配他在衢州团地工委宣传部当宣传干事。

1955年2月,因国家建设新安江水电站,浙江省委决定撤销衢州地委,成立建德地委,郑学长便从衢州调到建德地委。不久他就被提拔为建德团地委宣传部副部长。

火热的农村生活,点燃了郑学长那颗火热的心。在劳累了一天之后,他回到房间里,在豆油灯的微光下,挥动钢笔开始"爬格子"了。他用满腔热忱写发生在身边的新闻、写翻身农民的幸福生活,也写老百姓的疾苦和需求……一篇篇真实记录农村新风、农家新貌、农民新事的新闻报道，发表在《浙江日报》《浙江青年报》《建德大众报》等地方报刊上，不久他就被这些报社聘任为特约通讯员。1958 年 5 月他被调到《浙江青年报》当记者。郑学长到报社后，很快写出了一批反映农村工作的好稿子，还担任了报社的编委。

1961 年 2 月，郑学长被选拔到浙江日报社，在《浙江日报》农村组当编辑。在做编辑工作的同时，他还挤出时间下基层采访，写出了《永福大队一心为了国家社会主义建设》等典型报道和《从群众中来，到群众中去》等评论，有的受到浙江省委领导的表扬。他先后担任农村组组长和副总编辑。1983 年 8 月，他被浙江省委任命为浙江日报社总编辑。

由于郑学长办报坚持与党中央和浙江省委保持一致，1990 年 2 月，中央发文任命郑梦熊为人民日报社副社长、副总编辑兼机关党委书记。接到中央的文件后，年已 58 岁的郑学长告别了《浙江日报》，走上新的岗位，后来又担任中华全国新闻工作者协会党组书记兼常务副主席。

榜样的力量是无穷的！2000 年夏天我从江中毕业高考时，填报的三个志愿是浙大、浙工大、浙江传媒学院的新闻系。同年 8 月 16 日，我被浙工大人文艺术学院广播电视新闻学系录取。在上大学期间，我为浙大影视研究所编写了一部 20 集的电视连续剧本《二十出头》的前 10 集。同时，在浙工大编导和拍摄了《我的 2046》等多部校园 DV 剧。浙江卫视与科技教育频道《纪录》和《新青年制造》节目，分别为我和团队人员摄制播放了 2 个 20 分钟长的纪录片，《浙江日报》《钱江晚报》《今日早报》《青年时报》《杭州日报》等媒体也作了突出报道。

如今，我也成为一名媒体人了，但我真正的起步还是在江山中学 60 周年的校庆。

【作者简介】徐姗，2000 年江山中学高中毕业。2000 年 8 月被浙工大广播电视新闻学系录取。曾任上海索尼公司活动部经理、上海某影视公司制片人。后在上海创办一家影视公司，为国内数家电视台编导和拍摄多档节目。

最好的时光

何　斐

1998 年的那一天是夏末秋初，蝉鸣将息，县河西路江山中学校门口不远处的那棵大樟树已结出果实，隐隐散发出辛香。走进校门，右手边新生报到处，班主任的那双眼睛在镜片后含着盈盈笑意。似乎就是在那个阳光炙烈的白天，迎着操场上的飒飒秋风，我们的青春，猎猎展开。

一个一个人

我们的班主任瘦高、戴金属边眼镜，为人处世认真刻板，并不是青春期叛逆中孩子们所喜欢的对象。他会要求每一个吊儿郎当的少年，把校服的拉链拉高到脖子下面为止；他会把当日的值日生叫到走廊上，弯腰示范把遗漏的纸屑垃圾扫干净；他会在班会上痛心疾首，指责上课打盹传纸条、下课不写作业的学生"商女不知亡国恨"；他也会在复习课上，偶尔回忆当年大学同学在复习备考时抓住他当教科书用的历史……多年后走出校园步入社会，经历过人世种种复杂曲折，我们才终于体会到，班主任对我们的教导是尽心而真挚的。

在秋老虎仍旧热辣的夜晚，入学军训已至尾声，那个高个子的女孩，随意坐在宿舍床上，嗓音清亮地唱起将在汇报演出表演的《军港之夜》。

偶然间说起我家订阅了我们都爱看的《少男少女》，作为住校生的我忘记请假、作为走读生的她忘记报备父母，下了晚自习后直奔我家，在那个小房间的台灯下一人捧了一本杂志，直到她父母寻她和班主任找我的电话相继打到我家。理所当然我们都被臭骂一顿，但并不妨碍我们自此形影不离。

一起吃中饭、一起逛操场、一起上厕所、一起看男生踢球赛、一起放学回家……点点滴滴的相处汇成一条小河，任意捞起的只是小小水滴，无以细述。到今天，我俩的小孩互称对方干妈，我俩的父母将对方当作自己另一个子女，我俩，已是彼此生命中胜似姐妹的陪伴力量。

他是一个高瘦白净的男生，课桌永远整齐干净，历史成绩永远是我无法企及的高分，脸上永远带着温暖的笑容。我所喜欢的，大概就是他身上那些自己没有的自律、安静和认真。

升旗手中那个穿着宽大校服的身影、教学楼走廊里那个穿着白衬衫的身影、煤渣球场上那个穿着阿根廷球服的身影。每一个想到他都从心里笑出来的清晨、每一节可以碰见他的阅读课、每一次并肩走出校门的晚自习放学……真好，我暗恋的人刚好也喜欢我。

像看《参考消息》一样认真看每一期《体坛周报》——只因他喜欢；生日的那只毛绒狗和情人节悄悄放在自行车筐里的那枝玫瑰花；"没关系，没听懂我再给你讲一遍"。所有关于他的细节都俗套而温馨，这个人跟前述的闺蜜一样，陪伴我走过整个青春，也将陪着我走向接下来的人生。

高二文理分科，我们班成了文科班，一大批从理的同学分散到了其他班，又有一大批选文的同学加入进来。我们这个小组，新新旧旧的 6 个同学组合起来，成了班里的一枝奇葩。

轮到值日没有人来得及打扫走廊是常事，自习课上一张纸条从头传到尾又从最后飞到最前面也是常事，校运会、文艺演出、校电视台组建、校广播电台播音、出黑板报各种活动，次次少不了六人中的身影，更是常事。

是的，我们恰好就是一群自由不羁又多姿多彩的少年凑在了一起，不完美的少年，却有着精彩的青春。

一处一处景

当时的教学楼是一座 L 型的六层建筑物，东西向的一边是实验教室，南北向的一边是教室。每一间教室看起来都大同小异，银白色的金属门和窗格子、深绿色的黑板、木质讲台和课桌椅。每一张课桌上高高垒起的课本、作业本和试卷后面，是一张张或认真看书写字或迷茫托腮思考或偷偷看课外书或干脆枕着胳膊流着口水沉沉睡去的高中生的脸庞。

在这一间间教室里面，我们因为各自的理想而坐到一起，因为那座达成各自目标所必经的独木桥而孜孜努力，因为每一个分数而或喜或悲，因为每一次教训和每一分收获而暗暗咬牙坚持。我们从高一的一楼搬到高二的三楼，再到高三的五楼，三年时间，一个个裹在蓝白校服里的少年在一间间教室里进进出出，每过一年，教室就搬高一次，学业更重一分，跑到操场甚至楼下空地休憩的时间也更少一点。

一张张稚嫩的脸一天天成熟起来，一颗颗单纯的心裹挟着汲取的知识日益厚重，直到那天我们参加了成人宣誓，直到那天我们走进了高考考场。

每一所中学的操场大概都是其间最最朝气蓬勃的地方，老江中的煤渣操场也不例外。400米的跑道、中间的足球场、南边的升旗台和看台、北边的主席台、主席台后的单双杠及乒乓球台和篮球场，还有东北角的体育馆。

伴随跑鞋每次踩下煤渣跑道时滴下的汗水，篮球砸在水泥地上砰砰有声的节奏，某某加油热火朝天的声浪，这里的每一个角落都洋溢着青春的活力和张扬。

那些活动课上人声飞扬的地方、那些晚自习前散步夜跑的地方、那些昏黄灯光下轻轻交流心事的地方，那些再也回不去的地方，仍旧深深刻在记忆里，深深刻在我们过去的青春里。

我不是个爱学习的学生，却是个爱看书的人，因此在江中我最喜欢的地方，除了操场，便是行政楼一楼的阅览室。高中繁重的学业已经占据了看大部头的珍贵时间，每周45分钟的阅览课，便成为我这个散漫的女孩子最最安静专注的时刻。

《看世界》《少年文学》《萌芽》《南风窗》《读者》《青年文摘》……东南墙角整排的书架和阅览区一列列宽大的书桌，它们无时无刻静立在那个时光里，一本本杂志封面的触感仿似仍留在指尖，窗口座位上阳光照进来的温暖好像还停在脸上，身前的那本书还剩几页没有看完，下课的铃声就要响了，下一节课要讲的试卷我订正好了吗？

一桩一桩事

校运会是每年最隆重的活动之一，而开幕式的入场是其中的重头戏。千篇一律的齐步走和"友谊第一、比赛第二"之类的口号不会是我们的风格，六人组里的一对姐妹花，一个设计了完全不同于校服的班服，一个把"不完美也要精彩"作为列队口号并制成了班旗。

2000 年 11 月的校运会开幕式中，炽烈的红黑配的方阵和铮铮的青春宣言，是那一天操场上最为浓墨重彩的一笔，个性化的班旗也成为以后的校运会里被争相模仿的对象。而此后的赛场上，班里的每一位同学，无论强弱都不输气势地奋力拼搏，无论输赢都全心全意地呐喊助威，无论分工都尽心尽力地为班争光。

在以高考为最高目标的高中生涯中，校运会的意义或许已不再局限于增强体质，不论平日里是两耳不闻窗外事还是各自为阵、无心向学，在那几天里，所有同学都为共同的集体荣誉感而紧紧团结在一起，共同感受比赛落败的失落遗憾，共同张扬战胜自我的意气风发，共同创造在不完美中绽放的耀眼精彩。

因为有把名为"高考"的利剑悬在头顶，高中生活的氛围总有那么一分微妙。如果说参加校运会可以增强体质、提高学习效率，那么把时间"浪费"在筹备和参加各种文艺演出上，则被很多勤奋的学生视为"不务正业"。但是对于十几岁的少年来说，青春期的充沛精力用在静态的书本作业和刻板的上课下课中，总归意犹未尽。

于是像"五四"歌咏大赛，这种举班参加的文艺活动，便是又一股调动所有同学积极性、将班集体凝聚在一起的力量。选择歌曲、表演策划和集体排练，成了演出前的那段时间里，班主任和全班同学课余饭后倾注全力的大事。在正式演出的舞台上，镁光灯下台前伴舞的两位女同学舞姿优雅舒展，台中央整个班级的歌声深情嘹亮，背景板前一名男同学高举五星红旗随节奏挥舞，文科班的诚意、创意和表现力，都让那首《共和国之恋》成为那个舞台上余韵绕梁的华章，而为同一件事情共同付出的努力，也化作所有成员共享的青春印记。

《天使的颜色》可能是一部小说，也可能是六七个少年人的梦。高三的学业压得人喘不过气来，忙着别的事情的我并没有参与其中，但仍不妨碍这本硬面抄，成为我高中生涯中一个深刻的记忆。发起人是我们六人组中那个才华横溢的女孩子，她为这个故事起了一个温馨梦幻的开头，然后将本子传到下一个人手里。

每个人都在这里写同一个故事，每个人写的故事里都是自己的现实和梦想。现在这个本子并不在发起人手里了，但我相信无论撰写成员的哪个人存放着，都会对其珍而重之，因为不论里面的文笔单薄或斐然、情节生硬或流畅、思想幼稚或成熟，那一段段笔迹迥异的文字、一幅幅个性鲜明的插图，甚至每一个折痕或残页，都是不可磨灭的精彩青春。

终于到了那一天，2001 年 7 月 7 日，天气并没有热得无法忍受，一大早甚至阴云密布，下起雨来。在那场沥沥的夏日阵雨中，班主任早早地攥着全班同学的准考证等候在考点门口。背着考试用品走进考场，找到自己的座位坐下，这一刻，不论是胸有成竹，紧张慌乱亦或满心迷茫，三年的高中生活将就此落幕，而此后的燕燕于飞、各奔东西或再续前缘，也将自此起笔。

站在人到中年的这一端再回头望去，在江山中学的三年岁月，短暂得仅仅是人生中的惊鸿一瞥，却长久到让我们与将要相伴一生的种种相遇相识相知。

不论那些年相处过的人是否仍在生活中言笑晏晏、流连过的物是否仍在眼前兀自静立、经历过的事是否仍在记忆里清晰如昨，岁月汩汩向前，那个陪伴我们三年的旧所已人物皆非，所有的喜怒哀乐、欢笑与眼泪也统统被抛到时光的后头，而那个时候青春里的种种缺憾或点点精彩，都在最终，成就了而立之年日渐成熟和担当的我们。

【作者简介】 何斐，2001年江山中学高中毕业。2005年毕业于浙江工商大学国际经济与贸易专业。曾任江山市商务局对外经济合作科副科长，现就职于浙江省农业农村厅。

忆恩师

应信燕

时间是匹野马，眨眼间已经从江中毕业十年。在江中学习的那些充实的日月，如烟云过往，而江中那些兢兢业业的老师们却仍令我记忆深刻。他们是生活中的平凡人，却是学生心中不平凡的人生导师。

示以美好，授以希望

头发一丝不苟地梳成最简单的马尾，用黑色皮筋扎着，没有其他任何饰物。印象里朱美娟老师偏爱简单清爽的衣着，与她端庄优雅的气质甚是相衬。

朱老师上课很少走动，她总是直直地站在讲台上，有如盈盈芙蕖，美丽、清净，将上课内容娓娓道来。她讲海子的灵性之光和浪漫精神，讲《边城》中"美"与"爱"的美学理想，讲苏轼坎坷跌宕的起伏人生，讲老舍作品的雅俗共赏……我们总是听得入了迷。

在我心里，朱老师是一位不寻常的老师。那时候因为一时无法适应高中生活，刚上高一的我就像一颗躲在暗处的野蘑菇，粗糙、暗淡、没有光泽。写周记成了那段时期唯一排遣郁闷的方式。朱老师在我的周记里密密麻麻、红色的圈圈点点总是让我感动不已，我好像看到了朱老师伏案读我的文章时认真细致的模样。

每周一的晚上，朱老师都会拿着我的周记单独找我聊天，不是以老师的姿态，而是像和一个朋友唠家常一样柔声细语地说着，有时说着我周记里提到的邻居家的小狗，有时说着她和我一样大的时候的人生经历。不善言辞的我总是低着头不说话，却每次都在心里暗暗期盼着能和朱老师多待一会儿。

随着聊天次数的增加，我的周记慢慢从"灰暗"转向"明亮"，开始记录生活中的美好，哪怕只是一些不足挂齿的点滴小事。我的整个人也变得开朗活泼了许多。正是受到朱老师的影响，现在也为人师的我，也会对班级里一些情况特殊的孩子加以特别的关注，关心他们的成长，呵护他们的心灵，教会孩子从过去的伤痕中汲取营养，滋润今后的生命。

感谢生命中出现这样一位老师。多年以后，我读到日本作家东野圭吾的《白夜行》里的一段话："我的天空里没有太阳，总是黑夜，但并不暗，因为有东西代替了太阳。虽然没有太阳那么明亮，但对我来说已经足够。凭借着这份光，我便能把黑夜当成白天。"很幸运，我也遇到了太阳般的朱老师，也许对她来说，我只是她教学生涯中的沧海一粟，但于我而言，她是曾经拉我走出晦暗的人。人们总说，一个人长大，有时候只是一瞬间的事情。而一个人在冰冷中忽然就因为一个人感受到世界的暖，又何尝不是一瞬间呢！

银丝映日月，热血沃新花

到了高三，我的班主任教历史，他的名字叫徐水清。也许是想在学生面前保持威严的形象吧，他平时对我们总是一副不苟言笑的样子，上课时声音出奇的洪亮，可能是我一直坐在第一排的缘故，总觉得耳朵被震得嗡嗡响！徐老师的板书严谨有序，就像他教的学科一样。

一个老师，并没有对你有什么特别的举动，却成了你和所有人心中最崇敬的人。我想，对一个人的崇敬并不是听闻他有多大的成就和多么感人的事迹，而是当你真正和他相处，在细腻悠长的流水时光中感受到他对工作日复一日都付诸同样的认真和耐心。没有喋喋不休的说教，也没有饱含深情的鸡汤激励，只是每天晚自习窗外"监视"着你，每天课堂上精神饱满地讲课，每次考试成绩出来之后找你查漏补缺的指点。

高三那些奋战的日子，回忆起来都是徐老师默默陪着我们自习的身影。不是说"陪伴，是最长情的告白"么？在最特殊的那段日子里，在那场无硝烟的战争中，徐老师陪着我们，一天又一天，丝毫没有疲倦的意思，每天都像是开学第一天走进教室一样。他对我们的告白是那副厚厚的无框架眼镜，是晚自习在教室里来回踱步却不发出丝毫声响的黑色皮鞋，是一支又一支被写烂的粉笔头。

记得有一次，我居然在历史课上睡着了（那应该是我唯一一次在课堂上睡着吧），醒来时发现老师仍在上面讲试卷。徐老师没有批评我，大家也仍像往常一样仔细地边听课边订正错题。这个场景时隔多年仍让我记忆犹新，好像就发生在昨天。柔和的阳光透过玻璃窗照射在我们的课桌上和每个人的脸上，徐老师讲课时会微微皱起眉头，那时候我觉得，他似乎要把这时光揉进微皱的双眉里。

我们都在背地里"没礼貌"地喊他"水清"，其实他也知道，但从来不生气。高中毕业典礼，每个高三班主任都上台发言，轮到水清时，我们齐齐地高喊："水清，我们爱你！"我不知道在主席台上的水清有没有热泪盈眶，或许他早已习惯了每届学生这样的拥戴，但坐在下面的我们全班50多人都忍不住热泪纵横。

这个世界不断地变化，我们也一直在不停地被改变，偶尔在某个时刻回想起曾经的恩师，记得他嘴角浮起的笑，记得他曾对你说过的某句话，仿佛能看到最初年少的自己。

【作者简介】应信燕，2007年江山中学高中毕业。2011年西南交通大学毕业。现为江山市吴村小学语文老师。

甘做人梯托俊彦，但求薪火有传人

刘文华

在漫长的人生路中，每个人都会在不同时刻、不同地点遇见不同的人。这些人或是你生命道路中沿途的过客，或是你情同手足的挚友，抑或是对你指点迷津的贵人。

初来江中时，学校为了让青年教师尽快成长，实行师徒结对，我有幸成了邢永富老师的徒弟。从此，邢老师成为我人生路途中的一位贵人，他的一言一行都深深地影响着我。

教学之路的伯乐

为了不在教学上掉队，每上新课前，我都先听邢老师的课，然后再按照自己的思路，把师父的课进行再加工后再来给学生上课，进度比邢老师慢一到两节。这样，可以保证自己的教法能够让学生尽快适应。有时候课务会冲突，听不上师父的课，邢老师会跟我说："我把我的教案都放在桌子上，你任何时候都可以翻看。"我心里幸福着："多好的师父啊！能听课就已经够好了，还让我随时翻看教案，我真是太幸运了！"师父的胸怀如此宽广、格局如此之大，让我钦佩不已、感动之至。

在一个办公室同行数载，经常会向师父请教问题，他每次都耐心细致地解答，深厚的专业知识功底，让组里的年轻人为之惊讶。就这样，在师父的谆谆教导下，我的教学技能一天比一天进步……

那时候，很多舆论都认为教师停留在教书匠阶段就是最低级别，而邢老师特别跟我强调"要做一个好的教书匠"，一个"匠"字，与李克强总理在

2016 年政府工作报告中提出的"要培育精益求精的工匠精神"相吻合！而师父对我提出这个要求是在很多年之前。邢老师不仅对教育有着独特的理解，而且上课更是匠心独具。他能做到每一届的教案都是新教案，每一届的课都不重样，让人百听不厌！——这就是精益求精的教书匠精神！

按照师父的教导，我在从教的路上走得越来越踏实，先后获得了江山中学教师大比武课堂教学评比第一名、江山市首届教师教育技术技能比赛高中组二等奖、江山市高中化学优质课评比一等奖、江山市第二届教育创新奖、衢州市高中化学优质课评比二等奖、教育部"一师一优课"部级优课……还被评为江山市第十一届中小学教坛新秀。

每一次成绩的背后，都离不开师父的谆谆教导。印象最深的就是 2016 年 8 月接手江元校区的三个高一班级。当时得知自己要一个人在江元挑起化学教学的重担时，心里那个忐忑与不舍，至今都难以忘怀。习惯了有师父在身边工作的日子，突然间要搬离熟悉的办公环境，师父也看出了我的心思，语重心长地对我说了一句话："你能行的！踏踏实实干！"

时间很快流逝，检测教学效果的考试如期而至，在第一学期期末衢州五校联考的考试中，江元中学化学平均分居然超过了省重点中学开化中学！自己担任班主任的江元高一（1）班，也是各项成绩都名列前茅，深得家长、学生和同事们的认可。此时，我收到了师父的"贺电"："文华，我真为你高兴！"师父很少用微信，看着师父用微信发来的"贺电"，我的眼眶湿润了，原来师父一直都在关注着徒弟的成长，关注着江元新校区的建设……

科研之路的导师

在这个一切以教学成绩来考量教师的时代，师父并没有把撰写教学研究的论文和教学技能的提高相对立，他常教导我："年轻人教科研的论文要多写，课题也要做起来，这个和教书不冲突的。"在师父的鼓励和教导下，我的多篇论文、课题在江山市和衢州市获奖，3 篇论文获得衢州市一等奖，1 篇论文获得浙江省二等奖，在全国中文核心期刊上发表论文 2 篇，1 篇被中国人民大学报刊复印资料全文转载，也因此被评为江山中学"十佳教科研标兵"。

邢老师还经常鼓励我发挥"研究生"的专长，辅导学生参加学科竞赛和各种评比。他曾说："孩子们在学生时代，哪怕是获得很小、很小的奖状，对我们老师来说可能没有什么用处，但是对孩子们的一生会产生很大的影响。"邢老师的言语中透露出对学生们的爱、理解和尊重。所以，只要有时间和精力，我就会尽我所能，发挥专长去无私帮助、辅导学生。

在我辅导的学生中，有人在浙江省教育厅教研室举办的高中研究性学习成果评比中获得省优秀成果奖（最高奖），当在三位一体招生环节中，顺利地通过初审时，孩子们会欣喜地跟我说："刘老师，我们那个奖状很有用！"有人仅仅是获得浙江省化学竞赛 A 组三等奖，但是当凭此奖状通过浙大农村专项招生初审时，他开心地说："刘老师，这是我第一次获得浙江省级的奖状，虽然只是三等奖，但就是这唯一的一张省级三等奖的奖状帮我通过了浙大初审最严格的一关。"我最喜欢看到学生在毕业季时，脸上洋溢出的满满自信。我还会继续着师父的叮嘱前行，尽自己所能去帮助我们的孩子们。

职业生涯的榜样

"少说话，多做事，做好自己的本职工作。"这是邢老师工作的风格，也是他教导我的良言。每当工作中遇到不顺心的事情，邢老师总会悉心地教导我，让我感觉到好像父亲就在自己身边，心里无比温暖。出师之后，我还是经常会去听邢老师的课，每次跟师父打招呼要去听他的课，他依旧是微笑着说着那句熟悉的话："我的课，你随时搬着凳子来听就行了。"内心每次都会被他的微笑、自信和宽广、豁达的胸襟感动。他的课堂永远是那么风趣、幽默，一支粉笔、几句形象的比喻就可以把抽象的知识讲解清楚，工整的板书让我每次一听完课就汗颜！脑子里会立即浮现出学校停电导致多媒体无法使用的上课情景。这种停电的联想会时时鞭策我：当教师还是要具备靠一支粉笔和一张嘴就可以走遍天下的能力！

每到寒假来临前，都可以看到邢老师教的学生成群结队地到办公室来探望他，与他谈学习、谈生活、谈工作。他们当中有的是硕士毕业了，有的是博士毕业了，还有的是工作了，或者出国了。作为教师，他的影响力是多么深远，这是我目前还做不到的。看到邢老师桃李满天下时，学生对他的爱戴和尊重，我羡慕不已，也确定了我今后要努力的方向。

师父教书育人，以德为先，工作兢兢业业，对年轻老师倾囊相授，帮助我们年轻老师很多、很多……

忘不了今年上半年学期快要结束时的一个黄昏偶遇师父的场景。当时他正独自一人闲步校园，他的眼神似乎在努力地记住这里的一草一木，我的心里一阵心酸，师父马上就要退休了……

在桥边与师父短暂的谈话，惊起了柳梦桥下一群戏水的白鹭，它们在天空盘旋着，久久不愿离去……

"饮其流者怀其源，学其成时念吾师。"德艺双馨、敬业无私的邢老师是我永远的榜样！祝福师父退休生活充实快乐，晚年幸福安康！

【作者简介】刘文华，2008年起任教于江山中学。上海师范大学物理化学专业硕士。中学化学高级教师。被评为江山市教坛新秀、江山市学科带头人。曾获教育部"一师一优课"部级优课、衢州市青少年科技创新大赛优秀辅导老师、江山市第二届教育创新奖。在化学核心期刊发表论文多篇。

江中记忆拾零

杨漫兮

三年江中的学习生涯，平淡之处见惊奇，枯燥之中蕴风趣。寒来暑往，变化的是一代代学子的面孔，不变的是一年年母校的滋兰树蕙和江中的精神传承。打开记忆的闸门，让时光倒流回 2005 年……

结缘

当时，我就读于茅坂初中。有人做过统计，学校每年考取江山中学的同学多则两个，少则没有。所以对于茅中的同学来说，到江中读书是一种奢望，即使你是全校第一也不一定有戏。

离中考只有几个月的时候，江山中学和往年一样在全市范围内举行了提前招生，我们习惯称之为"特招"。"特"在哪里呢？第一是名额特殊，根据每个学校中考成绩分配相应的名额。第二是考试内容特殊，题型新颖且难度高，把重点学科都放在一张试卷上，对考生统筹安排答题时间的能力有较高要求。我们学校拿到了 7 个名额，我有幸成为其中的一员。

我们的考场设在淤头初中。考试那天，众人挤了一辆面包车前往。那天天色虽然阴沉，我们的心情却很"晴朗"。行至半路，我突然感到头昏脑涨，腹中似有东西"翻江倒海"，那时竟不知这是晕车反应。强忍着腹痛，我望着窗外向后飞驰的树木和稻田，感觉淤头怎么会离茅坂这么远呀。

当铃声响起时，布满密密麻麻题目的试卷已经铺在我的面前。然而，晕乎乎的感觉却加重了，边上的同学已经开始奋笔疾书。我把目光瞥向自己最拿手的数学和自然，暗自敬佩出题者的独具匠心，但在书写答案时，却感到自己意识开始恍惚，腹痛难忍，想吐却吐不出来。"正常发挥就行，你肯定可以"，迷糊的脑海中反复回荡着母亲对我说的话。我定了定神，继续艰难地答题。

走出考场，我终于吐了，舒服了很多。之后便是漫长的等待，是一种抱着一丝希望但又不敢再想的煎熬。

某天午后，班主任忽然出现在大家的面前，喜出望外地冲同学们喊："上啦，上啦！"这种缺乏主谓宾的话语，实在叫人很费解，所以大家一脸茫然。"我们有4位同学被江中提前录取啦！"班主任调整了句式，这下整个教室沸腾了。对茅中而言，这可是破天荒的丰收大年。我们被江中录取的四个同学，第一次体会到了"春风得意马蹄疾"，那种感觉真是妙不可言。从此，我们便与江中结下了不解之缘。

军训

没过多久，我们便接到学校的通知，参加为期七天的军训。这是我人生中第一次军训，也是印象最为深刻的一次。我们这些稚气未脱的毛头小子还以为是去参加有趣的集体活动，殊不知其实是一次刻骨铭心的锤炼。

被提前录取的200多名同学分乘几辆大巴来到了虎山某部营地。下车安顿好后，我们就马上参加了军训动员大会。简短的军训动员大会一结束，我们即刻投入到紧张的训练中。

刚开始训练，我们就被来了个"下马威"。历时一个小时的站姿练习，要求腰板绷直，目视前方。时间仿佛在那刻凝固，变得异常缓慢，多一秒钟都是煎熬。教官在这时给我们上了一课："同志们，不要以为你们是佼佼者，在这里你们只是普通的受训者，离合格的士兵还很远！"教官的话如当头一棒，狠狠地打在我们的心里。是的，成绩只属于过去，不能坦然面对现在还是个失败者。

接下来，就开始魔鬼般的训练了。基本动作自然不必多说，不厌其烦的练习一遍接着一遍。为了让正步步伐高度一致，很多同学磨破了解放鞋。为了让千辛万苦叠好的被子不变形，很多同学干脆不盖被子睡觉。就连吃饭也要小心谨慎，即使是小声嘀咕，被教官发现后所有人都得挨饿。饭后须把餐具和饭桌弄干净，如果有一丝不净，下顿就准备好挨饿吧。

　　我们就是在这样的训练模式下成长，逐渐也习惯了一切纪律，终于明白江中的校风"优秀是一种习惯"的深刻意义，要卓越就必须把卓越养成习惯！之后大学或工作时参加的军训，与江中的军训相比，只能说是如云泥之别了。

　　除了上午的训练，每天下午，学校还派了不少优秀的老师为我们作各学科的知识讲座。其中留给我印象最深刻的是徐三泰老师作《天·地·人》知识讲座。当徐老师问我们宇宙是什么颜色时，所有的同学都回答错了。徐老师告诉我们，宇宙是米黄色的。

　　参加完军训会操，要告别军营了，教官要求我们写下这几天的感想。所有人都感慨万千，整个教室内只闻得"唰唰唰"的写字声。我忘记那天究竟写了什么了，只记得我的题目是《绿色军营教诲我》，教官看后很激动，在大家面前声情并茂地朗读起来。

　　在江中求学，自然会有很多故事发生。老师们妙趣横生的课堂，同学们五花八门的趣事都记忆犹新。在万千故事中，有一件事却是不会忘却的，它与我们的班主任姜军老师有关。

　　高三的生活让人显得格外"充实"，为了能汲取一些外界新鲜的"营养"，我买了个收音机。一天晚上寝室熄灯后，我和徐路成、郑春磊还沉浸在广播剧《神相张铁嘴》中，其他室友也在高声侃大山。在毫无防备的情况下，姜老师敲响了寝室的门，把我们抓了个现行。全体室友被狠狠批了一顿，我的收音机也被收缴了。姜老师说我们毫无危机感，责令每人写800字说明书，我要写1000字，因为我是寝室长，没有起到带头作用。

　　写说明书难度应该不大，难的是如何才能让姜老师相信我们真的反省了。室友们都在等我下笔，这样就有模板可以参考了。

　　我思忖了很久，终于写下了人生中第一篇说明书。我在第二天晚自修的时候把说明书交给姜老师，他接了过去，放在一旁，并没有太关注，继续批改作业，而我们则在自行做题。突然，只听到姜老师激动的嗓音："同学们，同学们，稍微停一下手中的笔，我给大家读一篇文章！"什么情况，有没有搞错，数学老师竟会突然文艺一把？没错，姜老师热情高涨地朗读起了我的说明书，嗓音洪亮，抑扬顿挫。只见他每读三五句，便引得同学们哄堂大笑，大家不是笑他，而是笑他读的文章。我究竟写了什么，竟让严肃的同学们忍俊不禁，我记不清了。只记得我以诙谐的笔法阐述了事件的经过，然后用辩证的思想解读了"危机感"，最后展望了下未来，大约如此罢。

姜老师给予我高度的评价，认为我反省得很深刻。现在想想，真的要感谢姜老师当时帮助我们悬崖勒马，如果没有及时警醒我们，我们不知道还要少不更事到什么时候。

10年过去了，母校的那些人那些事不时在脑海中闪现。最后谨以一首四言拙诗，与校友们一起缅怀江中岁月：

激情岁月，难忘江中。

踌躇满志，逐鹿英雄。

眼观书卷，心系苍穹。

朗朗晨音，直排云空。

涓涓细流，缓顺河风。

篮球场上，夕阳泛红。

文溪桥头，杨柳吐葱。

同窗情深，师生意浓。

切磋学问，受益无穷。

闲侃桑麻，何来平庸？

白驹过隙，人去楼空。

几张考卷，各奔西东。

今朝追忆，泪湿眼瞳。

几多欢喜，几多悲痛。

仰天长叹，浮生若梦。

栀子花开，凋谢匆匆。

他年绽放，知与谁同？

【作者简介】杨漫兮，2008年江山中学高中毕业。2012年毕业于中国计量大学测控技术与仪器专业。现就职于舜宇光学科技（集团）有限公司。

我眼中的谢老师

姜婧遥

2018 年 7 月 3 日，正忙于工作的我接到了来自江中的一个电话。电话告诉我，明天上午第二节是谢芝清老师退休之前，在学校上的最后一课，希望我能回校听课。谢老师也要退休了，我的眼眶湿润了，仿佛又回到 2008 年的江山中学，记忆犹新的件件往事浮现在眼前……

2008 年 9 月，进入江山中学高中部学习的我被分在高一（6）班，谢老师是我们的化学老师，也是高一（5）的班主任。

或许是环境改变的原因，或许是功课增加的缘故，或许是生活节奏加快的缘由，我们常常感到时间不够用，于是，课外活动课慢慢地"名存实亡"了。一到课外活动课，大家都在教室里争分夺秒，加班加点，恨不得多读一分钟的书。一段时间下来，效果并不明显。

为什么学习抓得更紧了，成绩反而没有提高？我们求教于谢老师。谢老师把我们带到了东田径场边的篮球场。"每天锻炼一小时，健康工作五十年，幸福生活一辈子"，这不是镶嵌在篮球场护网上的标语吗？我们天天都与它见面。正当我们疑惑不解时，谢老师已经娓娓道来："自从 1987 年调到江中，我就一直坚持锻炼，打球、单杠、跑步、提伸拉力器都是我的最爱。我经常和同学们说，适度的体育锻炼，不仅有利于人的生长发育，提高抗病能力，而且还能缓解紧张情绪，使疲劳的身体得到积极的休息，使人更加精力充沛地投入学习中。"

每天晨曦初露之时，在东田径场一次又一次不断超越自我的谢老师，已经成为学校一道亮丽的风景线。在谢老师的言传身教下，我们也争先恐后地加入到学校组织的各项体育锻炼中，伴随而来的是学习的竿头直上。那时候校园里还有一个笑称，说连咱们班的女生都孔武有力，上能"九天揽月"，下能"五洋捉鳖"，这恐怕得益于谢老师的"真传"吧。

与谢老师接触得最多的时候，还是在化学课上。"对待学习要像游戏一样痴迷，像爱情一样火热，像宗教一样虔诚"，谢老师的经典名言至今还萦绕在我们耳畔。虽然化学很难学，但是同学们都喜欢上化学课。

课堂上的谢老师总是激情四射，就像催化剂一样"燃烧"了自己，点亮了大家。

为了课堂的直观生动，除了学校实验室里的器材，谢老师把家里的盆盆罐罐都派上了用场。有一次，为了让同学们更清楚铝的性质，谢老师甚至动用了家里的钢精锅。

上黑板前配平化学方程式往往是谢老师的"保留节目"，轮到上场的同学总是悲喜交加，喜的是自己能入谢老师的"法眼"，悲的是对方程式的配平一点把握也没有。当然，不用我们担心的是，无论对错，我们从谢老师那里得到的永远是赞不绝口。

在课堂上，幽默的谢老师总能把一道道难解的化学题解析得很生动，归纳出许多方便易懂的方法或者编上个顺口溜，便于我们记忆，如溶解度的要点：温、饱、百、克，至今还历历在目。

为了更好地指导班里的同学参加化学竞赛，谢老师埋身于题海，在许多练习本上，他都留下了密密麻麻的解题步骤。无论多么难解的题目，谢老师总能信手拈来好几种解法，一气呵成地写下一个个复杂的方程式。在谢老师的悉心辅导下，同学们总是能在竞赛中取得不俗的成绩。

在谢老师的"字典"里，有一个字是永远找不到的，那就是"难"。有一次，班里的一位同学因为家庭和学习的压力太大，一段时间里总是沉默寡言，闷闷不乐。尽管班主任对他进行了耐心的开导，尽管同学们也伸出援助之手，但是收效甚微。谢老师得知后，就主动找他谈心，倾听他的想法，耐心地对他进行心理疏导。第二天课前，谢老师特意讲了一段社会新闻给我们听，依稀记得那是一个很感人的故事，最后谢老师的眼睛潮湿了，那个同学的眼睛也潮湿了，这是一个专属他的"新闻"。渐渐地，那个同学走出了阴霾……

谢老师就是这样日复一日，年复一年，做着一件又一件虽小却与同学们息息相关的事情，以或重或浅的痕迹影响着我们的一生，如同吹面不寒的春风，云淡风轻，从容坦然，带给我们和煦暖意。

由于工作的原因，我错过了谢老师的最后一堂课，但是忘不了，那些年，他教会了我们很多很多东西……谢老师的教诲，令我终身受益。

夜里挑灯长思，想念谢老师那健硕的身影与和蔼的笑容，不由感怀这样的身躯里，蕴藏着如此高尚的灵魂，这才是真正的"偶像"，是我们永远追逐的光芒。

注：感谢江山中学郑良芝老师、何珍骛老师对本文的大力支持。

【作者简介】姜婧遥，2011年江山中学高中毕业。现就职于江山市文化广电新闻出版局。

闻道于途，俯拾仰取

方晴雯

2013 年 8 月，我到江中报到。对一个刚毕业的大学生来说，第一次参加工作就能进入江山市最高学府，无疑是幸运的，当然随之而来的还有压力。有一种观赏鱼，当它在小鱼缸中时无论多久，它都只能长到 3 厘米左右长，当你把它放入大水池中时，不到两个月它便能长到一寸，因为环境的变化，大大影响了小鱼的成长速度。江中于我而言就是大水池，给了我一个茁壮成长的环境。在这里，我遇到许多良师益友，毫无保留地帮助我，同时他们本身就是一种榜样，激励着我努力向他们靠近。

从 2015 年 10 月参加江山市高中地理优质课评比获第一名崭露头角，到 2016 年 6 月参加衢州市高中地理课堂教学幸运拿下第一名，我终于获得了参加省课堂教学评比的入场券。这场角逐历时不过一年，却是我迅速成长的一年。

启程篇

2015 年 10 月，我接到了参加江山市高中地理优质课评比的通知，这是我来江中工作后参加的最重要的比赛。初出茅庐的我，内心万分忐忑，而且要代表江山最高学府出战，压力可想而知。

这次比赛的课题和上课均采用抽签式，提前一周告知选手待选的两个课题，也就是说一周内我需要准备两个课题——《对流层大气的受热过程》和《热力环流的原理》，可谓时间紧任务重，不过我有我们学校地理组这个强大的团队做后盾，什么都不用担心。两个课题初步设计好之后，组里开始组织对我进行听评课，每个课题我都试讲了两遍，而每一次不论组里老师们有多忙，他们都抽出宝贵的时间来听课，听完课又组织研讨。他们从自己老到的经验出发，从不同角度给予我修正意见，尤其是我的师父姜斌华老师特别认真。从教学设计到课堂组织，从板书结构到语言体态，每一份建议对我来说都弥足珍贵。在磨课中，我的设计趋于合理，细节趋于完善，然而我的信心却有所下降。每一次试讲都会有缺陷，临近比赛，设计数次改动也始终没有完美，我开始越来越焦虑，大家也看出来我底气越来越不足。面对这种情况，大家决定不再磨课，直接进入最后一次试讲。试讲完毕，大家不断赞许和鼓励，给我树立信心。在"硬件"准备差不多之后，赛课的前一天晚上，大家又不断提醒我"硬件"之外的注意事项，比如语言体态、课堂节奏、时间分配、气氛调动等等，尤其是我上课容易后劲不足，所以要时刻保持饱满的情绪。

比赛的前一晚总是个不眠之夜，团队能帮的止于此了，接下来只能靠自己了。打开PPT，我平复了一下焦虑纷乱的心情，拿出一张白纸，开始整理思路，再过了一遍上课流程，每个环节的衔接，然后用红笔在一边写下注意事项，如注意时间、注意语调等等。

不管上课之前有多紧张不安，一踏上讲台，慢慢带入角色之后，我就逐渐忘却了比赛的紧张，而一心带领学生抽丝剥茧，抖出设计好的一个个包袱，课堂也进展得越来越顺利。第一次参加大型的课堂教学评比，新人出道，我特别感谢我们学校地理组的老师们，没有他们就没有课堂的完整呈现。

征程篇

2016年6月，作为江山市优质课评比的第一名，我要代表江山市参加衢州市的课堂教学评比，因为本次赛课采用封闭式备课，为了更好地交流，组里建了个微信群。比赛前一天，我抵达赛课学校——常山一中。第二天的比赛分成上午、下午两批，且课题不同，所以选手们需要先提前抽签决定批次。上午批次的选手将会于前一天下午告知课题，而下午批次选手要在第二天一大早才得知课题，可想而知，抽到上午批将有极大的优势，而我抽到上午最后一节课，比赛准备时间最长，不得不说占了些运气的东风。

拿到课题之后，我就在群里和老师们分享了课题，很幸运，竟又是之前上过的热力环流，然而不同的是，这次的课题不是章节标题，而是新课标要求——"运用大气受热过程的知识与热力环流的原理，解释相关自然现象"，而且授课年级是高二，也就是说这是一堂复习课，不能像之前的新课那样处理。

组长姜建武老师、方晔老师等在群里献计献策，江山市地理教研员徐勇老师也参加了讨论。既然是复习课，有老师提出，课标重点应该是利用原理解释相关自然现象，所以相关素材选取非常重要，而且解释是学生解释，这堂课必须以生为本，鼓励学生多开口。明确了教学理念之后，我设计了"说原理——综规律——析现象"三个环节，上课时学生都没闲着，调动各个感官，看、想、说、画结合，师生互动良好，最终出色地完成了这堂课，并一举拿下第一名，获得了参加省里比赛的资格。组里老师虽然不在我身边，却在群里一直陪我至深夜，有晚上 11 点还给我发素材的，有提醒我注意休息的，有一大早给我送打印资料的，还有不设观摩却坚持到场为我加油鼓气的，这份荣誉背后都是他们默默地付出！

收获篇

同年 10 月 24 号，我代表衢州角逐省级课堂教学评比。尽管衢州比赛后，衢州市地理教研员陈伟老师就告诉我要为之好好准备，但这一天来得如此之快，我仿佛做梦一般，还沉浸在衢州市第一名的惊喜之中，这便要参加更高级别的赛课，与更厉害的选手切磋！也许是前两次的磨炼，也许是对在衢州市取得成绩的心满意足，这次比赛我反倒压力更小，以一种更为轻松的心情，抱着学习的态度来到比赛地——淳安千岛湖，结伴随行的有衢州市地理教研员陈伟老师，江山市地理教研员徐勇老师，同组的钟信明、姜斌华、张潞潞等老师。

这次比赛采用二十分钟微型课，选手有半天时间备课，且是半封闭式备课（可以联网）。下午六点，课题出炉——《水循环的地理意义——以淳安地区为例》。二十分钟的微型课以前从未尝试过，虽然手头上有水循环的素材案例，但是比赛限定以淳安地区为例，事先准备的素材根本用不上，着实让人伤透脑筋。晚上，在线上和组里老师做了交流。他们先自己组织开会讨论，然后将意见汇总给我，以避免你一言我一语拉低工作效率，从如何处理微型课，到课题立意，再到素材挑选都给了我不少建议。这些意见被我一一吸纳之后，老师们就决定把剩下的时间全部交给我备课。

以前备课时，一般先搭框架再选素材，前提是素材广阔的情况下任君选择，不同于以往的是这次限定淳安地区，而本地素材有限，我想十几个选手在素材的新意上都不会有什么出奇制胜，所以关键不是素材，而是如何处理素材，与其纠结巧妇无米，不如好好想想怎样用手上的素材烹出美味。想通这一点，我停止了素材的搜罗，反复盯着手上的素材进行着筛检，定下人地协调的主基调，将现有素材一挖到底。接下来的备课顺畅了很多，到凌晨三点，基本的设计已出炉，我才放心去睡一会。也许备课就是这样一个难产的过程，我们也会有很多产前无助的阵痛，为之高度绷紧的神经和绞痛的太阳穴都会成为一场难忘的记忆，当倾注了一夜心血的作品出炉之后，我想选手们的心情只有一个——无关输赢，只有酣畅！像这样彻夜不眠全身心地投入，我们的人生中会经历几次？这一次也将受用终生！

第二天一大早，衢州市地理教研员陈伟老师，江山市地理教研员徐勇老师，同组的钟信明、姜斌华、张潞潞等老师，还有衢州二中的金子兴老师就来听我试讲，帮我过流程、提建议、记录时间分配，试讲了两遍，我的底气越来越足，最终自信地站到了学生和评委面前。

心声

感谢衢州市地理教研员陈伟老师、江山市地理教研员徐勇老师、江山中学地理组的老师及身边的领导、同事、朋友给予我的帮助，在我瓶颈之时给予我灵光，在我骄傲之时给予我提醒。省一等奖的荣誉不负众望，终于向大家交出一份满意的答卷，而这背后还有许多为我付出之人站在光环背后。成长路上，从来不是孤军奋战，而是任重道远，这只是我新的起点。

【作者简介】方晴雯，2013年8月起任江山中学高中地理教师。曾连续两年获衢州市教师文化专业知识考试高中地理学科个人优胜奖。2016年10月，获浙江省高中地理课堂教学评比一等奖和2016年度全国地理数字课程资源评选特等奖。

我心中最美的老师

徐毅男

夜幕降临,学校的科技楼也变得寂静了。对整幢楼里唯一亮灯的地方——计算机房而言,热闹才刚刚开始。一晚上,这里时而有激烈的争论,时而有深入浅出的讲解,时而有做题的静谧,更有爽朗的笑声。这只是赵明阳老师和信息学奥赛小组的一个普通得不能再普通的晚上。

作为信息学奥赛小组的一员,我与赵老师已相处了四年多。在这四年多里,赵老师不仅教我知识,更深深地影响了我,他是我心中最美的老师。

赵老师有着独特的教学方法。他不仅能深入浅出地讲解问题,而且从每一届招收新生起就开始营造独特的信息学竞赛的氛围。他给我们充分的自由——不想继续学下去的同学可以直接退出,这样留下来的同学便都是真心付出、志同道合的亲密战友。除了提倡拼搏之外,他鼓励合作。他说:"给别人讲题目的过程也是自己梳理思路的过程。一道题,只有你能把别人讲懂了,你自己才真正懂了。"他经常让同学上台讲题目,其他同学有问题可以随时提出,并与讲的同学争论,他最后再作补充和总结。这样,即使他不在,我们也可以互相解决许多问题,这种方式也更增进了我们的友谊。他也时常以学长们的故事激励我们——卢逸君、毛琛、刘盛琪……脸书、谷歌、腾讯,他们的名字和成长历程一次次让我们在奋斗中信心倍增。

赵老师还勇于承认不足,与我们共同学习、共同进步。竞赛的内容越到后期难度越大,每次遇上自己不懂或不知道的地方,赵老师从不避讳。相反,他往往把问题提出来,与大家共同思考——谁先弄懂了谁就上台讲。每当有同学先弄懂时,赵老师都认真倾听和虚心请教。赵老师还鼓励我们要超过他。这正是对"弟子不必不如师，师不必贤于弟子"的最好诠释。

除此之外，赵老师还不辞辛苦，默默奉献。全国青少年信息学奥林匹克联赛的竞争十分激烈，尤其存在于我们与发达地区之间，这需要我们大量时间与精力的投入。周末和寒暑假，我们都不曾放松过，赵老师也不例外。赵老师平时工作量就很大：除了自己的授课任务，还要担任班主任，并负责学校网络的维护。尽管如此，他还是牺牲了本就不多的休息时间为我们辅导。面对努力拼搏、渴望在十一月的全国联赛中有所收获的我们，赵老师连续一个多月顶着烈日，牺牲自己难得的暑假来给我们上课。最终，我们在十一月的全国联赛中取得了五个一等奖的佳绩，这是对赵老师坚持与奉献的最好回报。

赵老师不仅教我们知识，更关心我们的方方面面。每次的竞赛不仅是知识的较量，更是心态的考验。赛前几个星期，赵老师经常找同学谈话，缓解紧张情绪；赛后，面对失利同学伤心、无助的眼泪，赵老师总会耐心地给予安慰。同时，他也会引导和督促我们认真补上因冲刺联赛落下的其他科目的功课。

四年多来，与赵老师同行，他那平常不过的言行已深深印入我的脑海。赵老师给了我们一段不一样的经历。在我心中，他是位不一般的老师，是我心中最美的老师！

【作者简介】徐毅男，2014年江山中学高中毕业，曾获第18届全国青少年信息学奥林匹克联赛一等奖。

You are pretty sunshine in my life
（你是我生活中的阳光）

——感恩刘涛老师

周 莹

　　乌申斯基曾有言："教师个人的范例对于青年人的心灵，是任何东西都不能代替的最有用的阳光。"刘涛老师正如一缕阳光照亮了我的整个高中生涯。她有时像春日，和煦温暖，使我心平气和，心静如水；有时像烈日，赫赫炎炎，在我失意迷惘时，重新燃起我对学习的热情；有时像秋日，凄婉安谧，让我明白有些路只能靠自己坚强地走下去；有时像冬日，温暖和善，使我从来不会感到孤单与无助。但更多的时候，刘老师就是冬日的暖阳，照耀了我的心房。

　　刘老师是英语老师，对待工作认真负责，她的课堂幽默风趣。在她的影响下，本就热爱英语的我更是对英语有着始终如一的热情。经过刘老师的讲解，再艰涩难懂的语法也会变得通俗有趣。她就像有魔力一般，总能变着法子让我们掌握那些高级句式，让自己的作文脱颖而出。英语老师本就辛苦，从早读一直忙到晚坐班。记得第一次选考前，每天繁重的听写任务已让同学们苦不堪言，而她更是改听写改得头昏脑涨，但为了我们都能取得好成绩，她始终不曾松懈。每次看到她到饭点还在批改我们的听写或在备课时，我心中总是感到暖洋洋的。看到她每天喝中药，我就知道其实她身体并不是很好。我曾问她："老师，你会不会太累了，身体会不会吃不消？"她却只是笑笑说："没事的，咬咬牙就过来了。"既然老师都如此坚持，那我们又有什么理由不拼搏呢？对待我们的作业，她更是十分细心。她会帮我们挑出作业中的每个小错误，然后耐心地告诉我们细节决定成败。

　　我是刘老师的课代表，平日里我们的感情就一直很不错。每次见到她时，她总是微笑着，从没对我发过火。无论我有什么烦恼，只要一看到她那甜甜的笑容，心里便会舒坦许多。记得高三时，我身体很不好，有段时间总是会晕倒，有两次在她课上晕过去。迷糊中，我隐隐约约听到她一直在叫我，安慰我。醒来后，我非常害怕地一直抱着她哭。后来，同学们告诉我，当时刘老师十分着急和担忧，我的心中顿时充满了满满的感动。高三时，大家都在拼命学习，而我却因为身体原因总是力不从心，我很焦虑，也很紧张，怕自己落下太多的课赶不上去。在这一段很长的时间里，她一直关心着我，嘘寒问暖，让我别太紧张，放松心情，一切一定都会好起来的。每每想起她陪伴我度过的那段艰难时期，我的眼眶都会不自觉地湿润。如果不是她的鼓励与开导，或许我会一直消极下去，所以真的感谢她像关心自己女儿一样关心我。

我很喜欢英语，而刘老师也总是在激发我的潜能。在我眼中，她不仅仅是我的老师，更是我一个不可或缺的朋友，大小事情我都会和她分享，而她每次也总有妙招来解决我的忧虑。无论是什么事情找她，她都会耐心地和我交流，直到我所有的烦恼都烟消云散。偶尔，我们也会互相调侃来缓解高三的压力。高中三年，几乎所有的英语竞赛我都报名参加，每次比赛前，刘老师都会为我加油，一直都在默默支持我。赛后我若成功，她会为我高兴，为我祝福；若是不如意，她会安慰我，鼓励我，告诉我只要一直坚持，机会还有很多。就这样，在她的一路扶持下，每次参加比赛，无论结果如何，我都有所收获。临近高考时，刘老师更是时刻关心着我，总会在我情绪低落时及时开导我，让我一次次从失败中重新站起来，最终自信地走向高考的战场。今天我能顺利地考入自己的理想大学，选择自己喜欢的英语专业，刘老师是一个不可缺少的"功臣"。刘老师为我解答难题，为我排忧解难的情景，至今想起仍是一片温情。

刘老师十分爱花，她喜欢鲜花满屋的感觉，偶尔也会晒晒自己家中漂亮的鲜花。她时常告诉我，看到这些美丽的花儿，她的心情也能如这些花儿一般美丽。但她不知道，她早已用她的爱和心血浇灌了我们（16）班这一朵朵含苞待放的花儿。毫无疑问，我们也会用我们诚挚的心意去回馈老师辛勤的付出。记得高二那个教师节收到我们的手制贺卡时，刘老师脸上欣慰的笑容；记得高三的教师节收到我们特意为她挑选的美丽芬芳的鲜花，听我们整齐地为她诗朗诵时，她的感动与开心；记得两次在接过我为她精心准备的生日礼物时，她眼中满满的感激与幸福。每次看到她由衷的喜悦，每次听到她和我说谢谢我的用心时，我都会觉得这便是最美丽的师生情谊，我一定会将这份情谊一直延续下去。

两年的陪伴，两年的照顾，是刘老师用她的耐心与关心支撑着我在高考这条路上勇往直前，是她教会了我什么叫永不言败，是她让我看到生活永远都有阳光的一面，是她用她的爱向我诠释了什么叫作师生情谊。在毕业典礼上，我很荣幸地作为班长上台发言，也借此机会向她表达了心中的感激，她给了我一个大大的拥抱。那天，我哭了，感动于我们朝夕相处的那段美好时光，感动于她倾注在我身上的希望与爱，更感动于她带给我的所有温暖。刘老师就是我生命中的一缕阳光，照亮了我的整个高中生活。今天，我想再次和她说一声："谢谢您，刘老师！"

最后附上我送给刘老师的一首英文小诗。

Our English teacher

（我们的英语老师）

Our English teacher enjoys life.

（我们的英语老师乐于享受生活的乐趣）

If we work hard, she will smile.

（我们努力学习时，她会莞尔一笑）

If we are careless, she will sigh.

（我们粗心大意时，她会小声叹气）

If we praise her, she will be shy.

（我们赞扬她的时候，她会腼腆害羞）

And she is always mild.

（她总是那样的温柔随和）

【作者简介】周莹，2018年江山中学高中毕业。曾获第16届全国创新英语大赛全国二等奖，2016年、2017年全国中学生英语能力竞赛浙江省一等奖，2016年CCTV希望之星英语风采大赛浙江省三等奖。

您是人间的九月天

——记周小娟老师

祝希娟

　　"我说你是人间的四月天，笑响点亮了四面风，轻灵在春的光焰中交舞着变。你是四月早天里的云烟，黄昏吹着风的软，星子在无意中闪，细雨点洒在花前。"这是林徽因的四月天。而我，更愿把周小娟老师比作人间的九月天。经过燥热盛夏后沉淀的九月，它不像夏日那般高调，那般张扬；天高云淡、秋高气爽的九月，它有着广阔的胸襟与温雅的气息，那么内敛，那么恬静。这正像人生的岁月，经过了年少轻狂的青春，人们也学会开始收敛自己的性子，小心安放那些躁动，把宝贵的履历酝酿成甘醇的美酒。

　　老师是教历史的。我不知道是不是所有的历史老师都是如此：周老师总能给我一种岁月静好的感觉——上课轻声细语娓娓道来，工作举重若轻有条不紊，繁忙的工作之余还忙里偷闲练练瑜伽，入睡之前听听诗词歌赋。她总是很从容，不骄不躁地对待任何事情。正如李清照在诗中所说："枕上诗书闲处好，门前风景雨来佳。"老师所钟情的，大概就是这种生活吧。

　　在老师的课堂上，我有幸能领略秦皇南征北战、一统河山的雄才大略；也曾惋惜拿破仑莱比锡失利、滑铁卢惨败的不幸际遇。我感慨"百家争鸣""鹅湖之会"的鞭辟入里，也叹息焚书坑儒、八股取士的愚昧腐朽；我体会到了工业革命时新科技层出不穷给人们带来的福利，也从世界大战中明白了"科技是把双刃剑"的道理；我既痛惜中国近代被坚船利炮轰开时的满目疮痍，又钦佩一批又一批仁人志士为挽救民族危亡而前仆后继。周老师的历史课堂就像是一台时光穿梭机，一会儿让你身处人潮涌动的古代集市中，一会儿又将你带到欣欣向荣的现代新农村。

341

周老师是我们学业上的良师，也是我们生活中的益友，还是关心我们的长辈。

作为良师，她给我们"传道授业解惑"。当我们遇到难啃的"硬骨头"时，她不仅在课上给我们细细讲解，而且在课外把还没掌握的同学一一叫到办公室耐心地单独辅导。

作为益友，她和我们分享她的喜好，我知道她偏爱书圣王羲之"飘若浮云、矫若惊龙"的清秀行书，她欣赏"闲雅整肃、清俊温润"的古雅昆曲。

作为长辈，她告诉我们要照顾好自己。针对我们不认真做眼保健操的状况，老师用她自学的中医知识开导我们，告诉我们久视伤肝的道理，因为肝开窍于目，护眼也是在养肝；看到同学吃冰镇冷饮，她就提醒我们不要吃冷饮，寒凉食物伤害脾胃，会导致脾胃虚寒，引起腹泻等疾病；还有喝水要适当，必须小口小口地喝……这些絮絮叨叨的平常话语中，都包含着她对我们关怀关爱的殷切之情。每次只要她一说这些养生小知识，我们就会拿起纸笔仔细记录下来。平时班里的同学，有些身体不适的小毛病也会第一时间去找她，而她也总可以找到办法缓解大家的小疼痛。感冒了给他们泡包感冒清热颗粒喝，给个热水袋热敷肚子；头疼了给他们头部、颈部刮痧按摩……而在每次进考场前，老师都会给我们带来一壶她自己亲手泡的红茶。每次一看到那个熟悉的茶壶，同学们就会欢呼起来，雀跃着簇拥上讲台，瓜分红茶。暖暖的红茶温暖了我们的胃，也温暖着我们的心，更缓解了我们考前的紧张情绪。

周老师在课上和我们谈起过《红楼梦》，她说她敬佩曹雪芹一人可以从不同人物性格入手来写各具风格的诗，每个角色所写的诗都能体现他们各自的性格特征。她说《红楼梦》中的诗不用看作者就知道是哪个人物写的，像"月窟仙人缝缟袂，秋闺怨女拭啼痕"这样风流别致的诗句肯定是自矜孤傲、多愁善感的林黛玉的佳作；而"珍重芳姿昼掩门，自携手瓮灌苔盆"的含蓄浑厚才适合薛宝钗大气娴雅、自强圆融的性格；"出浴太真冰作影，捧心西子玉为魂"就应该出自重情痴狂、叛逆顽愚的贾宝玉之手。

周老师是个爱诗的人。她每次谈起诗时的眼睛总是亮晶晶的，像一个小孩在说自己喜欢的东西。她爱诗，学诗，品诗，也写诗。还记得她作的那首《三秋桂子》：

桂子满院落，亭亭华盖荣。

人事岁岁殊，花期年年同。

丹桂容颜润，金桂馨香浓。

优劣孰能辨？造物最为公。

周老师用这首诗来鼓励同学们不要因为自己的基础差些而自卑，每个人都有自己的优点和长处，每个人在这个世界上都是独一无二的。她激励我们只要坚持不懈地努力，人人都可以成为最优秀的自己！当时不少同学都把这首诗摘录下来以作自勉。现在想来，这首诗何尝不是周老师自己的写照？桂花开在金秋，芳香四溢，沁人心脾，却一点也不张扬。总是把自己隐在绿叶丛中……

您是人间的九月天，

馨香温润了四面风，

轻灵在秋的沉着中交舞着变。

幸得识君桃花面，

自此阡陌多暖春。

注：感谢江山中学姜建明老师、吴红石老师、朱伟平老师对本文的大力支持。

【作者简介】 祝希娟，2018年江山中学高中毕业。曾获第11届中国《中学生天地》作文大赛暨第三届"《中学生天地》杯"作文大赛（江山站）高中组三等奖。

后 记

在江山中学举办 80 周年校庆前夕,《江中故事》一书顺利付梓,如期与广大读者见面,为校庆活动增添些许亮色,作为编者,我们倍感欣慰。

江山中学 80 周年校庆是江山社会各界共同关注的一件大事。为编好《江中故事》,献礼江中校庆,江山中学早在 2016 年 3 月就在其微信公众号上推送了江中 1988 届高中校友吴伟撰写的《追念王石坛老师》,并在文章后面发出了《＜江中故事＞征稿启事》,拉开了《江中故事》征稿活动的序幕,得到了广大江中校友的积极响应。2017 年,市政协学习文史委根据市政协常委会有关征编出版庆祝江山中学创办 80 周年的文史图书的精神,拟定了征稿启事,并通过《今日江山》、江山信息网等媒体公开向社会征稿。2018 年 3 月,市政协学习文史委与江山中学会商决定联合编辑出版《江中故事》。在双方的共同努力下,至 2018 年 8 月,我们共收到来稿 100 多篇。作者既有 20 世纪 40 年代就读江中的耄耋老人,也有刚刚离校的年轻学子;既有许惠民、李端贞、王朝林等在江中任教多年的辛勤园丁,也有郑梦熊、范匡夫、汪东林等知名校友。为了把好文字关,我们组织召开了三次审稿会,对书稿进行认真修改。总之,本书的编辑出版得到了各部门单位特别是广大校友的大力支持。在此,谨向所有为本书顺利编辑出版提供帮助的部门单位和相关人员致以衷心的感谢!

在文稿编辑过程中,江山中学组织有关人员对文稿做了先期整理修改,并在江中微信公众号上推送了 73 篇文章,其中 22 篇被浙江日报报业集团衢州分社微信公众号《浙里衢州》转载,2 篇被《衢州日报》转载,1 篇被《衢州新闻网·人文江山》转载,5 篇被《今日江山》转载,大部分文章还被新浪和搜狐等知名网站收录，点击量数以万计，产生了广泛的社会影响。这些前期工作为我们最后编辑出版本书提供了扎实的基础。在此，对为《江中故事》一书前期编辑付出辛勤劳动的徐敏、徐峻、朱艳华、姜雨潇、谢燕玲、赵南、徐旺等老师表示感谢！

本书文稿的排序是，江中学生的文稿，我们一般以作者毕业离校的时间先后为序（对部分因种种原因未毕业的作者，我们在顺序上仍视同正常毕业时间来编排），同一届的作者以姓氏笔画为序排定。江中教师的文稿以进入江中执教的时间先后为序编排。

在本书征编过程中，我们拜访了众多校友，也有不少校友回访母校，不仅加强了校友与学校的联系与交流，也挖掘出不少鲜为人知的江中历史故事，参加 80 周年校庆也成为校友们的共同心声。我们深深地体会到：江中永远是江中校友的精神家园，江中校友是江中最宝贵的财富，江中不仅仅是全体江中人的江中，更是所有江山人的江中。通过《江中故事》一书的编辑出版，我们期待江山中学能得到更多校友和社会各界人士的关注与支持。我们也有理由相信，江山中学的明天会更美好。

由于全书篇幅所限，还有一些来稿我们没有编入到本书之中，有待编辑续集时收录。同时，由于时间紧，任务重，编者水平所限，本书定当还有一些不足，祈望读者批评指正。

编　者

2018 年 10 月

图书在版编目（ＣＩＰ）数据

江中故事 / 江山市政协学习文史委员会，浙江省江
山中学编. -- 杭州：西泠印社出版社，2018.11
ISBN 978-7-5508-2543-7

Ⅰ．①江… Ⅱ．①江… ②浙… Ⅲ．①江山中学—纪
念文集 Ⅳ．①G639.285.54-53

中国版本图书馆CIP数据核字(2018)第249177号

江中故事

江山市政协学习文史委员会　浙江省江山中学　编

出品人	江　吟
责任编辑	周小霞
责任出版	李　兵
责任校对	刘玉立
出版发行	西泠印社出版社

（杭州市西湖文化广场32号5楼　邮政编码　310014）

经　销	全国新华书店
设计制作	杭州典集文化艺术有限公司
印　刷	浙江海虹彩色印务有限公司
开　本	710mm×1000mm　1 /16
字　数	285千
印　张	22.25
印　数	0001—8000
书　号	ISBN 978-7-5508-2543-7
版　次	2018年11月第1版　第1次印刷
定　价	49.00元

西泠印社出版社发行部联系方式：（0571）87243079